GUOYOU QIYE
FAZHI DAJIANGTANG

国有企业
法治大讲堂

（第一辑）

国务院国有资产监督管理委员会政策法规局 编

中国财经出版传媒集团

经济科学出版社
Economic Science Press

图书在版编目（CIP）数据

国有企业法治大讲堂/国务院国有资产监督管理委员会政策
法规局编 . —北京：经济科学出版社，2017. 11（2018. 4 重印）
ISBN 978 - 7 - 5141 - 8619 - 2

Ⅰ.①国…　Ⅱ.①国…　Ⅲ.①法律 - 基本知识 -
中国　Ⅳ.①D920. 5

中国版本图书馆 CIP 数据核字（2017）第 269800 号

责任编辑：于海汛　胡蔚婷
责任校对：杨晓莹
责任印制：潘泽新

国有企业法治大讲堂

国务院国有资产监督管理委员会政策法规局　编
经济科学出版社出版、发行　新华书店经销
社址：北京市海淀区阜成路甲 28 号　邮编：100142
总编部电话：010 - 88191217　发行部电话：010 - 88191522
网址：www. esp. com. cn
电子邮件：esp@ esp. com. cn
天猫网店：经济科学出版社旗舰店
网址：http：//jjkxcbs. tmall. com
北京季蜂印刷有限公司印装
710×1000　16 开　20.75 印张　290000 字
2017 年 12 月第 1 版　2018 年 4 月第 2 次印刷
ISBN 978 - 7 - 5141 - 8619 - 2　定价：48.00 元
（图书出现印装问题，本社负责调换。电话：010 - 88191510）
（版权所有　侵权必究　举报电话：010 - 88191586
电子邮箱：dbts@ esp. com. cn）

序　言

　　党的十八届四中全会作出全面推进依法治国的重大战略部署，开启了中国法治建设新篇章。党的十九大将坚持全面依法治国作为习近平新时代中国特色社会主义思想的重要内容，并对深化依法治国实践提出了新的更高要求。企业作为市场经济的重要主体，是法治社会建设的重要力量，依法治国在企业层面的要求就是依法治企。国有企业是国民经济的重要支柱，在经济社会发展中地位重要、作用关键，更应该在"四个全面"战略布局中发挥主力军作用，特别是要在全面推进依法治国中作表率。

　　国务院国资委深入贯彻落实中央要求，始终高度重视国有企业法治建设，通过健全完善制度、强化指导督促、开展培训交流等多种方式，努力提升依法治企能力水平。2015 年 7 月，国务院国资委创办了国有企业法治大讲堂，至今已开展 14 期，分别围绕企业参与"一带一路"建设法律风险防范、加强合规管理、民法总则解读、融资性贸易案例分析、完善公司治理、加强案件管理等重点难点问题，邀请知名专家学者、律师和中央企业总法律顾问等进行专题讲座，中央企业和各省级国资委及其监管企业法治工作负责人、法律顾问等通过视频形式参加。大家普遍反映，国有企业法治大讲堂紧扣企业法治建设重点任务，主题鲜明、内容丰富，具有很强的针对性和可操作性，已经成为国有企业法律顾问队伍加强学习、增进交流、共同提升的重要平台。为了充分运用好讲堂的成果，我们将2015～2017年部分讲座内容编辑整理，结集成册，供企业参考借鉴。希望本书能够帮助企业进一步增强法律管理能力、提升依法治企水平，为培育具有全球竞争力的世界一流企业提供有力的法律支撑和保障！

在本书付印之际，谨向给予本书编写工作支持和帮助的有关专家、中央企业的领导及各界朋友表示衷心的感谢！

本书编写组

2017 年 12 月

目 录
Contents

上篇 专家分享

中篇　企 业 实 践

下篇 政策文件

上篇　专家分享

《民法总则》解读与适用

国家电力投资集团公司总法律顾问　吴姜宏

《民法总则》（以下简称《总则》）由第十二届全国人民代表大会第五次会议于 2017 年 3 月 15 日通过，自 2017 年 10 月 1 日起施行。作为民法典的开篇之作，民法总则的颁布施行，是我国法治史上的一件大事，在我国民事立法史上具有里程碑意义，为全面深化改革、全面依法治国、实现"两个一百年"奋斗目标和中华民族伟大复兴中国梦奠定了坚实的制度基础。

国资委提出全面推进依法治企，要求企业做到依法治理、依法经营、依法管理，成为依法治理的企业法人、诚信守法的经营实体、公平竞争的市场主体。民法作为市场经济的基本法，是规范企业市场行为，保护企业合法权益，维护市场经济秩序的重要法律。作为企业法律工作者，学习民法总则，掌握其基本内容，不仅是依法治企的需要，也是提升能力的需要。

一、掌握民法一般原理

（一）民法典编纂意义

民法是法治社会的基础，是国家走向法治的标志。民法是社会生活的百科全书，是保护公民权利的宣言书。有学者说，一个国家法治基石，如果是一块，那当然是宪法；如果是两块，那第二块就是民法。民商法的发达程度，实质上是一个国家、一个社会、一个民族文明进步程度的体现。西方人的两部书：圣经保障人的精神生活，民法典保障世俗生活。

1. 民商分立抑或民商合一。

大陆法系民法典立法有所谓民商分立与民商合一之分别。所谓"民商分立"，是指在民法典之外还有一个商法典，民法典是基本法、一般法，商法典是特别法。所谓"民商合一"，是指只有民法典，没有商法典，民法典适用于全部民商事关系。我国采行民商合一立法体例。民法总则、民法通则、合同法、物权法、侵权责任法均为民商合一之立法。海商法、公司法、票据法、保险法、证券法等，均属民事特别法。

民商合一并不是轻视商法。其实质是将民商事生活和整个市场经济适用的共同规则集中规定于民法典，将适用于特定类型主体或特别市场关系的规则，规定于各民事特别法，如公司法、票据法、证券法、海商法、保险法等法律。

2. 民法典编纂的意义。

首先区分两个概念：法律汇编和法典编纂。法律汇编，是指将规范性法律文件按照一定的目的或标准，如调整社会关系的领域或类别，按照效力层级、时间顺序，作出系统排列，汇编成册，不改变法律文件的内容，也不是制定法律。而法典编纂，是指在对某一部门法全部现行法律规范进行审查、补充、修改的基础上，制定一部系统化新法典的活动，是一项重要的立法活动，只能由有关立法机关进行。

改革开放以来，我国分别制定了民法通则、继承法、收养法、担保法、合同法、物权法、侵权责任法等一系列民事法律，修改了婚姻法，这些法律在经济社会发展中发挥了重要作用。编纂民法典就是对现行的这些民事法律规范进行系统、全面整合，编纂一部体例科学、结构严谨、规范合理、内容协调一致的法典，它不是制定全新的民事法律，而是对现行的民事法律规范进行科学整理，对不适应现实情况的规定进行修改完善，对社会经济生活中出现的新情况、新问题作出有针对性的新规定。

在建设中国特色社会主义法治体系、建设社会主义法治国家进程中，编纂民法典，意义重大。首先，编纂民法典是实现国家治理体系和治理能力现代化的重大举措。党的十八届三中全会、四中全会指出，依法治国是实现国家治理体系和治理能力现代化的必然要求。民法被称为社会生活的百科全书，民法典是民族精神、时代精神的立法表达。民法与国家其他领域的法律规范一起，支撑着国家治理体系。通过法典编纂，进一步完善我国民事法律规范，对提高国家治理能力具有重要意义。其次，编纂民法典是维护最广大人民根本利益的客观需要。民法规范人身关系和财产关系，与人民群众关系极其密切。通过编纂民法典，健全民事法律秩序，加强对民事主体合法权益的保护，有利于维护广大人民群众的切身利益。最后，编纂民法典是形成完备的社会主义市场经济制度体系的必然要求。党的十八届四中全会提出，使市场在资源配置中起决定性作用，必须以保护产权、维护契约、统一市场、平等交换、公平竞争等为基本导向。通过编纂民法典，完善我国民商事领域的基本规则，为民商事活动提供基本遵循，有利于健全市场秩序，维护交易安全，促进社会主义市场经济健康发展。

3. 编纂民法典的步骤。

民法典将由总则编和各分编（目前考虑分为物权编、合同编、侵权责任编、婚姻家庭编和继承编等）组成。总则编规定民事活动必须遵循的基本原则和一般性规则，统领各分编；各分编在总则编的基础上对各项民事制度作具体可操作的规定。总则编和各分编形成一个有机整体，共同承担着保护民事主体合法权益、调整民事关系的任务。按照全国人大常委会的计划，编纂工作按照"两步走"：第一步，编纂民法典总则编，即民法总则；第二步，编纂民法典各分编，于2018年上半年整体提请全国人大常委会审议，经全国人大常委会分阶段审议后，于2020年3月将民法典各分编一并提请全国人民代表大会会议审议通过，从而形成统一的民法典。

（二）民法基本原则

民法调整三类民事主体的两种关系，即平等主体的自然人、法人、非法人组织之间的人身关系和财产关系。所调整的对象的性质、所调整的关系的性质决定了民法的基本原则。总则在民法通则的基础上，适应经济社会的发展和民事活动的现实需要，对基本原则作了丰富和补充。这些基本原则是市场经济的基本原则，是维护经济社会生活的基本原则，也是作为市场主体的企业必须遵循的基本准则。

一是平等原则。民法总则开宗明义："民法调整平等主体的自然人、法人和非法人组织之间的人身关系和财产关系。"民事主体之间是平等的。民法总则又规定："民事主体在民事活动中的法律地位一律平等。"民事主体法律地位是平等的。平等原则是民事法律关系区别于行政法律关系、刑事法律关系特有的原则，也是发展社会主义市场经济的客观要求。在民事活动中，不管是营利法人还是非营利法人，不管是国有企业还是民营企业，不管是机关法人还是非机关法人，都是平等的民事主体，没有高低之分，法律平等保护。

二是自愿原则。总则规定，民事主体从事民事活动，应当遵循自愿原则，按照自己的意思设立、变更和终止民事法律关系。自愿原则体现了民事活动最基本的特征，其实质是民事主体根据自己的意愿从事民事活动，承担相应的法律后果。正是在这个意义上，把民法称为私法。

三是公平原则。总则规定，民事主体从事民事活动，应当遵循公平原则，合理确定各方的权利和义务。公平原则体现了民法促进社会公平正义的基本价值，对规范民事主体的行为发挥着重要作用。

四是诚实信用原则。总则规定，民事主体从事民事活动，应当遵循诚信原则，秉持诚实，恪守承诺。诚实信用原则要求民事主体在行使权利、履行义务过程中，讲诚实重诺言守信用。这对建设诚信社会、规范经济秩序、引领社会风尚具有重要意义。

案例1：美国纽约哈德逊河畔，离美国18届总统格兰特陵墓不到100米处，有一座孩子的坟墓。在墓旁的一块木牌上，记载着这样一个故事：

1797年7月，年仅5岁的孩子不幸坠崖身亡，孩子的父母悲痛欲绝，便在落崖处给孩子修建了一座坟墓。后因家道衰落，孩子父母不得不转让这片土地，他对新主人提出了一个特殊要求：把孩子坟墓作为土地的一部分永远保留。新主人同意了这个条件，并把它写进了契约。100年过去，到1897年，这片土地的主人辗转多家，但这个条件作为契约的一部分一直被保留着，孩子的坟墓一直留在那里。这一年这块土地被选为总统格兰特将军的陵园，而孩子的坟墓依然被完整保留了下来，成了格兰特陵墓的邻居。

又一个100年过去了，1997年7月，格兰特将军陵墓建成100周年时，当时的纽约市长来到这里，在缅怀格兰特将军的同时，重新修整了孩子的坟墓，并亲自撰写了孩子墓地的故事，让它世世代代流传下去。这就是契约精神，诚信精神。①

案例2：国家发展改革委、人民银行、中央文明办、最高人民法院、最高人民检察院、工业和信息化部、财政部、人力资源社会保障部、环境保护部、交通运输部、国资委、税务总局、工商总局、银监会、证监会、国家能源局、全国总工会就对电力行业严重违法失信市场主体及其有关人员开展联合惩戒工作。联合惩戒的对象为违反电力管理等相关法律、法规规定，违背诚实信用原则，经政府主管部门认定存在严重违法失信行为并纳入电力行业"黑名单"的市场主体及负有责任的法定代表人、自然人股东、其他相关人员。本备忘录所指的电力行业市场主体包括发电企业、电网企业、交易机构、调度机构、售电企业及参与电力市场交易的电力用户。

对联合惩戒对象采取下列一种或多种惩戒措施：①强制退出电力市场，在政府市场主体目录中移除，在电力交易机构取消电力交易注册。对售电公司电力交易机构3年内不再受理该企业电力交易注册申请，依法依规限制失信企业的法定代表人担任有关企业法定代表人、董事、监事、高级管理人员。②将失信状况作为其融资或对其授信的重要依据或参考。③列入税务管理重点监控对象，加强税收风险管理，提高监督检查频次。④在申请发行企业债券时，将其列入"从严审核"类；将失信

---

① 郝铁川：《死者的安宁与尊严》，载于《新民晚报数字版》2014年7月27日。

情况作为公开发行公司债券核准的参考。⑤在政府补贴性资金和社会保障资金的安排过程中，将失信信息作为审批的重要参考。⑥在股票发行审核及在全国中小企业股份转让系统公开转让审核中，将其失信信息作为重要参考。⑦在审批证券公司、基金管理公司及期货公司的设立及变更持有5%以上股权的股东、实际控制人，私募投资基金管理人登记、重大事项变更以及基金备案时，依法将失信情况作为重要参考。⑧将失信情况作为境内上市公司实行股权激励计划或相关人员成为股权激励对象事中事后监管的重要参考。⑨在上市公司或者非上市公众公司收购的事中事后监管中，对有严重失信行为的生产经营单位予以重点关注。⑩对严重失信的自然人，依法将其失信情况作为担任证券公司、基金管理公司、期货公司的董事、监事、高级管理人员及分支机构负责人备案的参考，对其证券、基金、期货从业资格申请予以从严审核，对已成为证券、基金、期货从业人员的相关主体予以重点关注。⑪限制参与工程等招标投标活动。⑫限制获得相关部门颁发的荣誉证书、嘉奖和表彰等荣誉性称号，已取得的荣誉性称号应按程序及时撤销。⑬将有关失信信息通过"信用中国"网站、电力交易平台网站等政府指定网站和国家企业信用信息公示系统向社会公布。①

五是守法原则和公序良俗原则。总则规定，民事主体从事民事活动，不得违反法律，不得违背公序良俗。民法确立意思自治原则，是构筑防止公权力干预意思自治的防火墙，最大限度保护民事活动当事人之间的秩序和自由。但从维护整个社会秩序、维护市场经济秩序的角度，意思自治、权利行使又是有限制的。从事民事活动不得违反法律强制性规定。如走私、贩毒、人体器官买卖等行为在刑法上是犯罪行为，当事人订立的走私合同、买卖毒品合同、人体器官买卖合同因违反公法的强制性规定而归于无效。民事法律行为不仅在内容上，在形式上也要符合

---

① 国家发展改革委、人民银行、中央文明办、最高人民法院、最高人民检察院、工业和信息化部、财政部、人力资源社会保障部、环境保护部、交通运输部、国资委、税务总局、工商总局、银监会、证监会、国家能源局、全国总工会联合：《关于对电力行业严重违法失信市场主体及其有关人员实施联合惩戒的合作备忘录》2017年5月16日。

法律规定，如法律规定民事法律行为应当采用书面形式的，就应当采用书面形式；法律规定合同必须经过批准的，就应当履行批准程序。

所谓公序，即社会公共秩序和生活秩序，是社会存在及其发展所必需的一般秩序。所谓良俗，即善良风俗，社会存在所必需的一般道德良好习俗，是社会成员普遍认可和遵循的道德准则。包括全体社会成员普遍认可的伦理道德，如助人为乐、见义勇为、救死扶伤等；一定区域社会成员普遍认同的风俗习惯。当然公序良俗原则中的"善良风俗"不能等同于道德秩序。善良风俗源于道德秩序，但善良风俗只是对部分道德秩序的规范，而并非将整个道德秩序都通过善良风俗的适用而被纳入法律秩序之中。民法上的"善良风俗"具有更为严谨和准确的特点。

案例3：多年前，20岁出头的钱某与赵某经人介绍相识。2009年底，两人成婚，不久，赵某生下女儿。不料，结婚不到四年，钱某被查出患上疾病，生活不能自理，四处求医也未见好转。在此过程中，夫妻关系逐渐恶化。后来，钱某搬出夫妻俩住处，回到父母处生活，由父母照顾起居，生活费用和大部分医疗费都由其父母筹钱支付。今年，赵某向法院起诉，要求与钱某离婚。

庭审时，赵某直言，不想因为钱某耽误了自己，所以才提出离婚，也请求判令女儿随她共同生活。法官审理认为，《婚姻法》规定，夫妻有互相扶养的义务。钱某、赵某共同生活多年并育有一女，建立了一定的夫妻感情，且男方有维持家庭和睦的强烈愿望，双方产生矛盾的主要原因是男方患病加重了家庭生活负担，女方以此为主因提出解除婚姻关系，有悖伦理道德。法院对赵某的离婚请求不予支持。[①]

六是绿色原则。总则规定，民事主体从事民事活动，应当有利于节约资源、保护生态环境。将绿色原则确立为我国民事基本原则，既体现天地人和、人与自然和谐共生的优秀传统文化理念（老子说："天之道利而不害，圣人之道为而不争。"）又体现了鲜明的时代特征，适应了我国进入全面建成小康社会决胜阶段建设资源节约型社会、环境友好型社

---

① 蒋文洁：《年轻丈夫突患重病，妻子欲离婚被驳回》，载于《靖江日报》2007年6月2日。

会的要求，贯彻了党的十八大以来的新发展理念，有利于促进人与自然的和谐共处。

关于等价有偿原则。民法通则把等价有偿作为民法基本原则。等价有偿原则是指民事主体在从事民事活动或民事交易行为时，应当遵循价值规律的要求，一方取得利益要以付出代价为条件，而且这种代价与其所得在价值量上要基本相当。民法总则删除了等价有偿原则。因为在民事法律关系的有些领域，如亲属法、继承法等领域诸如监护、赡养、继承等民事法律行为，不宜贯彻等价有偿原则。即使在合同法、物权法、侵权法领域，也有相当多的情形不宜体现等价有偿，如赠与等无偿民事法律行为。因而等价有偿原则只是一个相对的原则，不能绝对化。

理解把握民法基本原则的意义：第一，基本原则是指导民事立法的基本准则，是贯穿所有民事法律制度的基本准则；第二，基本原则是民事主体从事民事活动的基本准则，违反基本原则的民事活动不受法律保护；第三，基本原则是民事司法活动的基本准则，在新的民事法律关系发生但又无具体民事法律规范的情况下，司法机关可以直接适用民法基本原则处理民事案件。

（三）法律适用规则

适用规则，民法理论上也称民法的法源，请求权基础。民法通则规定："民事活动必须遵守法律，法律没有规定的，应当遵守国家政策。"把法律、政策作为民法渊源。民法总则则规定："处理民事纠纷，应当依照法律规定；法律没有规定的，可以适用习惯，但不得违背公序良俗。"把法律、习惯作为民法法源。实际上，在民事司法中，行政法规、地方性法规、司法解释、指导性案例、法理都是裁判的依据，事实上成为法源。

一是习惯之作为法源。社会生活十分复杂，民事法律关系纷繁多样，即使有再完备的民法典，也不可能做到对所有民事生活关系均有明确规定。如果遗漏的民事法律关系没有适当的法律进行调整，就会使这些社会生活脱离法律调整的轨道，特别容易发生纠纷；发生了民事纠纷又无法得到解决，就会使社会生活无法得到稳定的秩序，民事主体的生活活动和秩序也就无法得到保障。正因为如此，一旦出现民事纠纷，法律又没有规定，就应当依据其他法源，如习惯，来调整这种民事法律关系。

所谓习惯，是指多数人对同一事项，经过长时间，反复而为同一行为。因此，习惯是一种事实上的惯例。其通行于全国者，称作一般习惯；通行于一地方者，称为地方习惯。一般人所遵循的，称作普通习惯；适用于特种身份或职业的，称作特别习惯。现行合同法所谓交易习惯，即属于特别习惯。习惯是活的法，是最有生命力的规则，是自发生长出来的规则，是内心确信的规则。

案例4：在拍卖中，拍卖师在某竞买人举牌应价时，询问三次，无人再举牌，即落槌确认。最高人民法院认为，"三声报价法"是拍卖行业的惯例，为所有竞买人所接受。虽然法律、拍卖规则对此种报价方式没有规定，但行业惯例在具体的民事活动中被各方当事人所认同，即具有法律上的约束力。①

案例5：建筑公司和建材公司签订合同，约定于某日前由建材公司向建筑公司提供黄沙30车，每吨300元。合同签署完，建材市场变化，建材大涨。建材公司提出变更合同，适当涨价，或者减少供量，建筑公司均未答应。合同履行时期将至，建材公司用北京130卡车将30车黄沙运至建筑公司。建筑公司认为应当是东风大卡车，不应是北京130。发生争议，诉至法院。法院审理认为，诚信原则是民法基本原则，该合同纠纷，从合同订立到合同履行，双方都应当遵循诚实信用原则履行各自合同义务。建材公司鉴于黄沙价格上涨，要求提高合同价款，复要求减少供货，在要求均被拒绝后，以合同没有规定量的计算标准而以北京130供货，意在减少交货数量。另外，建材公司明知当地交易习惯，以车为计量单位的，通常是东风大卡，为减少交货，仍然以北京130送

---

① 王利明主编：《中华人民共和国民法总则详解》，中国法制出版社2017年版，第57页。

货。其行为显然有违诚信原则。①

二是行政法规和地方性法规之作为法源。根据立法法的规定，民事基本制度属于制定法的范畴。但根据《立法法》第六十五条规定，两种情形下行政法规可以对民事法律关系作出规定进行调整。一是为执行法律的规定需要制定行政法规的事项可以制定行政法规，就是说，为执行有关民事的法律，需要由行政法规进行细化规定的，可制定行政法规。这种行政法规实际上是对民事法律的补充。二是全国人大及其常委会授权国务院制定本属于应当制定法律进行规范和调整的民事事项的行政法规。这种行政法规实际上代行民事法律职能。地方性法规，包括省、自治区、直辖市人大及其常委会制定的地方性法规，较大市（省、自治区的人民政府所在地的市，经济特区所在地的市和国务院已经批准的较大的市）的人大及其常委会制定的地方性法规，民族自治地方的人民代表大会制定的自治条例和单行条例。根据最高人民法院《关于裁判文书引用法律、法规等规范性法律文件的规定》，对于应当适用的行政法规、地方性法规或者自治条例和单行条例，可以直接引用，即可以作为民法渊源。

三是司法解释和指导性案例之作为法源。司法解释是立法机关授予司法机关在审判过程中对适用法律问题所作出的具有法律效力的阐释和说明。司法解释，法院在审理案件时可以直接适用。指导性案例发挥着独特的启示、指引、示范和规范功能，最高人民法院明确要求法官学习借鉴这些指导性案例所用的裁判方法和法律思维，并参照这些指导性案例处理案件。因而在我国，尽管法律没有规定司法解释和指导性案例作为法源，但实际上已经成为各级法院处理案件的裁判规则，事实上已成为法源。

四是法理之作为法源。所谓法理，指法律的基本原理，指根据民法基本原则所应有的原理。按照现行法律，法理并无拘束力，不构成民法的法源。但有解释权的机关在对民事法律进行解释时，法官裁判案件遇

---

① 王利明主编：《中华人民共和国民法总则详解》，中国法制出版社 2017 年版，第 37 页。

法律无明文规定时，或者适用基本原则作为裁判依据时，又往往以法理作为解释和裁判的根据。法理通过解释或裁判获得了法律拘束力，解释或裁判引为根据的法理因而也成为民法之法源。

五是特别法和一般法、新法与旧法关系。中华人民共和国民法总则（以下简称"总则"）规定，其他法律对民事关系有特别规定的，依照其规定。这条规定说的是特别法和一般法的关系问题。调整所有民事生活领域、所有民事关系的法律就是一般法，调整特殊民事领域的民事关系的法律就是特别法。民法总则生效前，民法法律体系是由民事单行法构成的立法体系，其中民法通则相当于基本法、一般法，民法通则与合同法、物权法、侵权责任法不一致的，优先适用特别法，即适用合同法、物权法、侵权责任法的规定。民法总则生效后，民法总则和合同法、物权法、侵权责任法等就不构成一般法和特别法的关系，因为这些法律在作适当修改后将编纂为民法典的分则编，是民法典的组成部分，在编入民法典分则前，适用新法改变旧法原则。著作权法、专利法、保险法、破产法、海商法、证券法、期货法、票据法等法律在民法典出台后依然会以单行法的形式继续存在，它们与民法典构成特别法与一般法的关系，适用特别法优先原则。

二、完善法人治理结构

法人制度是民事法律的基本制度。完善法人制度，对全面深化改革、促进社会主义市场经济发展意义重大。对央企来说，民法总则关于法人制度的规定，对于正确行使法人民事权利，完善法人治理结构，都有规范和指导意义。

（一）法人的分类

1. 社团法人、财团法人：传统民法理论采"社团法人"与"财团法人"的基本分类。

如果法人设立的基础是具有共同目的的人的集合，就是社团法人。

社团法人为人的集合体，其成立基础在人，社团法人再分为营利法人和非营利法人。例如公司、各种协会、学会等。如果是具有一定目的的财产的集合而成立的，即为财团法人。财团法人为财产的集合体，其成立基础在于财产，如各种基金会、学校、医院、图书馆、博物馆、宗教寺庙、慈善机构等。社团法人与财团法人的区别：

（1）成立的基础不同。社团法人必须有社员，而财团法人以财产为基础，因而没有社员。当然，财团法人有管理人，但管理人并不是社员，管理人的变更不影响财团法人的存在。

（2）设立程序不同。社团法人的设立一般采取准则主义，只要符合法定条件即可，大多不需要行政机关的批准许可。而财团法人的设立则采许可主义，一般须经主管机关的许可。当然，不管是社团法人还是财团法人，都需要登记。

（3）设立人的地位不同。社团法人在设立后，其设立人即取得社员资格，如公司的股东享有股东权，并能够行使自益权和共益权。而财团法人的设立人或出资人其出资属于赠与，捐赠完成后，并不因此获得社员权。

我国立法并未采用"社团"及"财团"的概念。登记实务中使用的"社会团体"概念，与民法所谓"社团"概念并不相同。"财团"概念也难以为一般人所理解。所以我国的民法立法不采用"社团法人"与"财团法人"的分类，但这并不妨碍民法理论研究运用"社团法人"和"财团法人"概念作为分析工具。

2. 私法人、公法人：传统民法理论将法人分为公法人与私法人。

区别在法人设立的目的和法律根据不同。公法人是为社会公共利益为目的、依照公法设立的。如国家机关。鉴于在民事活动中，无论公法人还是私法人，其法律地位一律平等，区分公法人与私法人，实际意义不大。因此，总则遵循民法通则的做法，并没有区分公法人与私法人。

3. 法人的分类。

总则按照法人设立目的和功能的不同，将法人分为营利性法人和非营利性法人两类，主要考虑：一是营利性和非营利性能够反映法人之间的差异，传承了民法通则按照企业法人和非企业法人进行分类的基本思路，比较符合我国的立法习惯，实践意义也更为突出；二是将非营利性法人作为一类，既能涵盖事业单位法人、社会团体法人等传统法人形式，还能够涵盖基金会和社会服务机构等新法人形式，符合我国国情；三是适应改革社会组织管理制度、促进社会组织健康有序发展的要求，创设非营利性法人类别，有利于健全社会组织法人治理结构，有利于加强对这类组织的引导和规范，促进社会治理创新。根据《中华人民共和国民法总则》第七十条规定，营利性法人是以取得利润并分配给其股东等出资人为目的的成立的法人，主要包括有限责任公司、股份有限公司和其他企业法人等；以及《中华人民共和国民法总则》第八十七条规定：非营利性法人是为公益目的或者其他非营利目的成立，不向出资人、设立人或者会员分配所取得利润的法人，主要包括事业单位、社会团体、基金会、社会服务机构等。

营利法人和非营利法人的区别：

（1）设立依据不同。营利法人的设立通常要依据特别法设立。如依公司法而设立公司。而非营利法人则多数依据民法规则或者其他行政法规规定设立。

（2）设立原则不同。营利法人的设立一般采准则主义。法律预先规定法人成立条件，只要符合法定条件，无须经过主管部门批准，就可直接到登记机关办理登记，法人即可成立。非营利法人则一般采许可主义。除了符合法定条件外，还要经过主管行政部门的批准。经批准后再到登记机关办理登记。

（3）设立的目的不同。营利法人设立的目的是为了实现出资人的利益，要为出资人营利，取得的利润要分配给出资人。而非营利法人设立通常是为公益目的或其他非营利目的，所取得利润不向出资人、设立人或者会员分配，终止时的剩余财产也不得向出资人、设立人或者会员分配。

《中共中央国务院关于深化国有企业改革的指导意见》提出按照商业类和公益类分类推进国企改革。商业类国企按照市场化要求实行商业化运作，依法独立自主开展生产经营活动，实现优胜劣汰、有序进退。公益类国企以保障民生、服务社会、提供公共产品和服务为主要目标，必要的产品和服务价格可以由政府调控，要引入市场机制，不断提高公共服务效率和能力。商业类国企属营利性法人当属无疑，从上下文看，似乎公益类国企不实行市场化运作，只是引入市场机制，其性质如何确定？我认为，还是要从法律意义上看。指导意见所说的公益类国企，是政治意义上的，而非法律意义上的。这种公益类国有企业尽管以保障民生、服务社会、提供公共产品和服务为主要目标，但以企业组织形式存在，根据公司法等商事法登记注册，也从事营利活动，取得利润并分配给股东，因此符合《民法总则》关于营利法人的定义。如供热供水公司，必须是营利的，尽管其产品和服务的价格的确定是受到调控的，但确保营利，并向股东分配利润。不同性质的企业有不同的发展规律和经营规律，因而有不同的改革路径。我们要把握好企业的性质，进而根据企业不同的性质和发展规律推进其改革发展。

（二）法定代表人制度

《中共中央国务院关于深化国有企业改革的指导意见》指出，健全法人治理结构，就是建立权责对等、运转协调、有效制衡的决策执行监督机制，规范法定代表人的行权行为，发挥董事会的决策作用、监事会的监督作用、经理层的经营管理作用、党组织的政治核心作用。法定代表人是法人治理结构的重要组成部分，规范其行为，是完善法人治理结构的重要组成部分。

《总则》第六十一条规定："依照法律或者法人章程的规定，代表法人从事民事活动的负责人，为法人的法定代表人。法定代表人以法人名义从事的民事活动，其法律后果由法人承受。"我国民法理论和民事立法在法人制度上都采用法人组织体说。法人为社会组织体，法定代表人是法人组织体的一部分，是法人内部的一个机关，是法人的代表机关，法人必须通过法定代表人实施法律行为，法定代表人的行为也就是法人的行为。因此，法定代表人以法人名义从事的民事活动，就是法人本身的行为，从事民事活动的法律后果包括取得权利、履行义务、承担责任，都由法人承受。其实际意义在于，一是不要因为法定代表人的改变而否认前任法定代表人的行为的效力，"新官要理旧账"。二是法定代表人发生变化，应当及时办理变更登记。

对法定代表人的代表权能否进行限制？法定代表人超越这种限制的行为是否有效？现行民法通则未有明文规定。但合同法弥补立法漏洞，第五十条规定，"法人或者其他组织的法定代表人、负责人超越权限订立的合同，除相对人知道或者应当知道其超越权限的以外，该代表行为有效。"《民法总则》第六十一条规定："法人章程或者法人权力机构对法定代表人代表权的限制，不得对抗善意第三人。"民事法律上判断是否善意，标准就是相对人是否知道这种限制。相对人知道这种限制，是恶意；不知道这种限制，就是善意。不知道难以证明，知道好证明。所以法院在审理案件处理纠纷时，并不要求相对人提出不知道的证据，法院推定其为善意；如果法人有异议，则要承担举证责任。

依总则的这条规定，通过法人章程或者股东大会决议、董事会决议等对法定代表人代表权所加限制，属于内部限制，不发生对抗善意第三人的效力。在法定代表人超越代表权范围实施法律行为时，法人不得以法定代表人的行为超越代表权限为由，主张该行为无效。在法人内部，可以通过法人章程或者决议做出规定，法定代表人超越代表权限的行为使法人遭受损失时，可以追究法定代表人的责任。

（三）法人的侵权责任

我国立法从侵权责任立法上采取法人组织体说，即法定代表人是法人的代表机关，法人与法定代表人是同一个人格，法定代表人的行为就是法人的行为。法定代表人在执行法人事务时造成他人人身或财产损害时，其侵权行为被视为法人本身的侵权行为，应当由法人承担侵权责任。《民法总则》第六十二条第一款规定："法定代表人因执行职务造成他人损害的，由法人承担民事责任。"

法人侵权责任的构成要件，首先，侵权行为人为法人的法定代表人；其次，法定代表人给他人造成了损害；最后，法定代表人是执行职务造成他人损害的。何为"执行职务"？民法总则未作规定，但一般应符合以下要件：一是职权性。即法定代表人根据法律或者法人章程赋予的职责权限实施的行为为执行职务的行为。超越职权的行为不是职务行为，不受法律保护。二是时空性。即法定代表人在行使职权、履行职责的时间、地域范围内实施的行为通常都认定为职务行为。三是身份性。即在通常情况下，凡以法定代表人的身份和名义实施的行为都是履行职务的行为。

关于法人对于法定代表人职务侵权行为承担民事责任后，能否向法定代表人追偿的问题，我国法律都持肯定立场。《公司法》第一百四十九条规定"董事、监事、高级管理人员执行公司职务时违反法律、行政法规或者公司章程的规定，给公司造成损失的，应当承担赔偿责任。"《保险法》第八十三条规定"保险公司的董事、监事、高级管理人员执行公司职务时违反法律、行政法规或者公司章程的规定，给公司造成损失的，应当承担赔偿责任。"这些规定，说的都是职务侵权行为，就是说，在执行职务时，有过错，违反法律法规和章程的规定，公司有追偿权。《民法总则》也持肯定立场，第六十二条第二款规定"法人承担民事责任后，依照法律或者法人章程的规定，可以向有过错的法定代表人追偿。"

民法总则规定法定代表人制度和法人侵权制度的意义在于，第一，法定代表人应当依法、依章程授权行使职务，超越职权范围行使职务造成他人损害的，法人要承担责任，并可向有过错的法定代表人行使追偿权。第二，在制定或修订章程时，要考虑明确写上法人对法定代表人过错执行职务的追偿权，以规范和约束法定代表人的行为，解决"一把手"说了算的问题，维护法人利益。

（四）法人分支机构

法人的分支机构，是指法人为拓展业务活动范围，出资在一定区域设置的以实现法人部分职能的机构。通常称分公司、代表处、分理处等。

法人的分支机构具有以下法律特征：

（1）依法设立。法人的分支机构必须按照我国现行的法律规定设立。公司法规定，公司可以设立分公司。商业银行法规定，商业银行根据业务需要经银监会批准可以在境内外设立分支机构。保险法规定，保险公司经保监会批准可以在境内外设立分支机构。证券法规定，证券公司经证监会批准可以设立分支机构。

法律、行政法规规定分支机构应需登记并应当履行法定的核准登记程序。公司法规定，设立分公司，应当向公司登记机关申请登记，领取营业执照。商业银行法规定，经批准设立的商业银行分支机构，由银监会颁发许可证，并凭该许可证向工商行政管理机关办理登记，领取营业执照。保险法规定，经批准设立的保险公司分支机构，凭经营保险业务许可证向工商行政管理机关办理登记，领取营业执照。

（2）拥有一定的财产或经费。法人分支机构必须拥有必要的财产或经费，其占有、使用的财产是所属法人财产的组成部分，是法人分支机构进行业务活动的物质基础。

（3）有自己的名称、组织机构和场所。法人的分支机构应当具有不同于其所属法人的、依法核准登记的名称。为实现设立分支机构的宗旨，法人分支机构应当设有管理其内部事务及对外交往的组织机构，拥有进行业务活动的场所。

（4）法人分支机构从事民事活动的法律责任由所属法人承担。法人的分支机构在法人授权范围内依法从事民事活动，其经营管理的财产是法人财产的一部分，分支机构不具有独立的人格，其人格与设立它的法人的人格是合二为一的，因此法人的分支机构以自己的名义从事民事活动，产生的民事责任应当由法人承担。分支机构管理的财产不足以承担的，由法人承担。

意义：对法人分支机构从事民事活动，企业应当从四个层面进行规范。一是成立方案审查，明确要领取非法人营业执照，按照集团公司授权开展工作，对集团公司负责；二是章程审查，明确分公司的营业范围，不能超越总公司的业务范围，明确总体的授权事项；三是授权委托管理规定，明确日常经营管理活动，实行一揽子授权，对重要事项，一事一授权；四是具体的规章制度，明确具体的一事一议的授权规定，如投资管理规定，规定分公司境内境外绿地投资、并购投资、技改投资决策的具体权限。

（五）营利法人权力机构、执行机构决议的撤销

营利法人的权力机构和执行机构，通常就是公司的股东会、董事会。营利法人的权力机构和执行机构作出的决议一旦生效，即成为营利法人的意志，对营利法人及其出资人产生约束力。所以决议据以作出的决策会议的内容和程序必须遵循法律的规定和法人的章程，这是法人治理结构的重要内容，是依法治理的重要组成部分。国资委推进规范的董事会试点，治理结构和治理机制正在完善，但确实还存在不规范、不完善之处，应当依法加以规范。

关于公司决议的无效或者撤销的问题，《公司法》第二十二条规定："公司股东会或者股东大会、董事会的决议内容违反法律、行政法规的无效。股东会或者股东大会、董事会的会议召集程序、表决方式违反法律、行政法规或者公司章程，或者决议内容违反公司章程的，股东可以自决议作出之日起六十日内，请求人民法院撤销。股东依照前款规定提起诉讼的，人民法院可以应公司的请求，要求股东提供相应担保。公司根据股东会或者股东大会、董事会决议已办理变更登记的，人民法院宣告该决议无效或者撤销该决议后，公司应当向公司登记机关申请撤销变更登记。"

《民法总则》在公司法规定的基础上，第八十五条规定："营利法人的权力机构、执行机构作出决议的会议召集程序、表决方式违反法律、行政法规、法人章程，或者决议内容违反法人章程的，营利法人的出资人可以请求人民法院撤销该决议，但是营利法人依据该决议与善意相对人形成的民事法律关系不受影响。"

根据总则规定，营利法人的权力机构和执行机构决议的瑕疵分为两

种：程序瑕疵、内容瑕疵。

程序的瑕疵主要指会议召集程序、表决方式违反法律、行政法规、法人章程（如不按章程规定定期召开股东大会和董事会，大股东对控股公司的"三会"议案先行审批，不按规定的时间和方式通知，不将议案提前送董事阅读，临时增加议案，限制或剥夺股东、董事发言权或辩论权，无视反对意见强行作出决议。有些企业专职董监事流于形式，只通知明天开董事会，什么议题不告知。专职董监事的履职情况，要受其所任职公司的考核等）。

内容瑕疵主要指决议内容违反法人章程的规定。为什么内容瑕疵没有规定决议违反法律、行政法规的要件呢？违法的决议不需要撤销，可以直接提出决议无效之诉。决议被法院认定为无效的，自始无效。

营利法人的决议被撤销，涉及对外部第三人信赖保护的问题。总则规定，营利法人依据该决议与善意相对人形成的民事法律关系不受影响。就是说，决议被法院撤销后，营利法人不得据此主张其与善意相对人间的法律关系不归属于法人，或者无效，以保护善意第三人。

案例6：甘肃一公司。股东李某、张某。2015年6月10日，两人分别将自己所持35%、50%股权转让给非股东杨某，但李、张相互间并未以书面通知征求对方同意。同日公司产生股东会决议，决议载明同意李某、张某将各自所持35%、50%股权转让给杨某且张某不再享有股东权、选举杨某为公司法定代表人、执行董事兼总经理等事项。股东会决议张某未签字，杨某由王某代签，没有股东会议记录。后李某、张某要求杨某支付股权转让款。杨某以自己对股权转让之事并不清楚、签字按印也非自己所为为由，拒绝支付股权转让款，发生纠纷，诉至法院。法院审理认为，依据公司法和该公司章程，召开股东会，应于召开会议前15日通知全体股东。股东会应当将决议事项做成会议记录，出席会议的股东应当在会议记录上签名。股东会会议作出增加或减少注册资本金、分立合并解散或变更公司形式的决议，必须经代表2/3以上表决权有股东表决通过。该公司召开的股东会未按规定程序进行，股东张某未参加股东会、未行使表决权，股东会未做成会议记录，所形成的股东会决议违反公司法和公司章程，李某、张某要求撤销股东会决议的请求成立，予以支持。①

意义：对于央企，不管是集团公司还是子公司，不管是股东会、董事会还是经理层，不管是党组会还是监事会，召开会议作出决议，其内容和程序都要符合法律、行政法规的要求和章程的规定，否则不仅降低工作效率，而且要承担决议无效或者被撤销的法律后果。通常公司章程会对决策会的程序规定得没有那么细，通过议事规则对决策程序进行细化。所以我们在作制度审查时，不仅要严格审查章程规定的决议程序，还要审查各种议事规则的细化规定，确保相互间的衔接。

（六）关于非法人组织

民法通则规定了自然人和法人两类民事主体。随着我国经济社会的发展，大量不具有法人资格的组织，在实践中以自己的名义从事各种民事活动。明确这些组织的民事主体地位，适应现实需要，有利于其开展民事活动，促进经济社会发展。总则赋予"非法人组织"以民事主体地位，规定，非法人组织是不具有法人资格，但是能够依法以自己的名义从事民事活动的组织。包括个人独资企业、合伙企业、营利性法人或者非营利性法人依法设立的分支机构、会计师事务所、律师事务所等。非法人组织的特征，一是能够以自己的名义从事民事活动；二是依法登记。有些须经机关批准的，还要取得批准。非法人组织的财产不足以清偿债务的，其出资人或者设立人承担无限责任。法律另有规定的，依照其规定。

这些非法人组织，我们每天都接触，与它们发生法律关系。例如，有一个律师以山东一个律所的名义在内蒙古一个盟从事法律服务，租的办公室就在法院旁边。律师与委托人产生纠纷，结果查无此所，查无此人。我们一定要了解类似的非法人组织是否依法登记。

---

① 王利明主编：《中华人民共和国民法总则详解》，中国法制出版社2017年版，第358页。

三、正确行使民事权利

现代民主社会要处理好两个关系：一是权力与权利的关系，权力本位向权利本位转变，权利的边界就是公权力行使的边界，公权力不能侵害私权利，相反保护人民权利是国家和政府最大的职责；二是权利与义务的关系，义务本位向权利本位转变，不能只履行义务不享有权利。（梅因：所有进步社会的运动在有一点上是一致的，在运动发展的过程中，其特点是家族依附的逐步消灭以及代之而起的个人义务的增长。用以逐步代替源自家族的各种权利义务上那种相互关系形式的是契约。所有进步社会的运动，到此处为止，是一个从"身份"到"契约"的运动。）身份到契约的运动，是传统社会向现代社会转化的过程。

保护民事权利是民法的核心。总则继承了民法通则的做法，设专章规定民事权利的种类和内容。

（一）民事权利的种类

一是人身权利。《民法总则》根据宪法第三十七条、第三十八条关于公民的人身自由和人格尊严不受侵犯的规定，明确规定自然人的人身自由、人格尊严受法律保护。这是宪法规定在民法上的具体化，将人格权作为民事权利予以保护和落实。《总则》还规定，自然人享有生命权、身体权、健康权、姓名权、肖像权、名誉权、荣誉权、隐私权、婚姻自主权等权利；法人、非法人组织享有名称权、名誉权、荣誉权等权利。

二是财产权利。财产权包括物权和债权。物权是权利人依法对特定物享有直接支配和排他的权利，包括所有权、用益物权、担保物权。债权是因合同、侵权行为、无因管理、不当得利以及法律的其他规定，权利人请求特定义务人为或者不为一定行为的权利。

三是知识产权。为了加强对知识产权的保护，促进科技创新，建设创新型国家，民法总则对知识产权作概括性规定，以统领各知识产权单行法律行政法规。总则规定，民事主体对作品、专利（发明、实用新型、外观设计)、商标、地理标志、商业秘密、集成电路布图设计、植物新品种等智力成果依法享有专有的权利。

四是对个人信息的保护。尽管没有明确个人信息权,依然是立法的一个突破。个人信息是指与特定个人相关联的、反映个体特征的、具有可识别性的符号系统。特征:一是,个人相关性。二是,可识别性。通过个人信息能够直接或间接识别本人的特征。三是,兼具人身性和财产性。个人信息与人不可分离,具有专属性,是人格利益;同时随着市场经济的发展,成为一种重要的资源,通过个人信息可以直接获取财产利益,因此个人信息又具有财产性。《民法总则》第一百一十一条对个人信息保护有四个要点:第一,个人信息受法律保护。第二,任何组织和个人若要获取他人个人信息,应依法取得。现有的《网络安全法》以及将来《个人信息保护法》均会对个人信息的依法取得做出详细规定。第三,应当确保信息安全。徐玉玉电信诈骗案中,正是由于合法收集并保有个人信息的省考试院被黑客攻破数据库,窃取、贩卖考生个人信息,导致诈骗集团获取其个人信息。若考试院按照本条规定保证了所收集信息的安全,就可避免悲剧的发生。第四,对禁止行为的界定,即不得非法收集、使用、加工、传输他人个人信息,不得非法买卖、提供或者公开他人个人信息。央企中电信运营商合法取得自然人的个人信息,要确保安全,并不得非法利用。

五是对数据、网络虚拟财产的保护。互联网是我们这个时代最具发展活力的领域,互联网的快速发展给人类生产生活带来了深刻的变化,也给人类社会带来一系列新机遇新挑战。互联网时代,出现一些新的权利客体,如Q币、比特币等虚拟财产,在有些国家和地区甚至可以用比特币购物。又如,网络游戏中的装备也是虚拟财产,尽管不能在现实市场中交易,但可用于游戏群中的交易。数据信息将成为企业重要的财产形式。为适应互联网和大数据时代发展的需要,总则对数据、网络虚拟财产等新型民事权利客体作了规定。《民法总则》第一百二十七条规定,法律对数据、网络虚拟财产的保护有规定的,依照其规定。这个规定是虚拟财产保护的一般性规则,是指引性条款,为虚拟财产保护的特别法提供立法依据。

案例 7：原告在被告游戏中心网站注册网络游戏，被告因原告使用外挂而查封原告账户，发生纠纷。法院认为，被告作为游戏运营商，原告作为玩家参与游戏，双方形成平等民事法律关系。原告对其游戏账号及账号内的虚拟人物、装备享用占有、使用、分配、处分等诸项权利。被告作为游戏平台和网络环境管理者，认为原告在游戏过程中存在使用外挂等违规行为，对原告账号进行查封，应当提供相应证据证明。但被告未能予以举证证明，故承担举证不能的法律责任。[①]

案例 8：2017 年 6 月 26 日，中央全面深化改革领导小组第三十六次会议审议通过了《关于设立杭州互联网法院的方案》。会议强调，设立杭州互联网法院，是司法主动适应互联网发展大趋势的一项重大制度创新。要按照依法有序、积极稳妥、遵循司法规律、满足群众需求的要求，探索涉网案件诉讼规则，完善审理机制，提升审判效能，为维护网络安全、化解涉网纠纷、促进互联网和经济社会深度融合等提供司法保障。

近年来，我国各种新业态不断涌出，互联网更成为大量行业、企业赖以生存的关键要素，基于新业态的司法保障新需求也与日俱增，法院受理电子商务与领域案件逐年递增。

杭州互联网法院受理案件范围包括：电子商务交易纠纷、金融借款合同纠纷、电子商务小额借贷合同纠纷和网络著作权纠纷等。[②]

（二）财产权的平等保护

平等原则是民法的基本原则。民事主体在民事活动中的法律地位一律平等。《宪法》第十二条："社会主义的公共财产神圣不可侵犯。"第十三条："公民的合法的私有财产不受侵犯"。《民法通则》第七十三条："国家财产神圣不可侵犯。"第七十五条："公民的合法财产受法律

[①] 王利明主编：《中华人民共和国民法总则详解》，中国法制出版社 2017 年版，第 546 页。
[②] 王颐、刘阳：载于新华网，2017 年 6 月 26 日。

保护。"2007 年的物权法确立了平等保护原则。《物权法》第五十六条、第六十三条、第六十六条分别规定国家所有的财产受法律保护、集体所有的财产受法律保护、私人的合法财产受法律保护。《物权法》第四条："国家、集体、私人的物权和其他权利人的物权受法律保护，任何单位和个人不得侵犯。"十八届四中全会决定指出，要健全以公平为核心原则的产权保护制度，加强对各种所有制经济组织和自然人财产权的保护，清理有违公平的法律法规条款。说的实际上就是平等保护，不是平等保护就是有违公平。总则规定，民事主体的财产权利受法律平等保护。平等保护，一是法律地位平等，二是适用法律规则平等。

人，作为公民，享有的权利和权利保护可能是不一样的；但作为自然人，就是民事主体。国家机关，行使公权力时，与自然人和社会组织之间是领导与被领导、监督与被监督的关系；但从事民事活动时，就是法人，就是民事主体。国有企业，从政治意义上说，是中国特色社会主义的重要物质基础和政治基础，是我们党执政兴国的重要支柱和依靠力量；但在从事民事活动时，就是法人，是民事主体。作为民事主体时，法律地位平等，受法律平等保护。所以只要是企业，不管是国有还是非国有，在民事活动中是平等的市场主体，法律平等保护市场主体合法权益。作为央企，我们不能一方面说我们是平等市场主体，另一方面又要获得法律的特殊保护。特别是随着走出去战略，境外投资并购增加，出现法律纠纷，涉及财产执行时，我们不能一方面要求取得市场经济地位，另一方面又自我否定自己的市场主体地位而以国家主权豁免作为抗辩理由。

（三）禁止权利滥用

禁止权利滥用是一项古老的法律规则。民事权利的行使本来是权利人的自由，但任何权利的行使都有一定的限度，如果超越正当界限，则构成权利滥用，应当承担相应责任。宪法规定："中华人民共和国公民在行使自由和权利的时候，不得损害国家的、社会的、集体的利益和其他公民的合法的自由和权利。"这是民法总则规定禁止滥用权利的立法根据。权利滥用的构成：第一，须有权利的存在。第二，有行使权利的行为，这种行为可以是积极行为，也可以是消极行为。第三，行使权利的结果损害国家利益、社会公共利益或者他人的利益。与侵权行为区别何在？侵权行为是没有权利的人施加行为损害他人，权利滥用是有权利的人行使权利损害他人。

我认为，从法人治理的角度，公司作为典型的营利法人，内部有公司、股东、管理层、员工四大利益主体，外部要处理好与债权人等利益相关者的关系。不管是内部还是外部的利益主体，关键是各自依法行使权利，各自的行为要符合法律的规定和章程的规定，不能滥用权利。

公司法规定公司股东滥用股东权利、法人独立责任和股东有限责任等制度损害他人利益的，应当承担赔偿责任甚至连带责任。公司法第二十条规定："公司股东应当遵守法律、行政法规和公司章程，依法行使股东权利，不得滥用股东权利损害公司或者其他股东的利益；不得滥用公司法人独立地位和股东有限责任损害公司债权人的利益。公司股东滥用股东权利给公司或者其他股东造成损失的，应当依法承担赔偿责任。公司股东滥用公司法人独立地位和股东有限责任，逃避债务，严重损害公司债权人利益的，应当对公司债务承担连带责任。"

在总结公司法实施以来经验的基础上，《民法总则》规定了营利法人出资人正当行使权利的一般原则，并明确滥用权利应当依法承担民事责任。第八十三条、第八十四条规定了权利滥用的四种情形：出资人滥用出资人权利损害法人利益，出资人滥用出资人权利损害其他出资人利益，出资人滥用法人独立地位和出资人有限责任损害法人的债权人利益，控股出资人、实际控制人、董监高利用关联关系损害法人利益。笔者认为，管理层通过内部控制损害法人、出资人、债权人利益，也是权利滥用行为。

1. 出资人滥用出资人权利损害法人利益。

实际上就是指控股股东、实际控制人损害法人利益，如章程规定重大资产的出售应当经股东大会特别决议通过，但控股股东无视章程规定，不经法定程序，强令公司经理层出售该资产，损害公司利益。如有限责任公司股东之间的股权转让，约定转让款由公司支付或由公司提供担保等。如股东利用公司法规定的查账权窃取公司商业秘密。法人利益受损，照例应当由法人起诉。但法人如何起诉由控股股东、实际控制人控制的法人？《公司法》第一百五十一条："董事、高级管理人员有本法第一百四十九条规定的情形的，有限责任公司的股东、股份有限公司连续一百八十日以上单独或者合计持有公司百分之一以上股份的股东，可以书面请求监事会或者不设监事会的有限责任公司的监事向人民法院提起诉讼；监事有本法第一百四十九条规定的情形的，前述股东可以书面请求董事会或者不设董事会的有限责任公司的执行董事向人民法院提起诉讼。监事会、不设监事会的有限责任公司的监事，或者董事会、执行董事收到前款规定的股东书面请求后拒绝提起诉讼，或者自收到请求之日起三十日内未提起诉讼，或者情况紧急、不立即提起诉讼将会使公司利益受到难以弥补的损害的，前款规定的股东有权为了公司的利益以自己的名义直接向人民法院提起诉讼。他人侵犯公司合法权益，给公司造成损失的，本条第一款规定的股东可以依照前两款的规定向人民法院提起诉讼。"即单独或者合计持有公司1%以上股份的股东，可以书面请求监事会、董事会向法院提起诉讼，监事会、董事会在30日内不提起诉讼，股东有权为了公司的利益以自己的名义直接向人民法院提起诉讼。此为小股东的派生诉讼。

2. 出资人滥用出资人权利损害其他出资人利益是股东损害小股东利益。

通常在一个有效的市场环境和体制下，不应当存在大股东侵害小股东利益的情况，大股东和小股东是双赢博弈，我们不能设想投资于李嘉诚所控股的公司、马云管理合伙人控制的公司的小股东都是傻瓜，他们是很理性的，他们愿意"搭便车"。保护小股东利益最好的办法，就是保护小股东的退出权，同时规范大股东依法依章程行权，履行诚信责任。但现状是我们的公司治理还不健全，资本市场还不完善，政府监管还不到位，确实有关大股东侵害小股东利益的情形。如违反章程约定，长期恶意不分红；不顾小股东反对向关联公司增资；逼迫小股东低价退股；剥夺小股东的知情权，拒绝小股东查阅财务会计账簿；将公司资金借贷给他人或者以公司财产为他人提供担保；不一而足。《公司法》一百五十二条规定，违反法律、行政法规或者公司章程的规定，损害股东利益的，股东直接可以向人民法院提起诉讼。此为小股东的直接诉权。

3. 出资人滥用法人独立地位和出资人有限责任损害法人的债权人利益。

出资人有限责任制度和法人独立责任制度，是法人制度的核心，是伟大的制度创造。对出资人而言，在依约定缴纳出资以后，对法人的债务只以自己的出资承担有限责任；法人则以自己的全部法人财产独立承担责任。但实际上，出资人在出资后，往往通过各种途径从事不正当行为，通过滥用法人的独立人格和出资人的有限责任损害债权人利益，或从事各种违法活动，妨害交易安全和秩序。主要表现就是法人人格混同。法人人格混同包括：财产混同、业务混同和人事混同。

（1）财产混同。公司财产与出资人财产混同，使公司缺乏独立的财产，也就失去了独立人格存在的基础。主要表现在：公司的营业场所与出资人的营业场所相同；公司与出资人的资本或者其他财产混合；公司与出资人的账簿合一，账目不清；出资人随意调配公司的财产，或者将公司财产转为出资人财产；为避免债权人对出资人财产的强制执行而将财产转移至公司等。

（2）业务混同。业务混同是指出资人与公司从事相同的业务活动，在经营过程中彼此不分，有时出资人以自己的名义从事交易行为，有时又以公司名义从事交易行为，以至于与其进行交易的第三方无法分清是与出资人还是与公司进行交易活动。

（3）人事混同。人事混同是指公司与出资人的组织机构、管理人员互相交叉，主要表现在：董事互相兼任，高管交叉任职，员工完全相同，典型的是"多块牌子，一套人马"。公司与出资人尽管形式上独立，但实质上互为一体，公司失去独立性。

针对这些问题，为保护债权人的利益，维护正常交易秩序，创造了法人人格否认制度，即揭开公司面纱制度，就是说，在法定条件下或情形下，对出资人滥用法人独立人格和出资人有限责任，从事不正当行为造成法人债权人损害时，不考虑法人的独立人格，而要求法人的出资人向债权人直接承担责任。

4. 控股出资人、实际控制人、董监高利用关联关系损害法人利益。

正常的关联交易可以稳定法人的业务，节约交易成本，分散经营风险，提高交易效率。但现实中常有控制股东、实际控制人利用与从属公司的关联关系，迫使关联公司签订不公平合同，随意挪用关联公司资金和财产，为自己或其他关联方提供担保，通过操纵交易条件等将关联公司的利润转移给自己或其他关联人。所以法律对关联交易都进行了规范。

法律规范不平等的关联交易，这种关联交易双方当事人之间实质上存在着控制与被控制的关系，这种控制关系包括股权控制关系、公司法上的实际控制关系以及其他控制关系。根据我国的规定，在企业经营投资决策中，如果一方能够控制另一方或对另一方施加重大影响，两方或两方以上受到同一方控制或重大影响的，构成关联方。如果有权决定一个企业的投资、财务和经营决策，并能据以从该企业的经营活动中获取利润，就构成控制。所谓重大影响，是指对一个企业的投资财务经营政策有参与决策的权力。

关联交易的种类很多，利用关联交易损害法人利益的情形也很多，一是在购买或者销售商品上，如企业集团成员之间、公司与控股股东之间购买商品，以不公平的价格转移利润；如将集团控股和参股公司的产品以低于市场价格的价格销售给集团的独资公司。二是在提供或接受劳务上，如集团所属企业的基建工程、环保工程、技改工程直接指定由自己的工程公司承揽，信息化项目指定由自己的信息公司承揽。三是在担保上，关联企业之间相互提供担保，集团公司给子公司提供担保。四是提供资金，包括以现金或实物形式提供贷款或股权投资。五是租赁，包括经营租赁和融资租赁。六是许可协议，如以比市优惠的条件许可成员企业使用商标、专利等。关联关系必须公允，并披露，不能利用关联交易损害法人利益。

5. 内部人控制，即管理层控制。

现代企业制度下，所有权与经营权（控制权）相分离，由于所有者与经营者利益的不一致，可能导致权力过分集中于管理层，导致管理层控制公司，即出现"内部人控制"的现象，从而损害公司和股东利益。造成内部人控制、管理层控制的原因：理论上，所有权与经营权分离，管理层没有剩余索取权，他有动力获取控制权收益。实践中，国有独资公司、国有控股公司的国有资产产权理论上清晰，实际上并没有主体对这部分资产负债，出资人不到位，对管理层的监管自然就不到位，很容易出现管理层控制情况。股权分散的公司也容易出现这种情况，这种公司出资人是到位的，但对作为出资人的小股东来说，监督管理层的成本太高，他总是希望别的股东去监督管理层，他搭便车，造成人人都不监督，形成管理层控制。管理层控制的表现很多，主要是利用信息不对称，从事损害公司利益的行为，如过高的职务消费，自定过高的薪酬标准、绩效奖励，任期内的过度投资，短期行为，财务造假，为任期绩效好看做假账，（2017 年 6 月 23 日审计署披露对 20 家央企审计情况，涉及虚增收入的企业达到九成。违规开展购销扮靓业绩，虚构业务，如开展无实物流转的购销业务、虚假的劳务协议、虚假发票等）（商务部研究院与中国财富传媒集团中国财富研究院《中国非金融类上市公司财务安全评估报告》披露，A 股里，至少有 43% 的上市公司存在"报表粉饰嫌疑"，在 38 家房地产上市公司中，71% 的企业存在不同程度的报表粉饰嫌疑）大量拖欠债权人债务，与关联企业进行不公平交易、利益输送等。作为出资人，国资委加强了监管，出台了一些措施，如重大投资项目的审批核准、高资产负债率的重点关注、违规投资经营责任的追究、任期经营绩效薪金的延后兑现；外部董事、独立董事的监督、监事会的监督。

在大部分情况下，尤其在实行混合所有制经济的情形下，央企作为控股股东，应当依法正当行使股东权，实行同股同权，不得滥用控股股东的地位侵害所投资的公司、公司其他股东和债权人的利益。当然在以投资入股、联合投资、重组入股等方式入股非国有企业时，即在参股的情况下，也应当依法维护自己的合法权益，杜绝国有资产流失。

四、规范从事法律行为

国资委要求央企成为法治央企，成为诚信守法的经营实体。作为市场主体，其经营行为应当符合法律、行政法规的强制性规定，遵循公序良俗，崇尚契约精神和诚信精神。央企作为市场主体，其经管管理活动都是通过民事法律行为实现的。外部大多是通过与相对人的合同来实现，内部的管理很多也是通过合同如内部关联交易合同、劳动合同来实现。这些行为都要符合法律的规定，符合真实意思，符合公序良俗，不然就是无效的或者被撤销的民事行为，非但不能实现自己的权利，反而要承担法律后果。

（一）调整了"民事法律行为"的内涵

《民法通则》规定了两个概念："民事法律行为"和"民事行为"，都是有法律意义的行为，民事法律行为是有效法律行为，民事行为分为无效的和可撤销的。《民法总则》则统一规定为"民事法律行为"，既包括有效行为，也包括无效行为、可撤销行为和效力待定行为。总则规定，民事法律行为是指民事主体通过意思表示设立、变更、终止民事法律关系的行为。这样规定既尊重民事主体按照自己的意愿设立、变更、终止民事权利义务关系，也强调了民事主体在从事民事活动时，应当预见到自己的行为将产生的法律后果，并对自己的行为负责，这有利于提高民事主体的规则意识和责任意识。

（二）增加了意思表示的规则

意思表示是民事主体内心意愿的外在表达，是构成民事法律行为的基础。当事人的意思表示能否产生期望的法律后果，则取决于意思表示是否与行为人的真实意思相符合。所谓意思表示真实，即指行为人表现于外部的意思与其内在意志相一致。增加这一规则对于确定民事法律行为的效力具有重要作用。

（三）完善了民事法律行为的效力规则

总则在规定民事法律行为有效条件的同时，对无效法律行为、可撤销的法律行为都作了规定。

1. 无效法律行为包括：

（1）无民事行为能力人实施的法律行为无效。不满 8 周岁的未成年人为无民事行为能力人。

（2）行为人与相对人以虚假的意思表示实施的民事法律行为无效。以虚假的意思表示隐藏的民事法律行为的效力，依照有关法律规定处理。

虚假意思表示，也称虚伪的意思表示、假装行为，指行为人与相对人都知道表示的意思非自己真意，但双方串通而为与真意不一致的意思表示，都不想使其行为真正发生法律上的效力。民法通则未规定虚伪表示，而社会生活中当事人为规避法律强制性规定或逃避债务所为虚伪表示，并不鲜见。如规避法定义务（如阴阳合同、房产赠与合同逃避契税，1000 万元的房屋合同价款 500 万元）、规避强制执行（逃避法院强制执行，将财产或者股权通过虚假合同转移给他人）、规避金融管制（如为规避企业间不准借贷的规定，非法融资，企业间签订股权转让协议，再签回购协议）、规避非法债务（通过借款合同履行洗钱、赌博等非法债务）等。

隐藏法律行为，是指被虚假表示所掩盖的当事人真正希望作出的法律行为。例如为规避房屋买卖的税负而订立赠与合同，赠与合同为虚假表示而买卖合同是隐藏行为。没有虚伪表示也就无所谓隐藏行为，有隐藏行为就必定有虚伪表示。但存在虚伪表示，却不一定有隐藏行为，例如为逃避债务、规避执行而订立虚假的赠与合同、买卖合同，属于虚伪表示，但没有隐藏行为。

虚伪表示无效，但隐藏的行为是否有效，取决于隐藏行为本身是否符合法律行为的有效要件。例如，伪装赠与而实为买卖，赠与行为属于虚伪表示应当无效，所隐藏的买卖行为是否有效，应看买卖合同是否符合法律关于买卖合同生效的要件，符合就有效，否则即为无效。

虚假表示是虚伪表示的当事人通谋所为的虚假的意思表示，所以不得以其无效对抗善意第三人。虚假表示在虚伪表示的当事人即行为与相对人之间，发生无效的法律后果；在虚伪表示的当事人与第三人之间，则应分两种情形：一是第三人知道当事人之间的意思表示为虚伪表示的，属于恶意第三人，就可以虚伪表示无效来对抗该恶意第三人。二是第三人不知道当事人之间的意思表示为虚伪表示的，属于善意第三人，那么该虚伪表示的无效不能对抗该善意第三人。

（3）违背强制性规定的民事法律行为无效。民法理论上将法律分为任意性规定与强制性规定。所谓任意性规定，不具有强制性，允许当事人作不同的约定。法条表示方式，如《总则》第七十四条："法人可以设立分支机构。"第一百四十条："行为人可以明示或者默示作出意思表示。"而强制性规定则不同，法律强制性规定不允许当事人违反，如果违反法律强制性规定，将发生合同无效或者使当事人遭受其他不利后果。

《民法通则》第五十八条规定：违反法律的民事行为无效。《民法通则》对于法律规范未作任意性与强制性的区分，致使在实践中违反任意性规范的合同也被法庭认定无效，损及交易安全和当事人合法权益。合同法制定时，区分强制性规定与任意性规定，第五十二条规定违反法律、行政法规的强制性规定的合同无效，将任意性规定排除在外。

法学理论上，强制性规定，有效力性强制规定与管理性强制规定之分，按照民法原理及发达国家和地区的裁判实践，仅其中违反效力性强制规定的行为无效，而违反管理性强制规定的行为并不一定无效。《合同法》第五十二条未区分效力性强制规定与管理性强制规定。最高人民法院合同法解释二第十四条解释说，合同法规定的"强制性规定"，是指效力性强制性规定。实际是将"强制性规定"区分为"效力性强制规定"与"管理性强制规定"，违反"效力性强制规定"的合同无效。

效力性强制规定有两种形式：（1）直接规定民事法律行为的效力。例如，《中华人民共和国民法总则》第一百四十条规定："无民事行为能力人实施的民事法律行为无效。"第一百五十三条规定："违背公序良俗的民事法律行为无效。"（2）未明文规定民事法律行为无效，但其条文采用"禁止"一词，即应认定为无效。例如，《合同法》第二百七十二条规定：建设工程合同的规定，其第三款规定"禁止承包人将工程分包给不具备相应资质条件的单位。禁止分包单位将其承包的工程再分包。"其法律措辞都使用的是"禁止"，从事禁止的法律行为，肯定是无效的。

管理性强制规定，有三种类型：第一类，规定的对象是主体，对民事主体上提出特殊的条件或资质要求。如建设工程合同中承包方需要具备相应资质，借款合同中因为金融管制出借人必须是银行，招投标中招标公司需要特殊的资质等。第二类，规定的对象是行为，规定民事法律行为须履行特殊程序。例如，签订合同，一般情况下，双方意思表示一致即可，但根据招标投标法，大型基础设施、公用事业等关系社会公共利益、公众安全的工程建设项目以及与工程建设有关的重要设备、材料的采购，必须经过特殊的程序即招标投标。第三类，规定民事主体进行某些民事法律行为事先必须取得行政许可。如融资租赁合同司法解释第三条规定，"根据法律、行政法规规定，承租人对于租赁物的经营使用应当取得行政许可的，人民法院不应仅以出租人未取得行政许可为由认定融资租赁合同无效。"

所以《民法总则》第一百五十三条规定："违反法律、行政法规的强制性规定的民事法律行为无效，但是该强制性规定不导致该民事法律行为无效的除外。"没有区分效力性强制规定和管理性强制性规定。只要违反强制性规定，民事法律行为即无效，但是该强制性规定不导致该民事法律行为无效的除外。如前述，"禁止承包人将工程分包给不具备相应资质条件的单位。禁止分包单位将其承包的工程再分包。"但如果已经分包、再分包，且已履行完，则分包合同有效，对违反禁止规定的行为人根据行政法处罚。大型基础设施、公用事业工程建设项目以及与工程建设有关的重要设备、材料的采购，非经招标程序即已订立工程合同、采购合同，正在履行或者已履行完毕，应当认可合同的效力。

（4）违背公序良俗的民事法律行为无效。

案例：原告刘某系两被告的独生女。2012年11月，原、被告共同购买重庆某小区的房屋一套，大部分房款由两被告支付，双方就房屋产权约定原告占90%份额，两被告各占5%份额。房屋是两被告的唯一居住房屋。后原被告双方因房屋装修产生矛盾，原告请求法院判决将两被告所占房屋产权份额转让给原告。法院经审理认为，原告要求父母将所占房屋份额转让于己的诉求与善良风俗、传统美德不符，依法不予支持。①

（5）行为人与相对人恶意串通，损害他人合法权益的民事法律行为无效。要件：第一，须有双方当事人，如果仅是一方当事人的单方行为，则不构成串通。第二，双方当事人有损害他人合法权益的故意。即明知自己的串通行为会损害他人的合法权益。第三，双方当事人通谋，即双方有意思联络，对于合谋损害他人权益形成一致意思，彼此心照不宣默契配合。第四，他人合法权益受到损害。第五，他人合法权益的受损与双方当事人的恶意串通有因果关系。

2. 可撤销的法律行为包括：

（1）因重大误解实施的民事法律行为。行为人因为对行为的性质、对方当事人，以及标的物的品种、质量、规格和数量等的错误认识，使行为的后果与自己的真实意思相悖，已经或者可能造成较大损失的，可以认定为重大误解。

（2）欺诈。一方以欺诈手段，使对方在违背真实意思的情况下实施的民事法律行为。一方当事人故意告知对方虚假情况，或者故意隐瞒真实情况，诱使对方当事人违背真实意思而作出意思表示的，可以认定为欺诈行为。第三人实施欺诈行为，使一方在违背真实意思的情况下实施的民事法律行为，对方知道或者应当知道该欺诈行为的，受欺诈方有权请求人民法院或者仲裁机构予以撤销。拍卖公司、鉴定专家。

（3）胁迫。一方或者第三人以胁迫手段，使对方在违背真实意思的情况下实施的民事法律行为。以给公民及其亲友的生命健康、荣誉、名

①　中国日报网：《刘某诉刘某某、周某某共有房屋分割案》2016年3月8日。

誉、财产等造成损害或者以给法人的荣誉、名誉、财产等造成损害为要挟，迫使对方作出违背真实意思的意思表示的，可以认定为胁迫行为。

（4）显失公平。一方当事人利用优势地位，或者利用对方没有经验，或者乘对方处于危难之机危困状态，使对方作出不真实的意思表示，致使双方的权利与义务明显违反公平原则的，可以认定为显失公平。民法通则将传统民法上的显失公平行为分为"乘人之危"和"显失公平"。所谓"乘人之危"，是指一方当事人乘对方处于危难之机，为牟取不正当利益，迫使对方做出不真实的意思表示而成立的法律行为。所谓"显失公平"，并不要求有主观要件，凡合同双方给付显失均衡，致一方遭受重大损害的，均可构成显失公平。民法总则考虑到，现行法上的乘人之危与显失公平，共同本质在于双方当事人的权利义务显失均衡。二者的差别仅在于，前者强调主观要件，后者不强调主观要件，而且在法律效果上，前者属于无效，后者属于可撤销。从理论上说，这样的区别并非毫无道理。但裁判实务上，乘人之危的适用条件过严，而显失公平的适用条件过宽。如乘人之危案件的受害人而依据显失公平的规定而主张撤销法律行为，完全可以达到保护受害人利益，维护市场交易秩序的目的。

总之，我们企业作出的民事法律行为要有效，必须符合法律要件：必须做到意思表示真实，且不违背法律、行政法规的强制性规定，不违背公序良俗。

案例9：非真实意思表示、违反诚实信用，合同不成立。近年来，随着房价的大涨，炒房者越来越多，因炒房导致的合同纠纷也愈发严重。较为典型的情况就是房产中介人员利用自身优势从市民手中购买房屋，然后在办理房屋手续时过户给第三方。卖房者发现买主系炒房人员后，提出解除合同。天津市滨海新区人民法院经审理后，认定为"名为买房，实为炒房"的行为，双方签订的买卖合同不成立。

此类案件多为房地产中介人员利用具有的房源信息优势及熟悉房屋交易流程优势，与卖房人签订房屋买卖合同，再加价转卖给他人从中牟利。为了保证其顺利实施倒房行为，合同约定交付定金后卖房人便腾空并移交房屋，以便让实际买房人看房，同时约定允许过户给第三方，以实现卖房人与实际买房人间办理过户。当卖方人陷入炒房人的圈套，拒绝履行合同时就会被以违约为由起诉，并索要高额违金。

滨海新区法院认为，此类案件中签订买卖合同只是先占房屋的购买机会，同时另寻买主，将房屋转售他人从中牟利。而并非真要购买该房屋，其签订买卖合同并非真实意思表示，故该买卖合同不成立。此外，炒房人的行为既会造成实际买卖双方互不了解，影响实际买卖双方的缔约选择权，也会造成房屋交易的环节增多而增加实际买卖双方的交易成本和违约风险，实际上已经影响实际买卖双方当事人的合法权益，有违诚实信用原则，干扰正常的市场交易秩序，故依法不予保护。①

3. 无效或者被撤销民事法律行为的后果。

法律行为履行前被确认为无效或者被撤销，则法律行为不得再履行；如果法律行为在成立时有效，后因各种原因被认定为无效或者被撤销，通常具有追溯力，应恢复到该民事法律行为未发生时的状态，行为人因该行为取得的财产，应当予以返还；但不能返还或者没有必要返还的，应当折价补偿。如租赁合同、雇用合同，承租人无法向出租人返还对租赁物已经进行的"使用"，雇用人无法向受雇人返还已经进行的"劳务"。如已经履行的标的物发生毁损灭失，客观上也无法返还。又如当事人一方接受标的物后将其转让，第三人善意取得。

民事法律行为部分无效，不影响其他部分效力的，其他部分仍然有效。这样规定的目的是为了维护私法自治，使当事人不受无效部分法律行为的约束。部分无效的条件：第一，法律行为应当是可分的。第二，部分无效不影响其他部分效力的。比如，借贷合同约定的利息超过国家规定的最高限制，其高于国家规定利率的部分无效。比如合同标的物有数个，其中之一是法律禁止流通物，则该合同中仅买卖禁止流通物的部分无效。再比如合同法规定合同中造成对方人身伤害的免责条款无效，

---

① 李靖、邓中豪：《房产中介购房后转卖牟利的合同不成立》，载于《经济参考报》2017 年 4 月 21 日。

其他条款依然有效。

（四）民事法律行为的附条件和附期限

不管是附条件还是附期限，都是当事人意思自治的范畴。

1. 附条件的民事法律行为以条件的成就与否作为法律行为发生或终止的根据。

（1）条件的特征。

所谓的条件是指将来发生的决定法律行为效力的不确定的事实。其特征：第一，条件是民事法律行为意思表示的一个组成部分，是当事人自己附加到意思表示之中去的，而不是他人违背当事人的意愿硬加进去的，也不是法律直接规定的。第二，条件成就决定民事法律行为效力的发生、存续或者消灭。第三，条件是将来的、不确定的、可能发生也可能不发生的事实，具有未来性和或然性。例如，甲对乙说："如果明天下雨，我将雨伞赠与你。"但不可能发生的事实则不能作为条件。如甲对乙说："如果太阳从西边升起，我将电脑赠与你。"第四，必须是合法事实，具有合法性。违反法律、公序良俗，以及侵害他人权利为目的的事实，不能作为条件。如甲对乙说："如果你能把故宫里的某一件文物偷来，我将付你1万元。"如甲对乙说："明天考试你敢作弊我就请你吃饭。"盗窃、作弊显然是违法的，因此不能作为条件。

（2）条件的类型：

——生效条件与解除条件。

生效条件，是指民事法律行为的生效，取决于所附条件的成就。只有当约定的条件成就时或约定的事实出现时，法律行为才开始生效。

生效条件的作用在于使民事法律行为暂时不生效，因此也称停止条件。在生效条件成就以前，当事人之间的权利义务关系已经确定，只是权利人尚不能主张权利，义务人还无须履行义务，即双方的民事权利和民事义务的法律效力尚处于停止状态。例如，甲、乙商定，待甲离开北京去上海工作时以1000元价格将其冰箱出售给乙。这里的"甲离开北京"便是冰箱买卖合同生效的条件。生效条件的作用，是推迟民事行为所确定的民事权利和民事义务发生法律效力的时间。

我们经常碰到的，境外项目合同，政府审批为合同生效条件。《境外投资项目核准和备案管理办法》第二十五条规定：投资主体实施需国家发展改革委核准或备案的境外投资项目，在对外签署具有最终法律约束效力的文件前，应当取得国家发展改革委出具的核准文件或备案通知书；或可在签署的文件中明确生效条件为依法取得国家发展改革委出具的核准文件或备案通知书。①

解除条件，是使已发生效力的民事法律行为在条件实现时终止的条件。附解除条件的民事行为，在所附条件成就以前，已经发生法律效力，当事人已经开始行使权利和履行义务，当条件成就时，权利和义务则失去法律效力。例如，甲、乙双方在房屋租赁合同中附加条件：如果甲的儿子从外地回家，乙立即将该房退还给甲。这里"甲的儿子从外地回家"便是该房屋租赁合同所附的解除条件，在解除条件成就以前，租赁房屋的当事人之间所确定的民事权利和民事义务已经发生法律效力。由此可见，解除条件的作用，是使已经发生法律效力的民事法律行为终止。

——积极条件与消极条件：

积极条件又称肯定条件，是以一定客观事实的发生为条件内容。例如甲乙签订房屋租赁合同，甲考虑到他在外地工作的儿子可能回北京工作需要住房，在合同中附上"如甲的儿子调回北京，则租赁合同终止"的条件。

消极条件又称否定条件，是指以不发生某种事实为条件的内容。它又可以分为否定的生效条件和否定的解除条件。例如、甲、乙签订煤炭供应合同，在合同中附有"如甲本月不发生意外事故即供给乙煤炭若干"，该买卖行为就附了否定的延缓条件。再如，甲、乙签订种子供应合同，乙考虑到种子尚未通过有关部门的鉴定，故在合同中附上"如未

---

① 中华人民共和国国家发展和改革委员会令第9号：《境外投资项目核准和备案管理办法》2014年4月8日。

通过鉴定合同终止"的条款，该行为附了否定的解除条件。

2. 附期限的民事法律行为。

附期限的法律行为，是指在法律行为中指明一定期限，把期限的截止作为法律行为效力发生或终止的根据。如约定合同"自2018年5月4日起至同年12月31日终止"，就属于附期限的民事法律行为。

（1）期限的法律要件：第一，必须是将来的事实，已经发生的事实不能被设定为期限。第二，必须是确定发生的事实。不可能发生的事实不能被设定为期限。

（2）期限的类别。

——生效期限，是使民事法律行为效力发生的期限。在期限截止之前，民事法律行为的效力处于停止状态。期限到来时，民事法律行为的效力方始发生。如签订合同注明"自2018年1月1日起生效"，该日期就是该合同的生效期限。

——终止期限，是民事法律行为效力终止的期限，在终止期限届满时，民事法律行为即告失效。如合同条款中约定"本合同于2018年底终止"，明年年底就是该合同失效的期限。

3. 如何区分条件和期限。

在实务中，同一件事实，究竟应认定为期限，还是应认定为条件，区分方法：

（1）条件是不确定的事实，是否能成就也是不确定的；期限是确定的必然性事实，是肯定会到来的。

——时期确定，到来不确定，为条件。例如"待我100大寿送你苹果手机一部"。

——时期不确定，到来也不确定，为条件。如"法律职业资格考试通过之日"。

——时期确定，到来也确定，为期限。如"2017年9月9日"。

——时期不确定，到来确定，为期限。如"临终时将房产送与你"。

（2）民事法律行为中条件和期限的规定，涉及权利义务关系的调整。我们在审查各种协议和合同时，要把握好生效、终止的条件和期限，以规范民事法律行为，维护合法权益。

（五）代理制度

代理制度是调整被代理人、代理人和第三人之间关系的法律制度，是重要的民事法律制度。随着社会主义市场经济的发展，代理活动越来越广泛，也越来越复杂，为了保护被代理人、第三人合法权益，维护交易安全，应当对代理行为予以规范。我们需要和掌握的主要是以下几点：

（1）禁止自己代理和双方代理。第一百六十八条：代理人不得以被代理人的名义与自己实施民事法律行为，但是被代理人同意或者追认的除外。代理人不得以被代理人的名义与自己同时代理的其他人实施民事法律行为，但是被代理的双方同意或者追认的除外。禁止自己代理和双方代理是为了避免利益冲突，从而保护被代理人的利益。自己代理中被代理人事先同意或者双方代理中被代理人事先均同意的，属于意思自治，应当容许，代理行为的后果由被代理人承担。在未取得被代理人事先同意的情形，所作出的法律行为对被代理人而言是效力待定的，只有得到被代理人的追认，法律行为的效果才及于他。

（2）表见代理制度。总则规定，行为人没有代理权、超越代理权或者代理权终止后仍然实施代理行为，相对人有理由相信行为人有代理权的，代理行为有效。这样规定有利于维护交易安全，保护善意第三人的利益。

表见代理的构成要件有三：①无权代理。包括行为人自始没有代理权、享有代理权但超越代理权限、代理权终止后仍然实施代理行为。②代理权外观。行为人无权代理，但客观上形成具有代理权的外观表象。例如，被告代理人曾经以书面、口头或行为方式，直接或间接向相对人通知行为人为其代理人，实际上并未向行为人授权；被代理人允许行为人挂靠经营，以被代理人名义从事民事活动；行为人持有被代理人有代理权证明意义的印鉴，如业务介绍信、合同专用章、盖有公章和空白合同书等；行为人以被代理人以往的业务代理惯例活动的；被代理人对行为人有授权，但授权不明，行为人超越权限的；被代理人对行为人代理权事实上作了限制，但为相对人所不知；代理权终止后，行为人仍持有代理授权书，被代理人未收回有效授权书或宣布其无效的；等等。③相对人善意且无过失。合同法司法解释对相对人善意的要求比较高。权利外观因素越充分，越能说明相对人主观上善意无过失。还要考虑，相对人与被代理人间以往的交易历史、相互的熟识程度，如交易双方彼此陌生，则相对人需证明其对行为人产生信赖的理由；相对人注意义务与交易规模的大小是否相称，如标的物数量大、金额高，相对人应当更加谨慎，善意的审查标准相应更高；交易效率的要求与相对人核实代理权限的成本是否相称，相对人能够通过方便、廉价手段核实代理权限但并未核实，那就是有过失了。

所以我们在从事民事活动，尤其是合同谈判和订立过程中，要尽合理的注意义务，了解行为人是否有代理权，是否超越代理权。

案例10：自2012年8月起，在A公司介绍下，天津市B公司与沈阳C公司合作开展煤炭买卖业务，之后B公司与沈阳C公司签订两份共计9750万元的煤炭购销合同，买沈阳C公司将承兑汇票背书后交由A公司转交B公司，B公司均已收到汇票。沈阳C公司、A公司、B公司又于2013年7月签订煤炭买卖三方协议，约定B公司先向A公司支付6650万元后，A公司再支付给沈阳C公司，沈阳C公司将货物过户给B公司。A公司接受沈阳C公司承兑汇票的行为是否构成表见代理，最高人民法院判决认为，B公司与A公司在本案前即已存在常年的合作和交易，有着紧密经济往来，B公司也是通过A公司的一手经办而与沈阳C公司签订的涉案合同。因此基于双方对外所表现的关系，对于沈阳C公司来说极易形成B公司与A公司之间存在委托的表象；本案之前的同样的履行行为进一步加深了沈阳C公司对B公司与A公司之间存在委托关系的依赖；当沈阳C公司将背书的银行承兑汇票交给A公司又取得全额增值税发票后，B公司却在长达9个月的时间里从未提出货款未付的异议，B公司的此消极行为进一步加强了沈阳C公司对A公司之前表见代理行为的确信；之后B公司反而再次与沈阳C公司、A公司合作，进一步向沈阳 C 公司显示出其与 A 公司之间相互依赖、相互合作、相互委托的关系。因此，可以认定为表见代理，其法律后果应当归属于 B 公司。①

民法理论上，代理有直接代理与间接代理之分。所谓直接代理，指代理人在代理权限内，以被代理人名义实施的民事法律行为，直接对被代理人发生效力的代理。所谓间接代理，指代理人以自己名义、为被代理人的利益而为法律行为，其法律效果先对代理人发生，再依内部关系移转于被代理人。

《民法通则》关于代理的规定，只承认直接代理。《合同法》在直接代理之外，规定了间接代理。第四百零二条规定："受托人以自己的名义，在委托人的授权范围内与第三人订立的合同，第三人在订立合同时知道受托人与委托人之间的代理关系的，该合同直接约束委托人和第三人，但有确切证据证明该合同只约束受托人和第三人的除外。"第四百零三条规定："受托人以自己的名义与第三人订立合同时，第三人不知道受托人与委托人之间的代理关系的，受托人因第三人的原因对委托人不履行义务，受托人应当向委托人披露第三人，委托人因此可以行使受托人对第三人的权利，但第三人与受托人订立合同时如果知道该委托人就不会订立合同的除外。受托人因委托人的原因对第三人不履行义务，受托人应当向第三人披露委托人，第三人因此可以选择受托人或者委托人作为相对人主张其权利，但第三人不得变更选定的相对人。委托人行使受托人对第三人的权利的，第三人可以向委托人主张其对受托人的抗辩。第三人选定委托人作为其相对人的，委托人可以向第三人主张其对受托人的抗辩以及受托人对第三人的抗辩。"

间接代理包含了两重法律关系，即被代理人和代理人的内部关系、代理人和第三人的外部关系。代理人和第三人的关系，与直接代理无异，其最终法律后果归属被代理人，只不过先由代理人承担法律后果，再由代理人将这些后果转移于被代理人。

①　根据王利明主编：《中华人民共和国民法总则详解》，中国法制出版社 2017 年版，第 792 页改编。

（3）职务代理。《民法总则》第一百七十条规定："执行法人或者非法人组织工作任务的人员，就其职权范围内的事项，以法人或者非法人组织的名义实施民事法律行为，对法人或者非法人组织发生效力。"

职务代理的构成，其一，代理人是法人或者非法人组织的工作人员；其二，代理人实施的是职权范围内的事项，职权范围内的事项可以理解为一揽子授权，实施这种行为无须每次都提交书面授权；其三，以法人或者非法人组织的名义实施民事法律行为；其四，职务代理的法律后果，对该法人或者非法人组织发生效力，即发生与一般委托代理相同的后果。

央企不少企业集团除了作为法定代表人的董事长可以对外代表集团从事民事活动外，还通过授权委托的方式赋予相关工作人员作为代理人从事一定民事法律行为。通常两种情形：一是职务授权委托；二是一事一授权的委托。职务授权委托就是依据总部职能和部门职能，将一年内连续多次发生的重复性对外签署法律文件事项，分别授予分管领导和部门负责人。职务授权委托之外的事项采取"一事一授权"的方式办理授权委托。不管是职务授权委托还是临时授权委托，都是在授权范围内。办理职务授权委托事项，就是职务代理。

实务中需要区分三种情形：

①职务代理与代表的不同。即要把法定代表人的代表行为和法定代表人以外人员的代理行为区分开来。《总则》第六十一条规定："法定代表人以法人名义从事的民事活动，其法律后果由法人承受。"总则第一百七十条规定："执行法人或者非法人组织工作任务的人员，就其职权范围内的事项，以法人或者非法人组织的名义实施民事法律行为，对法人或者非法人组织发生效力。"职务代理与代表最主要的区别在于：其一，职务代理由三方当事人组成，代理人与法人之间存在授权委托关系，而法定代表人的行为，视为法人本身的行为。法定代表人与法人之间是同一个民事主体。其二，职务代理，代理人从事的法律行为不是法人的行为，只是其效力归属于法人。而法定代表人实施的民事法律行为就是法人的行为，不存在效力归属问题，法律后果直接由法人承受。其

三，职务代理通常只限于民事法律行为，而法定代表人代表的事项既可以是民事法律行为，也包括事实行为、侵权行为、行政法律行为。

②越权职务代理与表见代理的不同。《总则》第一百七十条第二款规定："法人或者非法人组织对执行其工作任务的人员职权范围的限制，不得对抗善意相对人。"《总则》第一百七十二条规定："行为人没有代理权、超越代理权或者代理权终止后，仍然实施代理行为，相对人有理由相信行为人有代理权的，代理行为有效。"简单地说，职务代理，越权行为，不得对抗善意第三人。善意是推定的，相对人不用证明自己不知道代理人越权。而在表见代理，相对人则有举证责任证明其有理由相信代理人没有越权。

③法定代表人和法定代理人的不同。法定代理是基于法律的规定直接产生的代理。法定代理人是法律规定对无民事行为能力人、限制民事行为能力人由其代为行使意思表示、代为从事民事法律行为的监护人。在法定代理中，代理权的授予是基于法律的直接规定，并不存在授权行为，即既不存在双方的合意，也不存在单方的法律行为。法定代表人则是依照法律或者法人章程的规定，代表法人从事民事活动的负责人。法定代表人的行为就是法人的行为。

五、依法承担民事责任

民事主体行使民事权利，履行民事义务，如果违反法律规定和当事人约定，就要承担民事责任。要正确处理权利、义务、责任的关系。民事责任是指民事主体违反了民事义务所应承担的法律后果，民事义务包括法定义务和约定义务。民事责任可以作不同分类：根据责任发生的依据，分为合同责任、侵权责任和其他责任；根据民事责任是否具有财产内容，分为财产责任和非财产责任；根据承担民事责任范围，分为有限责任和无限责任；根据归责原则，可分为过错责任、无过错责任、公平责任。《总则》第一百七十九条规定了承担民事责任的方式，主要有：一是停止侵害；二是排除妨碍；三是消除危险；四是返还财产；五是恢复原状；六是修理、重作、更换；七是继续履行；八是赔偿损失；九是支付违约金；十是消除影响、恢复名誉；十一是赔礼道歉。法律规定惩罚性赔偿的，依照其规定。承担民事责任的方式，可以单独适用，也可以合并适用。

一是规定民事主体应当依照法律规定和当事人约定履行民事义务，承担民事责任。按照当事人约定履行民事义务承担民事责任，体现了民法的私法性质和意思自治原则。

二是规定惩罚性赔偿。《总则》第一百七十九条第二款规定："法律规定惩罚性赔偿的，依照其规定。"

惩罚性赔偿是指民事主体违反民事法律规定，由法院判处由侵害人向被侵害人支付超过实际损失的金额的一种赔偿。

惩罚性赔偿是和补偿性赔偿相对应的一种民事赔偿制度，具有民事赔偿的一般特征，但它和补偿性赔偿制度相比，还具有以下独有特征：

第一，惩罚性。补偿性赔偿的主要目的在于弥补受侵害人所遭受的损失。惩罚性赔偿，尽管有一般赔偿损失的功能外，更多的是体现国家对不法行为的惩罚、遏制的功能，因而惩罚性赔偿一定意义上也具有公法性。

第二，附加性。惩罚性赔偿是一种附加的民事责任形式，只有当补偿性赔偿不足以惩罚这种不法行为，或者不足以表明法律对这种不法行为的充分否定，并以此来阻止其再次发生时，才能加以适用。

第三，法定性。惩罚性赔偿是承担民事责任的一种形式，必须有法律的规定并经法院依法裁判。没有法律规定不得适用惩罚性赔偿，避免法官滥用权力进行不正当的惩罚。

《侵权责任法》第四十七条规定，明知产品存在缺陷仍然生产、销售，造成他人死亡或者健康严重损害的，被侵权人有权请求相应的惩罚性赔偿。

《食品安全法》第九十六条第二款规定，生产不符合食品安全标准的食品或者销售明知是不符合食品安全标准的食品，消费者除要求赔偿损失外，还可以向生产者或者销售者要求支付价款十倍的赔偿金。

《消费者权益保护法》第五十五条：经营者提供商品或者服务有欺诈行为的，应当按照消费者的要求增加赔偿其受到的损失，增加赔偿的金额为消费者购买商品的价款或者接受服务的费用的三倍；增加赔偿的金额不足五百元的，为五百元。法律另有规定的，依照其规定。

案例 11：惩罚性赔偿，源自 1763 年英国两起官司，法官均明确指示陪审团，赔偿不仅要能补偿受害人的损失，而且还要起到惩罚侵害人并防止类似行为的作用。

1784 年，独立不久的美国，出现第一个适用惩罚性赔偿的案例，医生因恶作剧在原告的酒中掺杂化学药剂，致使原告生病。法官认为：被告具有相当的医学专业知识，应知晓药品对人体造成的损害后果，无法推诿责任，故判决被告承担惩罚性赔偿。

18 世纪的美国，惩罚性赔偿多用于受害人遭遇名誉损失或精神痛苦的案件（诽谤、诬告、非法拘禁等）。到 19 世纪中叶，惩罚性赔偿已扩展到产品责任等领域而被美国法院普遍采纳，逐渐成为美国侵权法不可或缺的组成部分。

（1）通用汽车。

1999 年美国通用汽车公司被加州一家法院裁定，向 2 名妇女 4 个孩子赔偿 49 亿美元。理由是通用公司明知油箱存在问题，但为利润却不进行修改。这是目前最产品责任赔偿金额。

（2）烟草公司。

1999 年美国一名男子的妻子去世，死前有 36 年吸烟史。男子向法院起诉烟草公司。4 年之后，美国联邦陪审团作出判决要求烟草公司支付 1900 万美元赔偿金，其中 402 万美元为实际损失，1500 万美元为罚金。

（3）默克药品公司。

万络药品事件，最后法院认定默克公司生产消炎镇痛药万络导致原告丈夫死亡，医疗损害赔偿金达 2.53 亿美元。

（4）麦当劳咖啡烫人。

79 岁老太太在麦当劳购买咖啡，咖啡温度不是通常商家 70~75 度，而是 82~86 度，理由是口感更好。老太太被烫伤，起诉要求赔偿。法院判决麦当劳赔偿 270 万美元。法官解释说，不是因为老太太需要这么多赔偿，而是惩罚性赔偿。对麦当劳这样一个跨国公司，如果不赔偿这么多钱，对它没有惩罚意义。

（5）惠氏制药。

2000 年 63 岁佛蒙特州吉他手戴安娜·莱文接受惠氏公司药物"非那根"注射时，医生并未采取药品标签建议的肌肉注射，而采取静脉注射，理由是静脉注射对改善她严重偏头痛效果较佳。然而医生注射不当，造成部分药剂注入动脉，导致她右手和右手前臂坏死被迫截肢。莱文为此起诉惠氏公司。佛蒙特州陪审团支持这起诉讼并裁决惠氏公司赔偿 670 万美元。2009 年 3 月 4 日美国最法院以 6∶3 投票结果通过裁定，要求美国惠氏制药公司遵从佛蒙特州陪审团裁决，赔偿患者 670 万美元。①

三是规定为他人利益而为行为的责任。两种情况：第一种情况，为保护他人民事权益而使自己受到损害的，由侵权人承担责任，受益人可以给予适当补偿。没有侵权人、侵权人逃逸或者无力承担民事责任，受害人请求补偿的，受益人应当给予适当补偿。属于为他人利益而为。第二种情况，因自愿实施紧急救助行为造成受助人损害的，救助人不承担民事责任。自愿实施，既非法定义务，也非合同约定，并且无偿实施。这一条款就是善意救助者责任豁免规则，也被称作"好人条款"，在国外被叫作"好撒马利亚人法"，鼓励见义勇为行为，对于唤起社会良知，端正社会风气，引领社会潮流，具有重要的价值。但实施中也会出现一些问题。比如，当被救助者处于困境或者危难中，特别是在病情危重时，如果不懂医学抢救常识，采取不当救助措施，会给被救助者带来严重后果。所以在起草时有学者提出应当从权利义务平衡的角度加以一定的约束，在民法总则草案中有这样的规定："如果实施紧急救助的人因重大过失给受救助的人造成了不应有的损害，应当承担适当的责任"。但最后民法总则并未保留这一条款。究其本质，在见死不救、冷

---

① 本案例来源于 360 个人图书馆。

漠对待需救助人非常普遍的情况下，法律应当鼓励见义勇为等善意管理他人事务的行为。

案例11：河南驻马店一名女子在人行横道上被一辆出租车给撞倒，出租车没有停留，开车逃跑。此后，有十多个人从横道上经过，没有一个人对女子伸出援助之手，过往车辆看到被撞倒的女子，也没有做出任何的行动，直到1分钟以后，一辆车躲闪不及，再次从女子身上碾压过去，导致女子死亡。

发生交通事故不可怕，反倒是人的冷漠让人觉得特别可怕。眼睁睁地看着一个人就那么死去，难道从她身边经过的人就不会感到愧疚吗？如果有一个人伸出援助之手，对那名女子进行救助，也许她就不会死亡了。①

对于企业来说，作为民事主体，如果违反民事义务，就要承担民事责任，就是说，原来的权利义务关系会转变为民事责任关系。不管是合同责任还是侵权责任中的产品责任、环境污染责任、高度危险责任等，都是我们生产经营中可能产生的法律责任，而且有些如环境污染责任的举证责任是倒置的，需要企业证明没有因果关系。因此我们必须严格按照法律的规定和合同的约定履行民事义务。

六、结语

习近平总书记要求提高运用法治思维和法治方式深化改革、推动发展、化解矛盾、维护稳定能力；谋划工作要运用法治思维，处理问题要运用法治方式，说话做事要先考虑一下是不是合法。我理解，所谓法治思维，就是指以法治理念为指导，以合法性为起点，以公平正义为目的，运用法律规范、法律原则、法律精神和法律逻辑，对所遇到的或要处理的问题进行分析、推理判断、形成决定。所谓法治方式，就是运用法治思维来处理和解决问题。民法思维是法治思维的重要方面，是以合

---

① 王煜：《河南一女子被撞后无人施救再遭碾压》，载于《新京报》2017年6月7日。

法性为起点的民事权利与民事义务的统一，是民事法律行为与法律后果（民事责任）的统一。建设法治央企，就要求我们在推进改革发展、加强经营管理时，在从事市场经济活动、行使民事主体权利、维护自身合法权益时，在履行法律顾问职责、防范法律风险时，都用法治思维、民法思维作为指导，用法治方式处理问题推进工作。这就是学习民法总则的意义所在。

企业纠纷案件管理实践与探索

中国航空油料集团公司总法律顾问　徐永建

随着市场化、全球化的深入，市场主体之间的经贸往来日益频繁，交易形式日趋多样。企业，作为市场经济中最为活跃的主体，身处企业内部股东之间、劳资之间，企业外部交易对手之间以及政府监管等多方面的法律关系中，法律纠纷不可避免。作为企业管理者，如何看待和应对法律纠纷，不仅关系个案成败和经济得失，有时会影响企业经营秩序和声誉，甚至关乎企业生死存亡。本文根据大量实践，以企业战略利益和管理者的视角就企业法律纠纷案件管理做一初步探讨。

主要内容包括四个方面：一是正确认识企业纠纷案件；二是准确把握纠纷案件处理的关键环节；三是充分利用纠纷案件提高企业管理水平；四是集团公司加强纠纷案件管理的建议。

一、正确认识企业纠纷案件

（一）案件统计与趋势分析

法律纠纷案件不可避免，且数量呈上升趋势，以下数据可以佐证。

从 2008 年到 2012 年，全国法院受理案件年均增长 6%。2013 年，全国法院受理案件比上年增长 7.5%，2014 年增长 10%，2015 年增长 24.7%。也就是说，近八年来，全国各级法院受理的案件数量从 1072

万件增长到 1953 万件，将近翻了一番。[1]

从 1995 年《仲裁法》实施到 2012 年的 17 年间，全国仲裁案件的数量和标的额连续 17 年增长。2013 年，全国仲裁案件的数量比上年增长 8%，标的额增长 25%。2014 年，仲裁案件的数量增长 9%，标的额增长了 61%。2015 年，仲裁案件数量增长 20%，标的额增长 55%，分别达到 13.7 万件和 4112 亿元。[2]

从 2011 年到 2015 年的最近五年，全国各级法院审结和执结的案件数量从 1148 万件增长到 1671 万件，增长 46%，标的额则从 1.6 万亿元增加到到 4 万亿元，增长 150%。[3]

以上统计数据，无论是 20 年仲裁案件的统计，还是近八年法院受理案件、最近五年法院执结和审结案件的数量和标的额的统计，都一致显示出纠纷案件越来越多。出现这种情况不是偶然的，是符合逻辑、符合规律的。驱使案件增长的因素，主要有五个方面：第一是市场化；第二是国际化；第三是法治化；第四是多元化；第五是科技化。市场化、国际化、法治化，是近年来我们国家和社会改革、发展和进步的一个大趋势，从各方面提高了人们利用法治思维和法治方式解决矛盾和纠纷、维护合法权益的意识，是社会文明进步的表现。多元化，是指很多企业进入了陌生领域，就要面临很多新的问题和纠纷。科技化，特别是网络信息技术的出现，新的商业模式的出现，与传统的监管模式、法律法规产生了冲突。如共享汽车、神州专车、滴滴专车要不要受出租车法律和政策的监管；互联网金融、众筹和 P2P 要不要受银监会和证监会的监管；百度搜索要不要受《广告法》的监管等。百度、阿里巴巴、腾讯、京东、360 等网络公司、电商公司，都有非常强大的法律团队，一方面在研究新的商业模式和现在的法律法规的衔接和关系；另一方面在处理大量的纠纷和诉讼。

无论是数字统计显示的事实，还是逻辑分析得出的结论，都说明全社会纠纷案件会越来越多。期望纠纷案件越来越少，甚至消灭案件，愿

---

①②③　数据来源作者根据相关资料整理得出。

望是好的，但那是理想主义，是一厢情愿。如果试图通过加强风险管控，加强法治建设，加强案件管理，让案件越来越少，最后消灭案件，这个愿望在某一个特定的企业、特定的时期也许是可以做到的，但它不是一个普遍的规律，不应当是一个总的要求。纠纷案件永远都会有，处理纠纷案件永远是企业法律部门第一位的基本任务。

（二）案件对企业的影响及处理原则

案件对企业的负面影响很大。这种影响包括经济上的、信誉和品牌上的以及对经营管理活动正常秩序的冲击，甚至影响到企业的战略实施和生死存亡。纠纷案件是不以人的意志为转移的客观存在，必须树立正确的原则和指导思想来处理和应对。第一是要依法合规，实事求是，客观冷静，不意气用事；第二是要把案件管理放在服从服务于公司整体战略这个角度来考虑和谋划，不能就案件来论案件；第三是虽不能期望每个案件都胜诉，但要尽最大的努力保证公司得到基本公平的待遇，也就是不占便宜、不吃亏；第四是要在基本合法合规的前提下，谋求公司利益的最大化。这个利益是指的公司长远利益、根本利益，而不是暂时的小利益，不能过于纠结个案的输赢。

（三）决定案件输赢的因素与法律部门的责任

案件输和赢是由多种因素决定的：一是事情本身的是非曲直。欠债还钱、杀人偿命、干活给钱等，这些最基本的权利义务关系是决定案件输赢的基础。二是证据和策略。纠纷双方谁的证据多，证明力强，法律策略好，谁就能赢。三是裁判者的倾向。每个法官、仲裁员都有其更注重的法律价值观，价值观不同，对案件的判定也不同。之所以同一个案件不同的法院会有不同的审判结果，甚至在同一个法院不同的法官也能判出不同的结果，就是因为每一个人的价值取向不完全一样。有的追求程序正义，有的追求实体正义，有的看重契约精神，有的更注重法律的具体规定等。另外，案件输赢还会受到其他一些更复杂因素的影响。

具体到个案，有的案件必然要输，有的案件必然能赢，大多数处于不确定状态，具体结果取决于上述几个方面。所以，个案赢和输不是衡量企业法律工作好坏的唯一标准。现在也没有一个通俗的、被大家公认的标准，来衡量一个案件处理的水平高低。一个可行的标准就是，在若干年之后，请专家来评判某个案件的处理过程，最后能够得出结论：这个案件的处理在当时的历史条件下有没有明显失误。也就是说，案件的处理要经得起历史和专家的检验。

虽然有些个案的处理当时很难看出明显的好坏对错，但法律部门还是要尽最大努力把案件处理好。处理案件是企业法律部门的首要工作，也是考验法律部门的第一块试金石。是别的部门不可能去管、没有人愿意争、也没有人能争的一份工作，是法律部门综合水平和能力的体现，也是公司领导和其他部门评价法律部门最直观的指标。案件的输赢对法律部门非常重要。除了追求个案有一个好的结果外，法律部门还要力争通过案件的处理过程来为公司提供管理上的、战略上的价值。具体而言，要通过案件处理发挥以下作用：第一，发现管理中的问题。第二，维护公司的权益，挽回损失。第三，提升企业的管理水平。第四，为公司创造价值。以下案例可以说明法律部门如何通过处理纠纷案件为企业创造价值。

案例1：乙公司是一个房地产项目公司，欠丙企业本金9000万元，本息合计1.7亿元，这笔债务已经有了生效的法律判决，并且进入了强制执行阶段，丙企业已经申请法院强制执行，把乙企业唯一的一项资产即评估价值9000万元的在建工程查封。乙公司的上级甲集团对这笔债务承担了其中3000万元的担保责任。另外，乙企业还欠甲集团7000万元，欠200多个小债主的2000万元和2000万元的工程款。现在，丙企业通过执行法院在报纸上登出拍卖公告，要在一个月之内把查封乙企业的在建工程予以拍卖。

分析一下，如果这个拍卖得以进行，乙企业全部9000万元有效资产的拍卖款就要被丙企业拿走，甲集团7000万元的债权、2000万元的工程款、200多个小债权人的2000万元的债务都要落空。更为严重的是，由于承担连带责任，甲集团还要额外给丙企业3000万元，形势非常危急。

经过一天一夜的筹划，甲集团的法律部门大胆建议，甲集团果断决策，以债权人的身份申请乙企业破产（申请国有性质的下属项目公司破产是需要勇气的）。经过一个月紧张工作，终于在执行法院预定拍卖日的前一天，破产法院下达了破产受理裁定，执行法院的司法拍卖程序被中止，乙企业被破产管理人接管。

然后进入破产程序中的申报债权。经统计，乙企业共有普通债权2.6亿元（包括欠丙1.7亿元，欠甲集团7000万元，欠200多个小债主2000万元），还有优先债权2000万元（工程款）。在破产程序中，甲集团启动了和丙企业的谈判，最终以9000万元的价格购买了全部的1.7亿元债权。之所以能谈成，是因为在破产程序下，如果乙企业破产清算了，丙企业只能得到7500万元。因为偿债率只有27%（有效资产9000万元减去2000万元优先债权除以2.6亿元），1.7亿元的普通债权只能得到大约4500万元，再加上从甲集团担保追偿来的3000万元，合计7500万元。所以现在甲集团出价9000万元，就能把这个债权买下来。现在，甲集团成了乙企业第一大债权人（2.4亿元），提出和解方案，与200多个小债主达成了破产和解，以4折的价格偿还2000万元的债务，付出800万元（如果破产清算小债主只能得到540万元）。这样甲集团通过破产程序把最大的债权人和小债主的债务都解决了，进入和解程序。之后，甲集团花费3000万元启动乙公司在建工程的施工收尾和竣工验收并取得销售许可证，房产价值增至2.2亿元，已经基本销售完毕。

设想一下，如果本案中甲集团法律部门没有任何作为，丙就会把在建工程的拍卖款9000万元全部拿走，再从甲集团追偿担保3000万元。乙企业工程款没有着落，小债主2000万元债权没有着落。甲集团7000万元债权落空，还要倒赔3000万元担保款，合计将损失1亿元。经过破产和解程序，最后的结果是丙得到9000万元，工程款2000万元得到如数偿还，小债主得到800万元，甲集团通过投入少量现金使资产增值1亿元，最后净得7200万元（22000－9000－2000－800－3000）补偿自己的 7000 万元债权，实现了盈亏平衡略有盈余。总之，通过启动破产和解的程序，不仅让甲集团成功地化解了危机，而且依法实现了多赢。

之所以能够和解和购买债权，就是破产程序中的破产还债规则发挥了引导作用。丙愿意 9000 万元把债权卖掉，是因为在破产清算的情况下只能受偿 7500 万元；小债主愿意接受 4 折的价格受偿 800 万元，是因为在破产清算的情况下只能以 2.7 折的价格受偿 540 万元。而甲集团在破产清算的情况下要额外付出 1100 万元，因为甲集团虽然参与破产财产分配能受偿 1900 万元（7000×27%），但是还要向丙企业承担担保责任 3000 万元（即使这样，也比无所作为坐等被丙拍卖要减少损失 1900 万元，所以即便和解未成乙企业真的破产清算了，甲集团也应当申请破产）。

本案取得了各方都满意的结果，受益最大的是甲集团。从中可以看出法律部门是如何化解危机、如何创造价值的：

第一是利用破产的法律保护，阻止最大的债权人低价抢先拍卖资产。评估 9000 万元的在建工程，竣工后升值 1 亿元，前提是先阻止拍卖。

第二是利用《破产法》关于债务偿还的规则，迫使最大的债权人接受债务收购方案。因为债务总额是 1.7 亿元，如果拍卖成功，他能拿回 1.2 亿元（9000＋3000），但在破产程序下如果真破产清算，他只能拿走 7500 万元。所以能迫使他接受 9000 万元的价格，把债权卖出去。

第三是利用破产和解的规则引导 200 多个小债权人接受破产和解方案。真破产清算，小债权人只能得到 27%，现在得到了 40%。

第四是利用少量的资金启动在建工程的建设，使资产增值 1 亿元。烂尾工程、在建工程评估值很低，但是完成竣工验收，拿到了现房销售许可证，就增值了 1 亿元。增值的这个利益，基本上被甲集团获取。

上述案例说明，法律不仅可以防范风险，而且也可以创造价值。但要实现这个目标，法律部门就一定要跳出法律做法律，站在公司的全局来提建议、做决断。法律人必须懂业务，懂财务，抓重点，会算账，善谋划。法律人最主要的使命是充分利用规则来为公司谋求最大的利益。法律人也要敢于冒险，勇于担当。

二、准确把握纠纷案件处理的关键环节

（一）案件分析与策略应对

1. 案件分析。

首先要分析后果和影响。一般包括经济方面的影响，声誉方面的影响，秩序方面的影响，还要分析这个案件有没有连锁反应。有的案件标的不大，但是它有很强烈的连锁反应，一旦这个案件输了可能会引起一连串的问题，所以也要高度重视。特殊情况下，还要分析这个案件对目前企业的特定活动、核心利益、业务模式甚至战略目标有没有影响。如果公司要上市、要重组或者要签一个重大的战略合作协议，就要分析案件会不会对这些大的活动形成冲击。除了后果和影响分析外，还要对案件本身的形势进行分析，分析证据材料，调查当事人，做一个基本的判断，这个案件赢输的可能性有多大。

2. 目标和策略制定。

处理每一个案件都要定一个目标和策略。目标和策略主要包括六个字、三个数，最后是请律师的问题。六个字就是"打""和""赢""输""快""慢"。三个数是指基本目标是什么（多少），最低目标是什么，最高目标是什么。

关于"打"和"和"。如果一个案子赢的可能性较大，或者想在这个案件里面理清责任，那就打，让法律来判。如果赢的可能性较小，或者认为和对方还有长期的合作关系，那就努力和解。这是一个利益平衡、综合判断的问题。

关于"输"和"赢"。一般情况大家都想赢，但在现实中有很多案件输比赢更符合公司的利益。主要的情形包括：公司可能有另外更大的利益，有情理法的矛盾，有的就是为了取得证据。下面这个案例说明，为了在另外一个案件中取得证据，而主动输掉一个小案件是值得的。

案例2：A公司诉自然人B拖欠材料款，要C公司承担连带责任，

被法院驳回，B 和 C 胜诉。但是这个 C 却不断地上诉，称这个案件从开始我们根本就不知道，判决书还是半年前从另外一个案件里面知道的。这个案件看似我们胜了，但是 A 公司提供的材料均得到法院的认可，认定的事实和材料在我们另外一个案件里面作为证据直接被使用，导致我们败诉。并称被告人 B 其实就是 A 的法人代表的亲戚，他的律师也是 A 替他聘的。就是说 A 公司虽然败诉了，但是他败诉的案件的标的只有 13.5 万元，且判决认可了他全部的证据，确认了承揽的法律关系。他胜诉的案件标的是 250 万元。这个败诉的案件所认定的事实和法律关系，直接导致了 A 在另一个更大案件中的胜诉。因为法律规定已经生效的法律判决书是可以直接认定为证据的，除非有相反的证据能够推翻。

关于"快"和"慢"。有的案件需要快点了结，但有的案件需要拖一拖，慢点了结，这是一个综合性的战略考虑。如果案件暂时对一方不利，那就慢一些。如果非常有利，那就快一些。决定快慢还有其他的因素，包括现在有没有履行能力，有没有特定事件，要不要等待另外一个案件的结果，对未来市场和外部法律环境变化是否有利的判断，还有财务报表的需要等。总之，要综合考虑各种因素来决定一个案件是要快还是要慢。

在决定上述六个字的策略之后，就要定一个基本目标、一个最高目标和一个最低目标。最后是要不要聘律师和聘什么律师的问题。基本的做法是，一些重大的案件，一些结果有很大不确定性的案件，还是要聘律师，聘专业的团队。律师事务所不是越大越好，适合最重要。包括律师事务所的特长、团队组成、费用支付方式、所在的地域等，都是要考虑的因素。

（二）庭审注意事项

1. 庭前准备。

（1）要认真地分析证据和材料，确定主要论点和论据。一是请求要全面、明确。除了请求退回钱（本金）外，还要考虑要不要费用、利息、赔偿等。当事人不提的请求，法官和仲裁员是不会主动审理的。二是在被动应诉时，要研究是单纯的抗辩还是要提反请求。进攻是最好的防守，有时候反请求比单纯的抗辩效果要好得多。三是要确定争议的权利性质和法律关系。到底是买卖还是融资，是股权投资还是融资，是买卖还是租赁，这个法律关系一定要非常明确。有时候以一种法律关系为基础提一种请求，最后经过庭审被认定这种法律关系不存在，请求被法院驳回，非常可惜。

（2）根据案件情况，善于行使法律规定的程序性权利。如果案件想慢，就要用足管辖权异议、回避申请、鉴定申请等等这些程序性的权利。

（3）考虑要不要提起诉讼保全。在对方财务状况不太好的情况下非常必要。

（4）注意利益冲突。很多企业集团为下面的控股参股公司的借款做了担保，这个下属公司因还不起钱被银行起诉，集团作为共同被告也被起诉。这种情况下集团和下属公司内部就有了利益冲突。担保法律关系中，担保人和被担保人虽然有关联关系，但当债权人（担保权人）起诉的时候，担保人和被担保人利益并不完全一致。虽然主债权债务是成立的，但是担保关系不一定有效。能不能脱保，能不能解除担保责任，这就是集团要追求的目标。所以集团不能轻易地在这种情况下委托下属参股、控股公司代表集团去参与诉讼，这样可能会使集团遭受不应有的损失。

2. 庭中应对。

第一，要衣着整齐，不要迟到，态度平和冷静，尊重仲裁庭和合议庭。当事人一定要知道，在庭审中你的对手不是纠纷的对方，而是法官和仲裁员的心。陈述和答辩虽有道理，但是如果仲裁员和法官没有听进去，那是没有用的。庭审中不要试图说服纠纷对方，而要说服仲裁员和法官。庭审中双方的种种表现会给法官和仲裁员留下印象，这同时就会影响他们的心。

第二，除非有特别的理由，不要搞证据突袭。有证据不及时提交，等到最后开庭的时候再提交，让对方措手不及，这种做法看似聪明，其实不然。这可能会让仲裁员和法官先入为主，根据已有材料从一开始就认可对方的观点。同时又拖延了整个诉讼和仲裁的进程，更严重的可能会丧失权利，失掉提交证据的机会。

第三，重点突破。伤其十指不如断其一指。抗辩的过程中，可能有很多理由，但是如果平均使用力量，可能这些理由都站不住脚，最后还是要被驳回。所以要找一个我们认为最能够被接受的观点来好好地论证。就像打仗一样，一定要有战略重点，集中精力攻破一个山头。当然有主攻，也要有辅助进攻，但是不能平均使用力量。

第四，要给裁判者准备好梯子和台阶。仲裁员和法官都很忙，可能对一个复杂的案件，开始不一定理得很清楚。这时如果一方能在证据上、在事实和法律上、在判例上整理得非常好，裁判者就可以很顺利地接受，从而形成对一方有利的判决。

第五，不要被法官的态度和法庭的气氛所迷惑。根据经验，法庭的气氛和法官当时的态度，不能说明任何问题。可能有两种情况，一个是法官和仲裁员提前把材料都看了，内心已经大致上决定要判你输，但是觉得你也有有理的地方，完全判你输有点亏，所以心里内疚，就在庭审的过程中对你态度非常好，做了一个很好的姿态。第二种情况是他当时可能真的觉得你有道理。但是庭后再一看材料，发现你说的还是不能严丝合缝，还是对方更有道理，他自己变了，或者受到了别的外界的影响他变了。所以开完庭之后不能大意，该准备材料的，该提供证据的，都要认真去做，不要被法庭的气氛和法官的态度所迷惑。

第六，民事案件不要指望证人。在刑事案件里，证人证言很重要，否则很多案件没法证明事实。但是在民事案件里，更重视书面的客观证据。主要原因，一是民事案件中能去作证的证人基本上都是利害关系人，不是原告就是被告单位的，或者是关联单位的，他的证据效力存在怀疑。二是相互之间矛盾。各方面的证人证言说的不一样，裁判者会认为主观性太强，又相互矛盾，所以难以采信。三是证人证言要接受当庭质证，而很多人不愿意到法庭进行质证。所以民事案件很少有用证人证言去证明一个事实的。

第七，不要轻易自认。自认就是承认了对自己不利的事实。法律规定一方承认了对自己不利的事实，另一方不需要再举证证明，法庭可以直接认定。这个规定有时候会让老实人吃亏。在连环交易中，几方在一天内签订了全部合同，由于时间太紧，没办法来回盖章，就通过传真件、复印件把合同签了，大家都没有完整的原件。发生纠纷后甲方说我们当时时间紧，合同都没有原件，我们就签了这么一个复印件合同，乙方认可，承认签过，这就是自认了。但当乙方拿出同样一份合同的传真件、复印件时，丙方不认可，不承认签过。因为乙方没有原件，法院就无法认定，这就吃亏了。同样的事情，同样的证据，作为质证一方，有的认有的不认，就会产生不同的法律后果。认了的，法官就可以作为证据直接采用。不认的，法官要综合考量，要看和其他的证据能不能相互印证。因为复印件是不能单独证明事实的。

第八，慎重自诺。自诺就是同意了对方的请求，包括全部请求或者部分请求。比如甲方起诉乙方，请求归还 100 万元本金、20 万元利息，乙方承认欠 100 万元本金，但认为利息太高，最多 10 万元。这时法院可能问乙方，你是否愿意还他 110 万元，乙方同意。这时，法院就可能直接判乙方还 110 万元。未经慎重考虑的自诺，有时会造成极大的损失。下面案例可供理解这个问题。

案例 3：20 多年前，一家公司用一套商品房和一个自然人换了六间平房，当年平房没有水、电、取暖，条件很差。商品房很好，什么设施都有。十年之后自然人提出诉讼，请求解除换房合同，理由是商品房办不了房产证。庭审中公司代理人同意了。法官就根据公司的自诺下了判决书，载明一方请求解除换房合同，对方同意，不违反法律法规的强制性规定，法院予以认可，就判决解除换房合同，已经换的房子再换回去。结果在执行中遇到麻烦，公司已经将这六间平房分给了四户人家居住，根本腾不出来。自然人申请法院强制执行，封了公司财务账号。最后费了九牛二虎之力，这家公司花了三套商品房的代价，再加上 700 多万元现金，才把六间平房收回来履行判决，可谓损失惨重，教训深刻。20 多年前一套商品房等于六间平房，十几年之后，可能一套商品房只能换一间平房，甚至一间平房都换不了。因为土地的价格在涨，拆迁有巨额的补偿。本案中公司办不了房产证，确实有违约的地方，可以承担违约责任，给对方一定的补偿，但换房十多年了，合同解除已经不可能了，所以坚决不能同意把这个房子再换回去。只要我们不同意换回去，不轻易自诺，就不会有这么大的损失。

第九，一般不让法人代表出席法院的旁听。出了纠纷，有时法人代表愿意去听听这个案件是怎么审的。但一到法院，书记员就可能让法人代表直接坐到原告、被告位置上，直接接受法官提问。法人代表大多不是搞法律的，自认的问题，自诺的问题，很多的问题回答后可能对自己很不利，也没有回旋余地。所以民事案件中法人代表出庭一定要特别谨慎。

第十，对法院释明的事项要格外重视。有的公司以买卖合同关系去主张退回货款，法院释明，经过审理，这个案件不一定是你主张的买卖关系，你现在要不要改。这时候当事人会很矛盾：如当庭同意改，等于把以前自己所有的意见都否了。如不同意改，法院已经释明，结果可能不利。这种情况下建议不要当庭答复，一定要争取要一定的时间，回去研究一下再答复，这样会比较主动。

（三）庭后总结与决断

开庭之后，甚至下了一审、二审判决书之后，要认真研究总结案件情况，及时作出决断和行动。

1. 要进一步沟通，提供补充证据和代理意见。

特别要高度重视法官和仲裁员释明的事项以及庭审中的提问，释明和提问就是裁判者最关心和看重的问题，当事人一定要严肃对待，有针对性地提供材料和意见。

2. 要研究是否提起反诉。

进攻是最好的防守，有时候单纯抗辩难以成功，反诉会产生意想不到的效果，后面的案例可以说明反诉的作用。反诉必须在法庭辩论结束前提出。

3. 如果判决书下来了，要研究是否需要上诉或申诉。

第一个考虑的因素是对结果的满意程度，研究法院判决书是不是有道理，是不是公正。还有一个最主要的考量因素，就是对时间的诉求。如果想让这个案件快点结束，结果大体公正就不再上诉了。如果想让案件慢点结束（原因可能是目前没有履行能力、希望让案件裁决延迟生效，或者为了尽到责任、穷尽手段），那么即便胜诉的可能性很小，也要去上诉和申诉。总之，要不要再上诉和申诉，要综合考量各种因素。以下是反诉和上诉成功的一个案例。

案例4：甲乙双方签订了一个5000吨货物的买卖合同，规定是先款后货。履行中卖方备了4000吨的货，买方付了4000吨的款。但是卖方只发了2500吨的货，剩下1500吨的货自己处理了。三年之后，买方提起诉讼，请求解除合同，返还1500吨的货款。按照常识，收了对方4000吨货的款，只发了2500吨的货，现在对方请求返还剩余货款，解除合同，合乎情理。如果简单抗辩，基本上没希望。

卖方的应对策略是：第一认为这个案件现在对己方不利，所以要采取慢的战略，因此提起了管辖权异议；第二提起了反诉。反诉请求就是继续履行合同，让对方支付剩下1000吨货的货款，理由是合同规定了5000吨，买方才给了4000吨的货款。判决结果是一审买方赢了，法院判决解除合同，返还货款。但是这时候卖方没有放弃，提起了上诉。

上诉的结果出乎预料，对卖方非常有利。二审法院判决逻辑是：买方没有按照合同约定足额支付5000吨的货款，违约在先。按照《合同法》的规定，守约方有权选择要求继续履行，因此判决卖方反诉成立，买方继续支付1000吨的货款（当他支付1000吨的货款之后，卖方再给他2500吨的货）。

这两个判决带来的利益差别巨大。原因就在于签合同的时候货的价格是9000元/吨，四年后二审判决下来的时候货的价格跌到了4000多元/吨，价格腰斩。这2500吨前后的差价就是一千多万元，差了一倍。是继续履行合同还是解除合同返还货款，决定了这1000多万元价格变动利益的归属。如果继续履行合同，买方就要按照原来合同的价格付这个 1000 吨的款共 900 多万元，再加上违约金要付 1000 多万元。而卖方就可以用这个 1000 多万元按现在的价格买 2500 吨的货给买方，卖方原来少发的 1500 吨货的款就归自己了，也就是卖方大概赚了 1000 多万元价格变动利益。

上述案例体现了案件管理中几个方面的价值：

第一个是慢的价值。在暂时不利的情况下采取慢的战术，可以为寻找证据、创造有利局面赢得时间，有时候还会有额外的收获。因为外部的政策变了，价格变了，可能会产生有利的后果。

第二个就是坚持的价值。在一审败诉、明显不利的情况下，坚持上诉，结果峰回路转，柳暗花明。

第三个就是细节的价值。在大势不利的情况下，从细节入手，从合同的条款中找到了漏洞和突破点。因为合同规定要先款后货（可以理解为要全款）。现在没有证据证明，从 5000 吨变成 4000 吨，双方达成了合议。也可能当时双方口头达成了共识，同意变更为 4000 吨，但是没有任何证据证明，这就是合同条款以及履行中的漏洞和突破点。

第四就是反诉的价值。如果这个案件不提出反诉，简单的抗辩基本不会成功。所以进攻是最有效的防守，运用得好会收到意想不到的效果。

第五就是案件管理的价值。对一个案件正确的战略战术，坚持不懈的精神，专业严谨的作风，可以在案件处理过程中为企业额外创造价值。

法律人做纠纷案件管理，一定要有商业的概念，财务的概念，数字的概念。案例 4 中的一二审两种判法，法律上看起来没有区别，返还货款也好，继续履行合同也好，都是在法律框架下的正常判决，表面上达到了双方权利义务的平衡。案例 3 中，公司开始拿一套商品房换六间平房，现在再换回来，法律上好像也很公平。但是，从市场价格和实际利益的角度看，当年 1000 吨的货和现在 1000 吨的货价格差了一倍多，当年的一套商品房和六间平房等价，现在一套商品房和六间平房的价值是完全不一样了。法律上看，静态地看，没有不公平，但是实际价值差别很大。所以，法律人一定要有财务的观念、数字的观念、市场的观念，这样才能为企业创造价值。

（四）案件执行

案件法律判决生效了，就需要履行。如果一方没有主动履行，另一方就需要申请强制执行。需要注意的问题：

第一是不能失去时效。过去申请强制执行的时效是单位6个月，个人一年，现在统一到两年了。因错过时效而失去权利，是企业法律人最不能容忍的错误。

第二是要采取积极的财产保全措施。强制执行过程中，有权利的一方要态度坚决，措施果断，但是也不要把对方逼得太紧，逼到对方破产了，有时候也得不偿失。作为需要履行义务的一方，如暂时没有能力履行，态度要好，尽量地压低成本，但是要有诚意，不能一而再、再而三地失信，这样代价可能非常惨重。

第三也是最重要的，就是必须及时结案。特别是被采取强制执行措施，或者执行和解之后，必须到法院去办理结案手续。这样财务好做账，法律上也把这个案件永远地终结了。办理结案手续最好的形式就是让法院出具裁定，如果法院不出裁定，就要去做一个笔录，把笔录复印下来留做存档。如果不及时结案，有时候的代价也是非常沉重的。下面的案例非常清楚地说明了这个问题。

案例5：某证券公司在20世纪80年代末为一家企业发行了5000万元的债，到期后企业没有还钱，出现债务违约，该证券公司只能代为偿还。然后通过打官司判公司偿还其5000万元本金及利息。公司不履行判决，最后其证券通过强制执行拍卖了公司的一栋楼，拍卖款4000多万元全部被某证券公司拿走。2010年该证券公司破产，破产管理人又来这个公司再要8000多万元。这个公司很吃惊，认为当年已经把楼拍卖还了4000多万元，案件已经了结，凭什么再要我还8000万元？该证券公司的管理人说，是，我当时是拿走了4000多万元，但是按照法律规定，这个4000多万元优先要支付我执行的费用，包括拍卖、评估等费用，第二要支付我的利息，第三才是本金。我们的案件本金5000万元，加上执行费和利息多少钱。这个4000多万元扣了执行费和利息之后，只还本金多少，还剩本金多少没还。这个本金由于你没还，拖了十年多，按双倍利息计算，滚到现在就是8000多万元，完全依法合规。其实当时卖这个楼该证券公司拿走4000多万元的时候，这个案件实际上双方内心认可已经了结，只是没有及时去办结案手续，留下一个大隐患。虽然这个案件最后通过其他办法解决了，公司没有真的再还8000多万元，但教训是深刻的。

三、充分利用纠纷案件提高企业管理水平

案件法律程序的终结，不是企业案件管理的结束。在纠纷处理过程中和结案之后，要对案件的成因和处理过程进行总结评估，采取补救措施，减少损失，追究责任，总结经验教训，提高经营管理水平。采取补救措施包括担保的追偿，侵权责任的赔偿，修正具体的错误，避免类似的错误。追究责任，就是要杀一儆百，警醒他人。最后就是总结经验教训，改进经营管理。总结经验教训要从3个方面入手，第一是法律层面，第二是管理层面，第三是战略层面。

法律层面，一是策略的制定，包括战和、快慢、输赢以及目标的制定等，是不是正确。二是战术的应用，包括证据，请求与反请求，法律关系的处理，程序性权利的行使等，是否得当。三是律师的表现，职业精神、专业能力、实战能力、协作配合等，是否令人满意。四是法官和仲裁员的裁判倾向，对这类案件现在法官是怎么判的，他关注的焦点是什么等。所有这些评估如果企业法务人员不参加开庭是不可能做到的。所以不管请了多高明的律师，企业的法务人员一定要亲自参加所有的开庭。

管理层面，包括合同管理存在哪些漏洞，产品质量和库存管理，印章的管理，担保，资金的交付，交易风险管控，往来函件的管理等。不发生案件，我们管理中的很多问题是发现不了的。案件发生后，在案件

对抗和博弈中才知道我们原来还有这么多的漏洞。如合同管理，出现了很多的低级错误，第一，合同没有原件，第二，领导批准的合同文本和最后盖章的文本不一致。说明盖章审查程序出了问题，有的甚至甲方、乙方颠倒了，甲方是卖方，乙方是买方，最后盖章的时候正好相反。有的合同标的写的是混合芳烃，但合同价格条款规定的是燃料油的价格。合同履行中的问题更严重，本来合同规定的是先款后货，款到了才能发货，履行中款还没到货就发了。还有资金收付问题，有时两个单位之间往来账很多，付的这笔钱是什么性质，是定金、押金、预付款还是货款，是这个合同还是那个合同的，都要交代清楚。有时候还有代收代付的问题，让下属单位、关联单位代为付款，但没有证据，没有书面说明。所有这些管理上的问题在处理纠纷案件时暴露出来，给案件的处理带来很多麻烦和被动，有时造成了不可挽回的损失。

战略层面的评估更为重要。如果一个业务经常的、大量的、重复的出现纠纷，而且判决结果有很大的不确定性，我们就有必要来反思这个业务本身是不是正当的。要从战略层面分析案件所涉及的业务模式是不是可行，是否具备业务的正当性、交易的真实性和盈利的可持续性。如果没有这三性，这个业务本身还值不值得做就需要反思。这里有一个重要的检验标准，就是公司对这个业务加强了管理和控制，尽可能地去防范风险，这个风险能不能防住？如果还防不住，这个业务肯定是不能做的，需要考虑调整我们的战略和业务模式。国资委在2014年、2015年和2016年多次发文通报，很多企业遭受了重大损失，有的造成企业债务违约、资金链断裂、被重组、被拖垮，等等。出了这些问题之后很多人都在研究，这种业务的风险能不能防范、如何防范？我对这个问题也有所研究。基本结论是，不管出于什么目的，如果交易的基本要素都不具备，风险是没办法防范的。买卖合同如果没有货物，没有货物的交付，无论采取多严格的措施都无法防范风险。如果货物是存在的，而且是进行依法交割的，我们通过快速的交易，规模能够做大，市场能力能够提高，也能够利用信用证赚取利差、汇差，风险也可以防范。但一批货同时卖给多人；或者以少充多，只有一千吨的货却签了一万吨的合同；甚至根本就没有货，只是专门做了一个货权转移证明，这样风险是没办法防范的。总之，对反复出现纠纷的业务，我们要从战略上反思总结，及时作出调整，避免更大损失。

四、集团公司加强纠纷案件管理的建议

集团公司如何加强系统内企业纠纷案件的管理，这个问题没有统一答案。由于各公司的情况不一样，外部市场环境不一样，业务模式不一样，管控模式不一样，法律队伍的情况也不一样，所以各有各的做法。但一般而言，根据中国航油和其他央企的经验，以下几个方面是应当努力做到的。

1. 要完善制度。

根据国资委《中央企业重大法律纠纷案件暂行管理办法》，中央企业层面一定要建立健全本集团纠纷案件全生命周期管理的科学机制和制度，包括案件的预警、报告、处理、总结，以及奖惩问责等一整套的科学机制，把案件管理制度化。

2. 要进行合理分类。

可分为一般案件、重大案件、特别重大案件，不同案件实行不同的管理方法。分类的标准很多，标的额是一个方面，可以把 500 万元以下的划为一般案件，500 万 ~ 5000 万元的划为重大案件，5000 万元以上的为特别重大案件，要报国资委备案。

3. 要明确责任。

在分类的基础上，要明确各层级的责任。一个集团下属单位出的案件，是让这个单位自己处理好，还是集团统一管理好，这是大家很纠结的一件事情。我认为各有各的好处，但总的原则是，谁出的问题谁解决，要以法人单位为案件处理的基本责任主体，在此基础上全集团要统一协调。部门分工上，以法律部门为主导，相关部门协调配合。集团法律部门对下属企业的案件，既不能包办代替，也不能放任不管。如果包办代替了，好处是纠纷案件处理的专业水平和效率提高了。坏处是发生

案件的单位领导班子和法人代表没有感觉，没有疼痛。结果是集团帮助解决了具体案件问题，但不能有效地促进下属企业改进管理，因为下属企业没有参与案件的具体处理过程，对管理上的问题没有切肤之痛。集团放任不管也不行，特别是对基层企业、法律人员的配备和素质参差不齐，有的企业很少有纠纷，偶尔出一个案件，指望其处理的水平很高也不现实。集团要根据案件的重要性、大小和复杂程度，在明确责任主体的前提下，对下属企业给予一定的指导和支持。甚至有的案件还是要集团亲自主导处理。总之要把这个关系协调好，发挥两个积极性，既解决具体问题又能促进管理。

4. 要及时报告。

有的企业怕上级问责，出了案子隐瞒不报，自己偷偷处理，这是不行的。要建立案件的即时电话报告制度，及时书面报告制度和零报告制度。即时报告，就是出了案件随时给上级打电话口头报告。及时报告，就是在一定的工作日之内，比如三天或是五天之内，要向上级书面报告案件情况。案件处理过程的关键节点，一审、二审、重申、再审、管辖权异议等，各种节点都要及时地书面报告。零报告就是年底了，没有案件也要进行报告。要建立案件报告制度体系，让集团随时了解情况，统筹协调重大疑难问题，促进问题的妥善解决。

5. 要采取适当措施。

有了发生纠纷案件的苗头，法律部门开始介入之后，一定要明确要求相关的业务部门和对方的任何沟通、协商都要咨询法律部门的意见。签署补充协议、签署备忘录、收发邮件等，都要审慎。这时所有书面的材料，都有可能作为这个案件的证据。

6. 要聘任合适律师。

要在集团建立诉讼律师的律师库。律所不是越大越好，适合最重要。最重要的是在案件管理过程中，要和律师建立一个风险共担机制。即案件代理一般采取基本费加风险代理费的模式，案件赢了可以多付代理费，案件输了只有一个基本费。对律师的管理有一个原则，信任不放任，参与不干预。参与就是法律部门必须参与案件的研究和策略制定，必须亲自参加开庭。

7. 要做好总结。

正如本文第三部分所述，个案的法律终结不是企业案件管理的结束。要从案件中总结经验教训，改进经营管理，提升风险管控水平和市场竞争力。具体包括法律方面的总结、管理方面的总结、战略方面的总结。

8. 要加强协调。

对央企内部各企业以及央企之间的法律纠纷，应该进一步加大协调的力度，防止国有资产流失。多年来，国资委法规局根据 11 号令，对中央企业的法律纠纷案件进行了积极的、卓有成效的指导和协调，为企业挽回了大量经济损失。一些重大、复杂、疑难、长期得不到解决的案件，在国资委的强有力的协调下，得到了妥善的解决。同时我们也看到，最近央企之间的法律纠纷还是时有发生，特别是这几年融资性贸易案件集中爆发，央企之间互为交易对手。出了问题央企之间花了大量的人力、财力、物力互相打官司，而那些真正得到好处的人却逍遥法外，令人痛心。对央企之间的纠纷，要加大协调力度，要站得高看得远，实事求是，一致对外，共同防止国有资产的流失。一个集团内部更有条件建立强有力的协调机制，确保集团内部发生的纠纷，首先必须先内部协调解决。在此之前，不允许单方发起诉讼或者仲裁。同时建议，国资委法规局可以探讨成立一个案件调解中心。从著名的律师、仲裁员、法官以及央企的总法律顾问、资深法律顾问中，找一批专家做调解员，主要是调解央企之间的法律纠纷案件。要制定好规则，设计好程序，调解结果经过一定的程序做出后再经过一定的审批程序就有效力，当事人必须执行。

融资性贸易案例分析

北京市天同律师事务所主任　蒋　勇

据统计，已公开的涉及融资性贸易纠纷的司法案例有数千件，其中的案件当事人不乏大型企业。鉴于此，研究和融资性贸易的相关问题，从企业风险防范的角度而言，显得尤为重要。本文拟从四个方面将此问题展开，首先是概念，然后是类型化分析，进而提炼常见的法律问题，最后总结融资性贸易纠纷对于企业法律风险防范的启示。

一、融资性贸易的概念

融资性贸易，就词组的结构而言，是以"融资性"对"贸易"进行修饰，亦即其仍是一种贸易方式，但具有融资的相关因素。因此，融资性贸易的定义是：在商品或服务贸易中，依托货权、应收账款等财产权益，综合运用各种贸易及金融工具为贸易主体提供短期融资或者增信的贸易形式。企业在其经营过程中，为获取现金流，会寻求融资渠道，形成资金或信用的需求方。而有的企业相对而言，资金较为充裕，亦较容易获得银行的授信，有能力成为资金或信用的供给方。因此，一个围绕资金或信用的市场便悄然产生。

融资性贸易的定义包含两个财产权益的概念：其一是货权，亦即物权；其二是应收账款，亦即债权，多数法律问题亦围绕此展开。贸易主体往往利用货权、应收账款融资，贸易和融资在目的和手段之间的角色发生了变化，融资从常态交易下的手段，变成了融资性贸易的目的，而贸易也从目的转换成了手段。探求当事人的真实意思表示，犹如水中望月，雾里看花，真假虚实难辨，风险亦孕育于此。

二、融资性贸易的类型化分析

融资性贸易是一个抽象的概念，欲探求其在实际操作中将演变成何种形态，有赖于研究者对于法律大数据的挖掘，并予以分类、归纳。笔者通过搜集相关案例，并对案例予以类型化分析后，认为融资性贸易可分为六种模式：托盘贸易、委托采购、质押监管、仓储保管、保兑仓以及保理。

（一）托盘贸易模式

图1是托盘交易的模式图，其之所以被称为托盘交易，即托盘方像托盘一样，托起左右两边的买卖双方。该模式下，托盘方与买卖双方签订买卖合同，就理论上而言，货物的流向是从卖方流向托盘方再流向买方，托盘方向卖方支付货款，买方向托盘方支付货款。但在融资性贸易的实际操作中，托盘方和买方签完合同之后，买方将部分货款作为保证金交付至托盘方，托盘方以此作为保证金交至银行，从而获取承兑汇票。托盘方便将承兑汇票交付给卖方，卖方径直向买方发货。待一定时日后，买方向托盘方支付剩余价款。鉴于承兑汇票的面额远大于保证金金额，从买方的角度而言，其通过托盘方的信用，以部分货款融得了全价货款。实践中，该模式的风险便在于，一旦买方最终无法向托盘方支付剩余价款，托盘方与卖方往往会陷入讼争。以下是一则实例。

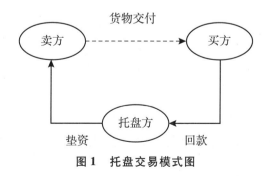

图1　托盘交易模式图

某贸易商、某企业以及热带厂互相之间签订了买卖合同，贸易商向企业支付了保证金，企业以保证金向银行申请开具承兑汇票，并将汇票交给了热带厂。热带厂把货物交付给贸易商，因贸易商"跑路"，导致企业和热带厂陷入讼争。此情形下，托盘方会向卖方主张货物没有交付，请求返还货款。卖方则抗辩双方不存在真实的买卖关系，且以过去的交易惯例作为论据。

（二）委托采购模式

图2是委托采购的模式图，其与托盘贸易模式的不同在于，买方和托盘方之间由买卖合同关系转变成代理采购合同关系，亦即受托人所作行为效果均归属于委托人。下面以一则案例，揭示其中的法律风险。

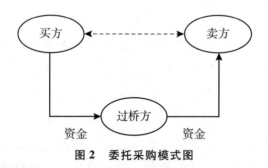

图 2　委托采购模式图

某贸易商委托某企业采购一批钢材，该企业跟某公司签订了买卖合同，并向银行申请开具了承兑汇票交至该公司，之后，因贸易商"跑路"，双方陷入讼争。

本案的特殊性在于，该公司发货给贸易商之前，将企业支付给公司的款项抵扣了，抵偿之前的欠款，因此不发货给贸易商。企业主张该公司未履行交付义务，该公司则以"企业跟贸易商之间是委托代理关系，企业的支付行为应视作贸易商的行为"为由抗辩。因此，委托采购模式有两个风险点：其一是融资方不能偿还的风险；其二是卖方主张以受托方的货款抵扣其与委托方在其他交易中的未结款。

（三）质押监管模式

图 3 是质押监管模式图，融资方与仓库方订立仓储合同，将其货物存放于一个仓库内，然后跟银行签订贷款合同，并以仓库内的货物作为质押物。银行为监管质押物，与某监管方签质押监管合同，约定由监管方负责监管仓库内的货物。因此，监管方便与仓库方签订仓库租赁合同，由监管方占有使用仓库，方便监管货物。

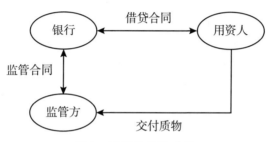

图 3　质押监管模式图

在此过程当中，监管方和仓库方的征信作用尤为重要，主要是因为银行不信任融资方。以下以一则案例，揭示此模式可能引发的法律风险。

C 公司向银行贷款，以十万吨玉米作为质押物。银行便与 A 企业签订质押监管协议，A 企业与 B 企业签订仓库租赁合同。C 公司、A 企业、银行三方各派代表进行质物的验货，并签订相应的货权手续。A 企业每月去仓库巡查，以确认货物是否仍存放于此，并且向银行报告。其后，因为 C 公司无力偿还债务，银行与 A 企业便去现场核查质押物，结果发现仓库内几乎没有玉米。于是，银行便根据质押监管合同，将 A 企业诉至法院。

A 企业抗辩称货物自始不存在，银行曾派人员去现场验货。银行则主张验货责任在于 A 企业，并且 A 企业向银行出具了验货单。最终，法院判决银行胜诉，A 企业向银行承担所有赔偿责任。A 企业便向法院起诉 B 企业，主张货物存放于 B 企业所有的仓库，如今货物已不存在，要求其承担赔偿责任。B 企业则抗辩其只是出租仓库，并不负有监管义务。A 企业反驳称，监管义务的履行需要仓库出租方 B 企业的配合，现在 B 企业与 C 公司串通，导致货物丢失，B 企业应当承担责任。

该模式的法律风险在于：其一，质物不存在、毁损或者存在质量瑕疵、权利瑕疵。其二，监管方或者仓库方可能被要求承担责任。

（四）仓储保管模式

图 4 是仓储保管的模式图，其与质押监管模式类似，只是银行与融资方的关系变为买卖合同关系（更确切地说，是让与担保关系）。融资方有一批货物存放于仓库方，银行作为买方与融资方签订买卖合同，标的物即上述货物，买方向卖方支付货款。银行为确保货物周全，与保管方签一个仓储保管合同。

实践中曾发生一起案例，某企业将一批钢材存放于都江苏常熟的仓库。后某企业向银行融资，与银行签订钢材买卖合同，银行便与保管方签订仓储保管合同，由保管方替其看管钢材。当某企业不能偿债时，银行和保管方到现场查看货物，发现货物已经被法院查封。实际上，该批钢材存在严重的"一物数卖"的问题，多位买方主张其对钢材的权利。

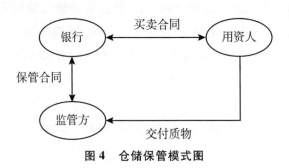

图 4　仓储保管模式图

该模式的风险点在于：其一，货物不存在、毁损或者存在质量瑕疵、权利瑕疵，保管方或者仓库方被要求承担赔偿责任。其二，便是"一物数卖"的问题。

（五）保兑仓模式

图 5 是保兑仓的模式图，保兑仓是一种厂商银合作模式。买方、卖方、银行三方签保兑仓协议，其中包含：买方与卖方的买卖协议，买方与银行的承兑协议，卖方与银行之间的回购协议，或者卖方对买方不能偿付除保证金外的剩余款项应当向银行承担担保责任。协议签订后，买方向银行交纳保证金，银行向卖方签署承兑汇票，买方向银行发出提货申请，银行向卖方发出发货指令，指令卖方可以向买方交付与保证金等值的货物，卖方在收到发货指令之后向买方交付第一批货物。

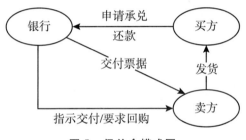

图 5　保兑仓模式图

买方收到货物之后，需要再次向银行交一部分保证金，向银行提交第二份提货申请，银行便签发第二份发货指令，卖方向买方交付第二份货物。如此类推，直至货物、货款全部交付完毕。此模式包含三层法律关系，一层是买卖合同的关系，一层是融资合同的关系，还有一层是货物监管的担保关系。以下的案例将揭示卖方与银行之间的货物监管的担保关系可能引发的法律风险。

X 公司、银行和糖厂签了一个三方合作协议，X 公司欲向糖厂购取白糖。三方按上述模式完成了第一笔货物的交付。交付之后，X 公司认为糖厂的白糖存在质量瑕疵，要求退货，因此 X 公司把货退还糖厂。此情形下，X 公司不再需要向糖厂付货款，糖厂便相当于获得了融资。往极端情形的假设便是，如果双方并不存在真实的法律关系，货物本身并不存在，买卖双方通过虚假的合同便骗取了银行的资金。因此，该模式的第一个法律风险便是买卖双方合谋骗贷，银行应启动刑事调查程序，及时采取财产保全措施。第二个法律风险，便是卖方承担回购或担保责任的风险。更甚者，如果货物价格大幅度暴跌，如石油、钢材等，卖方要承担回购责任的价格并不是下跌之后的价格，而是要按照跟银行签订回购协议之时的价格承担回购义务。亦即，价格下跌的风险归属于卖方。

（六）保理模式

图6是保理的模式图。上已言及，融资性贸易借助的财产性权益，主要是货权和应收账款，保理模式利用的便是后者。卖方与买方签订合同后享有一笔应收账款，然后其与银行之间签保理合同，实现债权转让。合同签订后，银行通知买方债权已经转让，告知买方应向银行付款。

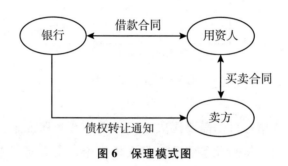

图6 保理模式图

实践中曾发生一起著名的案例，卖方将其销售焦炭获得的应收账款转让给银行，银行将保理的融资款（即转让应收账款的对价）支付给卖方，并履行了债权转让的通知义务。卖方在获取银行的保理融资款之后"跑路"，其后银行发现焦炭买卖合同是虚构的。

该模式下的法律风险分为两点：其一，就银行而言，买卖双方合谋骗贷，需要采取的措施上文已提及，此处不再赘述。其二，就买方而言，卖方伪造其与买方的货物买卖合同，银行要求其偿付款项。卖方或单方伪造其与企业的合同，或串通企业人员偷盖公章，伪造合同。一旦买方和银行陷入讼争，买方会抗辩合同系属伪造，对其不具有约束力。

银行则会反驳称，买方在接到银行的通知后，已向银行承诺付款，银行也基于对买方的信赖，向卖方发放了保理融资款，因此买方需要向银行偿还相应款项。

三、融资性贸易常见的法律问题

上述融资性贸易的交易模式虽有不同，但其中也包含一些共同的、常见的法律问题。就实体而言，融资性贸易围绕合同、货物、钱款而展开，出现法律问题时往往是钱款已经不能偿还，此时便会产生对合同性质、货权归属的争执。就程序上而言，融资性贸易各种模式虽有精妙的设计，但交易的实际履行仍需依赖于具体的工作人员，一旦企业、银行的工作人员在履职过程中心存侥幸，与融资方勾结，此时融资性贸易纠纷往往会涉及刑事犯罪，企业就会面临民刑交叉下，面对不同程序如何处理的问题。下文将围绕合同性质不明、货权归属以及民刑交叉三个方面的问题，阐述融资性贸易常见的法律问题。

（一）合同性质不明问题

合同性质关乎合同当事人权利、义务的判断，关乎法官在裁判中对法律条文的适用。而融资性租赁，其与常态化买卖不同，与一般的借贷亦不同，便会出现合同性质究竟是"名为买卖，实为借贷"抑或实际就是借贷的问题。在合同性质面前，法院态度暧昧，企业也是左右为难。部分企业可能主张表面的买卖合同关系，部分企业可能主张实质的借贷合同关系。北京市高级人民法院《当前商事审判中需注意的4个法律问题》第二点对此进行了解释："诉讼中，一方当事人主张买卖合同有效，而另一方抗辩双方或各方系以融资为目的签订买卖合同，否认存在真实买卖合同关系的，抗辩一方应负有举证责任，如其无法举证或提交的证据不足以证明其抗辩事由，则其主张不能采信，应当根据现有已确认的证据及查明的事实确定合同性质"。

据统计，实践中法院在面临认定表面法律关系抑或实质法律关系的问题时，70%以上是按照表面法律关系审理，亦即以买卖合同关系确立双方的权利义务。只有不到30%的案例是按照实际的借贷关系审理。

一旦合同性质被确定为借贷，则其便属于企业之间的民间借贷，此类合同在过去会被认定为无效。然而，自2015年9月1日起，《最高人民法院关于审理民间借贷案件适用法律若干问题的规定》的出台改变了传统的司法裁判观点。其第十一条规定："法人之间、其他组织之间以及它们相互之间为生产、经营需要订立的民间借贷合同，除存在《合同法》第五十二条、本规定第十四条规定的情形外，当事人主张民间借贷合同有效的，人民法院应予以支持。"

然而，其也规定了合同无效的情形，即"套取金融机构信贷资金又高利转贷给借款人，且借款人事先知道或者应当知道的""以向其他企业借贷或者向本单位职工集资取得的资金又转贷给借款人牟利，且借款人事先知道或者应当知道的"。如为生产经营需要而进行的企业之间的借贷合同是有效的；但如果是以借贷为牟利手段，插足金融机构的领域，则合同效力可能会被否定。

（二）货权归属问题

货权归属问题是贸易的核心问题，其包含三个层面的具体问题：其一，标的物是否特定；其二，货权是否转移；其三，一物数卖。三个层次是依次递进的，标的物特定化是货权转移的前提，而一旦确定货权是否转移，一物数卖中对于货权的争议便迎刃而解。

实践中曾发生一起案件，仓储保管模式中，保管方去验收存放于某仓库的一批钢锭，发现该批钢锭上贴的标签被仓库方和融资方贴到其他钢锭上去，以此作为对其他出资方的质押物，获取融资款。因为标的物难以特定，所以重复仓单、一物数卖的情况难以避免。实践中，货权的交付有两种，一种是现实交付，即移转对仓库内的货物的直接占有，但在大型货物贸易中，现实交付虽最为安全，但也具有成本高、效率低的风险。最常见的货权交付应该是权利凭证的交付，即仓单、提单。根据《物权法》的相关规定，只有这两样单据才是发生法律上的货权移转，很多贸易中使用的货权转移证明、出库单、提货单、交货清单、库存清单等，均不是权利凭证，此类单据也都可以被双方业务人员串通伪造。

（三）民刑交叉问题

上文已经提及，融资性贸易中较大概率涉及刑事犯罪，此时企业就会面临两个程序如何推进的问题。一方面，部分企业可能考虑到刑事犯罪的相应证据能在民事诉讼中起到关键作用，希望民事诉讼中止审理；另一方面，部分企业考虑到刑事程序过于漫长，对于标的额巨大的纠纷，时间越快，止损越好，希望民事诉讼径直审理，无须等待刑事程序。

对此，最高人民法院民事二庭的庭长杨临萍在《在关于当前商事审判工作的若干具体问题》中提出其相应观点，笔者大致归纳为以下四点。第一，如果民事案件法律事实与刑事案件法律事实不同，那么原则上民事案件应当与刑事案件分别审理。第二，如果民事案件与刑事诉讼所涉事实完全相同，而且案件事实在根本上也属于刑事案件，那么在立案阶段就应不予受理民事案件。受理后在民事审判中发现的，应当裁定驳回起诉。第三，如果民事案件与刑事诉讼所涉事实完全相同，并且同时存在民事责任和刑事责任的，民事审判应当尊重已经启动的刑事附带民事诉讼程序。未启动附带民事诉讼程序的，民事案件可以与刑事案件分别审理。第四，民事案件与刑事诉讼涉及的法律事实部分相关时，审理民事案件必须以另一刑事案件审理结果为依据，那么在刑事案件尚未审结时，应当中止民事案件审理。反之，如果民事案件审理无须以刑事案件审理结果为依据，则民事案件不得中止审理。

从实践操作而言，最高法院面临民刑交叉时中止审理的案件十分罕见，如果从证据角度提出中止审理的要求，法官可能向相关当事人释明，其可将公安笔录作为证据向法庭提交，如此，便不必等待刑事案件的审理终结。

四、融资性贸易的风险应对启示

上文已经揭示了融资性贸易的模式、风险及法律问题，所谓"前车之鉴，后事之师"。企业在面临解除此类交易时，不能仅仅指望亡羊补牢，更要学会未雨绸缪，防患于未然。

（一）亡羊补牢：融资性贸易的诉讼策略

企业作为出资方时，应当主张表面法律关系，证明自己的善意，即已支付货款，却未收到货物。此外，还应当加快案件审理，避免刑事案件认定的事实影响民事案件的结果。企业作为过桥方，应当主张实质法律关系，强调权利义务的不对等，如收取低额手续费，甚至不收取费用，单纯为了"走量"，以完成业务指标。并且，过桥方还应当充分利用刑事程序来查明事实，借助刑事程序的口供、证人证言等言词证据，充分论证当事人的真实意思表示应该是借贷而非买卖。

当然，出资方和过桥方的诉讼策略也有共通的地方，譬如证明对方串通和欺诈；又如加强证据的收集和保全。融资性贸易纠纷看似复杂，但是最终问题都取决于证据，取决于能否在第一时间收集证据、保全证据。因此，一旦风险现实化之后，应当尽快聘请律师，在律师的指导下从各方获取相应的证据。

此外，融资性贸易纠纷发生后，企业应当及时申请财产保全。实践中曾发生一起案件，在诉讼过程中各家法院均前来仓库执行财产保全。第一家法院查封钢材，第二家法院查封仓库房屋，第三家法院查封土地，第四家法院前来执行时已经没有财产可以查封。融资性贸易往往涉及很长的交易链条，涉及多方当事人，因此，财产保全抢占先机尤为关键。

（二）未雨绸缪：融资性贸易的风险防范

从具体操作而言，融资性贸易的风险防范主要为两方面："管住货"和"管住人"。"管住货"，是指控制货物存放、货物流转以及货权登记。货物存放需要企业定期巡查仓库，给货物打标示等；货物流转需要企业审查货权凭证、物流单据和交付授权；货权登记，需要企业审查、关注货物的质押登记和仓储登记等。

"管住人"，是指对工作人员要予以规范、监督。就公章适用而言，需防范工作人员盗用公章，防范多套公章同时使用的情形，公章如有遗失应当主动向公安机关挂失。就财务票据管理而言，要使票据和交易能够一一对应，避免诉讼纠纷中因票据名目混乱导致不被法院采信。

就宏观的制度建设而言，应当从商业模式和业务执行两个角度落实风险管控措施。从笔者及团队走访的企业的经验来看，很多企业的风险管控措施做得很好，其中有一家企业将其经验概括为"握紧钱袋不松手，管住货权不大意"，颇为形象。"钱"与"货"，互为交易的对价，亦即证明其价值的相当性。因此，二者只要管住其一，便可防止风险的发生。为此，该企业制定了"三不准、四坚决、五严禁"的风险管控政策。

"三不准"，一是不准开展融资性过单的贸易业务，不做影子银行；二是不准首要领导直接做业务，尤其是分公司、子公司的首要领导，以防过大的权力破坏内部控制体系的有效运行；三是不准从事主营商品以外的业务，防止盲目进入不熟悉的领域。

"四坚决"，一是坚决强调前中后台的制衡机制，确保中台的独立性，发挥风险管理三道风险的作用；二是坚决建立客户和供应商的准入机制，防止内外勾结或者被交易对象套取资金，尤其是大宗商品业务；三是坚决贯彻执行物流供应商集中管理的相关规定，以防货权失控；四是坚决落实存货盘点三方对账制度。

"五严禁"，一是严禁从事上下家是同一控制人的业务，防止上下家恶意串通；二是严禁开展全额或者部分代开证、代垫资金等纯粹的融资性业务；三是严禁签订己方提供资金带有利润分成条款的，因其含有借贷性质；四是严禁开展己方不能实质控制货权的业务，确保货权的安全与稳定；五是"严禁从事三不"业务，即"不见商品，不见上游供应商，不见下游客户"。

　　融资性贸易作为一种非常态化的贸易，其在实践操作中有多种形态，也会产生多种法律风险，而企业往往涉诉其中。因此，企业的管理人员、法务人员应当充分识别何种交易为融资性贸易交易，认识到其中蕴含的法律风险，进而在事前、事后均能采取有效措施，以防止风险的现实化或最大程度减少风险现实化所引发的损失。

境外投资环境评估与投资
交易流程管理

中伦律师事务所高级国际顾问　吕立山

据美国传统基金会（Heritage Foundation）和美国企业研究所（AEI）编制的《中国全球投资追踪数据》（CGIT）显示[①]，2005 年 1 月至 2017 年 1 月间，中国有超过 1000 项交易额在 1 亿美元以上的境外投资交易。与相对低迷的外商直接投资相比，截至 2016 年底，中国境外投资以惊人的步伐加速前进，投资额达到了 1790 亿美元，较创纪录的 2014 年的对外直接投资金额增长近 50%，创历史新高。如果把已宣布但到 2016 年底还未交割的中国化工集团并购先正达公司交易包括在内，2016 年投资额将会上升至 2220 亿美元，较 2014 年增长近 80%。

中国企业早期的境外投资主要由大型企业主导，以能源和矿业资产的收购为主，收购的标的不仅局限于"一带一路"沿线地区和诸如古巴、智利等新兴市场，也拓展到加拿大、澳大利亚和俄罗斯这些较大的资源型市场。不过近些年来，越来越多的地方国企和民营企业进入国际并购市场，并购的产业也不再限于能源和矿业，而是拓展到了各个领域。

当我们仔细审视短暂的中国对外投资史时，不难发现，尽管有一些备受关注的并购成功案例，总体来说中国企业"走出去"之路并不顺畅，失败的案例仍然占到很大的比例。失败案例中的投资者既有境外投

[①] 《中国全球投资追踪》请参见：https：//www. aei. org/china－global－investment－tracker。

资新手，也包括一些央企等久经沙场的"老将"。问题出在哪里？

作为为中国跨境投资服务的专业机构，"走出去"智库（CGGT）在2015年和2016年，受上海市商务委员会委托，为其编制了一系列国别投资报告。研究团队为此调研了30多个国家的并购专家，请他们评估中国企业的海外投资。这项研究的结果显示：无论是在发达国家的交易还是在新兴市场的交易，也无论哪个行业部门，外方普遍认为中方的问题在于，行动太慢、不够透明、无法及时做出决策，以及在国际并购谈判和交易管理方式上整体缺乏组织性、不够成熟并缺乏经验。总的来说，在各个方面，中国投资者均被认为不如日本和韩国投资者成熟老练。

在这些并购专家看来，中国企业境外投资通常存在如下几个常见错误。

第一，决策者缺席谈判。因为交易谈判是一个动态过程，提议和反提议会被当场提出以供实时考虑，但是在很多情况下中方谈判团队中没有人可以做决定，而只能将问题纳入考虑范围，待回到中国后再与其决策者进行商议。

第二，谈判进展缓慢，中间间隔过长。很多外国卖方指出，不论问题的重要程度如何，中国谈判团队似乎需要将每一个问题都带回国与其高管商议，然后这些问题就好像石沉大海。如果随着时间不断拖延而中方无任何进展，外国卖方就会开始担心交易出现问题或者有其他未披露的问题。总而言之，外方会开始产生怀疑，并且对谈判进程和中方都失去信心。

第三，交易团队不熟悉国际交易架构。典型的新一代中国境外投资者的内部交易团队都非常缺乏经验，不熟悉国际交易结构以及国际和当地商业惯例，交易双方之间往往存在巨大的沟通和文化差异。

第四，中国企业并不尊重和重视当地的环境法规。环境问题在世界上大多数国家中都极其敏感。相关法律通常都会对不合规行为进行严厉的惩罚。英国石油公司（BP）墨西哥湾漏油事件以及雪佛龙巴西石油泄漏事件都是典型的案例。而且，环境问题并非仅限于发达国家，缅甸、泰国这样的发展中国家，对环境保护也高度重视。例如，对于缅甸密松水电站和中缅皎漂－昆明铁路项目的抗议很大部分都是出于对环境问题的担忧。

第五，中国企业倾向于依靠中国工人，而不是当地工人。世界各国欢迎外国投资的一个主要动机就是外国投资能够给当地民众带来更多的就业机会，因此所有国家都在劳动法中通过各种形式限制雇用外国劳工。但是，许多中国公司都计划在海外项目中（特别是在劳动密集型的项目和行业中）雇用中国劳工，以此来保证价格竞争力，而事实上这样的想法通常被证明是幻想。

为什么会出现这样的情况？解决方案是什么？我认为，中国企业开展境外投资时需要先了解清楚不同国别的投资环境，除此之外，更加重要的一点是要加强交易流程管理。

一、评估国别投资环境

跨境并购交易本质上比国内并购交易更为复杂，这不仅适用于中国境外投资者，而且适用于所有跨境投资者，与投资者的母国无关。不同国家的环境不同，因此跨境交易必然会涉及母国市场和东道国市场之间在经济、法规、金融、市场、竞争、资产、人力资源、技术等方面的条件差异。成功的跨境投资者需要在进入新市场时评估广泛的额外因素：GDP 增长、客户需求、通货膨胀率、利率、汇率、人口趋势、批发零售网络和销售渠道、零部件和其他投入的当地供应及其进口、制造或供应成本、市场增长率、消费支出、公共补贴、公共基础设施、教育资源、税率，等等。母国市场和目标市场之间不同的市场要素组合在一起使交易变得更加复杂。此外，每个跨境投资者都已经非常熟悉其母国市场的环境，而不熟悉（或不太熟悉）国外市场的环境，因此已知与未知（或较少了解）的结合大大提高了交易的难度。

一笔跨境并购交易的复杂程度越高，相应的风险水平就越高，如果中国境外投资者对客户、竞争对手、分销结构和不同市场的监管环境缺乏深入了解，则风险水平将进一步提高。到目前为止，大多的新一代中国境外投资者未能对目标国家的市场环境进行充分的研究，而仅仅依赖于对投资环境、商业环境和法律环境非常肤浅的理解。换句话说，新一代中国境外投资者认为，在许多关键方面，国内市场上的做法适用于国外市场是理所当然的。这显然是一种天真的假设，而在这一天真假设的基础上进行跨境交易，是中国境外投资者面临的主要风险要素之一。

值得注意的是，做出天真的假设不仅仅是中国境外投资者的问题。这也是所有跨境交易中的一个风险要素，它同样存在于美国经验不足的跨境投资者在加拿大、法国、埃及、阿根廷或中国进行的交易中。其解决方案也是相同的——跨境投资者必须首先投入时间和资源进行评估，从而确定目标国家当前的市场环境。并不是说大多数新一代中国境外投资者都不会进行基本的市场调查——所有投资者都会进行一定程度的市场调查。这是一个调查程度高低和信息是否充分的问题，许多新一代中国境外投资者在这方面投入得太少。

大多数新一代中国境外投资者所面临的另一个挑战，就是即便知道应该提出的问题，但通常不知道去哪里找答案。事实上，有非常丰富的资源可以用来进行与境外投资项目相关的市场调研。在这些资源当中，许多是可以上网免费获取的，有些则可通过向政府或准政府机构申请来免费获取，还有一些是付费专业报告，这些报告要么是可通过订阅获取的更大的标准报告数据库的一部分，要么是以商定的固定费用制作的定制报告。

这里简单介绍一下一些公开的免费信息来源，很多国际组织定期发布公开报告，帮助提供目标国家投资环境的整体介绍。

经济合作与发展组织（OECD）编制的金融风险等级报告，涉及在国内筹集的本币资金可能不能全部兑换，或者从本国汇出外币可能被限制的风险。我曾经拜访伊朗大使馆，与伊朗驻华商务参赞进行了会面，他特别提到这个风险等级排名。他表示伊朗非常期待能够接受更多的外国投资，但由于伊朗在经济合作与发展组织的风险等级排名中评分为7，是最落后的一个等级，对其吸引外资造成了很大的障碍。

世界银行每年发布 180 多个国家的《经商环境报告》(*Doing Business Report*),从设立企业便利程度、获得电力供应便利程度、获得信贷便利程度等 10 个方面对各国经营者遵守一国的法律和行政要求所需的相对时间、成本以及难易程度进行衡量,进而对各国的经商便利程度进行排名。

世界经济论坛(World Economic Forum)编写的《全球竞争力报告》(*Global Competitiveness Report*),重点关注各国经济环境、基础设施、教育和财政体制等各个方面。

化险咨询(Control Risks)以及其他风险管理咨询公司可以提供评估政治风险和安全风险的风险评估工具和报告。关于政治风险的表现形式,例如,中国工程公司(EPC)承包商得到了一份拉丁美洲某大型水电项目的 EPC 合同,该水电项目原先由一家领先的国际政策银行资助。由于原项目发起人退出,该银行与中国工程公司进行了接洽,2014 年底中国工程公司基本同意收购该项目公司。尽职调查完成后,中国工程公司正准备在 2015 年初签署股权购买协议时,得知东道国将在未来几个月举行总统选举。尽管现任政府已经完全批准了该水电项目,并且其看上去有很大把握连任,但中国工程公司仍决定在选举结果揭晓之前暂停签署该股权购买协议。事实证明中国工程公司对这一政治风险做出了准确的判断:在竞选过程中明确反对该水电项目的反对党以微弱的优势赢得了选举,并在上台后立即中止了该水电项目。

另外,关于各国腐败情况,可以参考透明国际(Transparency International)发布的有关世界各国腐败印象指数的报告。

综合研究上述这些报告,我们就能够了解到有关某国的整体投资环境状况。

二、加强国际交易流程管理

1. 并购交易流程管理中中国企业的常见问题。

前西门子国际并购事业部经理卢克斯博士,总结了并购项目的主要环节：制定并购战略、筛选目标、初步接触、尽职调查、综合商务评估、谈判、合同/交割、整合。针对每个环节，他都提出了很多细节的问题，也就是说在每个环节中有很多要考虑的因素。根据卢克斯博士此前的观察，中国收购方在并购境外企业中不同阶段常见的问题包括：

第一，制定战略不完善、不一致。大多数中国境外投资者仍然不提前制订并购战略方案，也并没有确定适当的战略协同效应。他们的典型做法往往是确定一个行业领域，而不是给出更多具体标准来缩小行业中目标企业范围。此外，中国投资者通常并没有完备的方案来指导交割后的整合流程。没有整合方案，即使提前确定了潜在协同效应，也不一定能实现。

第二，在筛选目标的环节，随意性太大，缺乏科学性。许多中国境外投资者倾向于主要依赖其海外华人关系网或者政府渠道寻找潜在投资目标。比如我在洛杉矶约了几个朋友，他们给我介绍谁，我就跟谁谈。做生意不能完全靠缘分，投机的收购更容易以失败告终。明智的做法是中国境外投资者在寻找潜在收购目标时采取更系统性的方法。

第三，初步接触环节联络人不对。初步接触通常应该与控股股东或其在董事会中的代表进行，有时也会通过长期聘用的中介机构进行。卢卡斯博士发现，许多中国境外投资者经常与公司里不适当的人进行初步接触，比如级别较低的管理人员。这些人不仅不能代表所有者说话，他们的第一反应往往还可能是这样的一笔交易会对自己的工作产生怎样的影响。如果首席执行官（CEO）不是主要股东，即使与CEO进行接触也同样不合适。利用一家人脉广泛的当地中介机构进行初步接触，能够确保接触到目标组织中适当的最高层人物，同时还会大大提高收购方案的可信度。在收购上市公司时，需要更加注意，没有经验丰富的外部并购顾问进行指导和协助，就不应与上市目标公司（即使是市值和交易量较低的上市公司）的管理层或董事进行直接的接触。

第四，未进行尽职调查或尽职调查不全面。尽职调查的目的是核实目标公司的价值，因此，如果买方未能对目标公司的价值进行充分评估，则大多数情况下会支付溢价。其实在国际并购实践中，最终价格总是需要根据尽职调查情况来确定，而不是谅解备忘录阶段提出的暂定价格或价格区间。也就是说，如果在尽职调查过程中发现问题，收购方有权对价格进行调整，或在股权收购协议中加入其他与价格相关的保护条款。在尽职调查过程中还会发现在签约或交割之前需要解决的问题，这也直接关系到股权收购协议的条款，而这些条款则是为了确保买方获得与其所支付的价款相应的全部价值。

第五，综合商务评估机制不完善。卢克斯博士指出，不少中国企业不了解当地的评估惯例，例如，我曾代理一个中国投资联合体在非洲参与一个以拍卖程序进行的投资项目。该项目拍卖流程由一家顶级国际投行主导。中国投资联合体（也就是买方）与其聘请的买方财务顾问之间沟通出现了问题，买方与其买方顾问所使用的商业模型也不同，导致双方很难基于同一基准来比较财务预测。由于沟通问题越来越严重，最后，买方基本上无视了其买方顾问完成的商业建模工作，而是自行提交了一份载有强势报价的简单的标书。该中国投资联合体当然有权接受或拒绝其买方财务顾问准备的商业模型和报价，然而，不使用买方顾问提供的方案，可能致使中国投资联合体在准备和呈现方案时在某些关键方面的做法不符合典型的地方惯例，从而影响卖方顾问对其的投标的评估。

第六，仅关注低价格而忽视价值。中国买方经常关注于低廉的收购价格而并非最佳价值，以致容易收购陷入财务困境的目标公司，而且中国买方往往难以扭转这些目标公司的财务表现。

第七，没有出售方保证/补偿承诺条款。很多中国投资者不会要求卖方提供全面的保证与赔偿。服务中国境外投资者的律师也指出，中方的谈判团队几乎只关注价格，对保证条款极少关注，如果卖方反对，他们很容易就会放弃关键的保证条款。股权收购协议中的保证和赔偿条款就像保险一样，可能不需要它，但一旦遭受损失，又没有任何保险的话，结果可能是灾难性的。如果中国买方决定放弃全套标准保证和赔偿条款的保护，那么对于所有可能发生的损失事件，它将无法得到任何合同上或法律上的保护，并且只能自行承担未被保证的事件带来的风险。

第八，未经整合，"各自为政"。未能在收购完成后对目标公司进行有效整合也是中国投资者常犯的错误之一。这些整合包括财务、IT、生产、销售/市场、人事与研发等方面的整合。在实践中，很多并购项目在完成交割后的 3～5 年里，仍然处于资产、业务、人员整合过程中。如果不进行有效的整合，投资者有可能无法实现预期协同效应，而只能作为"被动的财务投资者"进行投资。

2. 如何加强国际交易流程管理，提高中国企业境外投资的成功率。

上文提到，我们受上海市商委的委托撰写了一系列国别报告，撰写过程中我们对各个东道国的当地领先专业机构进行了调研，我们采访过的绝大部分来自世界各地的并购专家均认为，中国投资者通常对交易资产进行了溢价收购。很多交易的定价是卖方在中国投资者无法及时完成交易的风险下（无论是由于政治风险还是交易管理风险）进行的定价。这种溢价观念从商业角度看实际上非常有道理。如果卖方需要花费更多的时间和资源与中国投资者进行谈判，并且谈判失败的风险极高，则中方需要在价格方面具有潜在的优势。这就是所谓的"中国溢价"。事实上，在很多情况下，"中国溢价"现象应当是比较容易解决的，中国境外投资者所需要做的就是将其并购交易流程管理水平提升至国际水准。

那么，如何加强国际交易流程管理，提高中国企业境外投资的成功率呢？

第一，要发展清晰的国际战略。相比外国的跨国企业，新一代中国投资者在参与跨境交易时更倾向于凭直觉和机会主义，而缺乏系统性和条理性。这些投资者通常主要考虑高层次的宏观概念问题（比如在界定目标时，仅确定宽泛的行业领域和几个潜在目标市场），但很少确定具体目标类型来实现打开新市场或弥补买方产品线空缺等方面的协同效应。

第二，获取相关信息——国际市场、行业和目标。国际市场和行业的相关信息来源已在第一部分进行了初步介绍。这里重点谈一下确定收购目标的问题。

确定正确的目标公司是影响境外并购交易成败的关键，因此寻找收购目标的过程直接关系到投资项目的成败。许多中国境外投资者在寻找目标的过程中存在以下两个常见问题：其一，许多中国境外投资者倾向于主要依赖其海外华人关系网或者政府渠道寻找潜在投资目标（寻找收购目标的传统"中国式"方法）；其二，大多数中国境外投资者倾向于选择已经处于待售状态的潜在目标，几乎完全排除了可能更有吸引力和更具价值的"非待售"目标。如果企业以合适的方式进行接洽，这种"非待售"目标实际上也有可能出售。这两个因素都大大缩小了潜在收购目标的选择范围。

与中国公司不同，西方跨国公司会利用不同的信息渠道来确定列入初选名单的潜在目标。比如，法国企业的管理人员通常会利用其在商业银行的联系人为其介绍潜在目标；英国企业同样会经常咨询他们在商业银行的联系人，但除此之外还会通过咨询其外部会计师来寻找潜在目标。"走出去"智库（CGGT）同样通过其全球并购专家网络来确定符合中国境外投资者搜索标准的潜在收购目标。

此外，许多公司（包括西方公司和中国公司）倾向于将寻找潜在的目标任务交给自身员工。潜在目标可以包括供应商或分销商（作为纵向整合战略的一部分），甚至包括现有或潜在的竞争对手（作为横向整合战略的一部分），还可以包括在贸易展览会上遇到的或通过共同的朋友介绍的公司。许多中国境外投资者都在不同程度上利用了上述的渠道，但与国际上的最佳做法相比，其方法总体来说不够系统和全面。

越发丰富的其他外部资源也可用来帮助确定潜在候选目标，并将其列入初选名单。这些资源可能包括贸易协会、商会、政府贸易和投资促进机构以及越来越多的在线数据库。需要说明的是，这些资源不一定会列出那些已经"待售"的公司，而是会包含可能符合更广泛搜索标准的公司信息，因此可以把这些公司列入初选名单当中。查看风险资本和私募股权公司的交易清单也很有用，因为它们通常计划持有不超过 3 ~ 7 年的投资，因此在大多数情况下，它们会在短期至中期内出售在其投资组合公司中的股权。

第三，内部团队的培训。为了有效发挥作用，内部并购交易团队需要通过一些基本国际交易培训提高他们的基本技能。他们需要了解跨境并购交易中固有的风险，以及可用于降低这些风险并提高交易成功可能性的工具和资源。为了使之发挥效用，这种培训应该是全面、系统而实用的，而不应是学术性的或是限于特定主题或方法的临时培训。最好的培训就是通过案例研究，为内部交易团队成员提供一个现实中的场景，以培养他们的相关交易管理技能，并学习如何在虚拟的交易环境中应用相关原则和使用相关工具。理想情况下，该培训应当涵盖并购流程中每一阶段的实践，从制订并购计划开始，到选择目标公司，然后延伸到文件起草和谈判的每个子阶段，包括初步协议、估值、交易结构、尽职调查、收购融资、最终交易文件以及谈判策略等。

第四，获取具有国际标准的交易资料。这包括国际标准的合同文本以及流程管理手续。大多的中国境外投资者没有认识到，整个并购流程和股权收购协议的所有条款都是为了保护买方的利益。中国企业的 CEO 没有充分意识到跨境并购交易所涉及的风险，因此未能充分利用并购流程工具包中的风险管理工具。

合同既是商业文件，也是法律文件，是流程管理中的一个重要因素。开展境外投资的中国企业要重视合同的作用，在设计合同时，应该把所有要考虑的因素，包括商业惯例、商业目标，适用法律、应用问题、财务问题等多方面的商业交易条件一起考虑进来。

对标准商业条款与实务不熟悉是中国企业在国际市场面临的一项挑战。中国企业就外国交易对手提供的合同条款提出的常见问题是该条款是否为通行惯例。这个问题暗含中方担忧外方交易对手可能试图利用中国企业在运用国际商业游戏规则方面相对缺乏经验。

鉴于大型中国公司的多数内部法律顾问一般对大多数类型的国际商业交易缺乏经验，如被问及某具体合同条款是否与市场实践一致时，他们可能无法自信地作出回答。甚至一位在国际领域拥有 20 年或更长执业经验的律师也无法确认其专业领域以外的商业交易有关合同条款的市场实践。回答该重要问题的唯一途径是咨询专家或使用专家撰写的合同及指南。

在这方面，对于在境外开展业务的中国企业，一个独具特色的资源是汤森路透旗下的 Practical Law 在线数据库（www. practicallaw. com）。该数据库包含最完整的合同范本及起草指南资源。Practical Law 的合同范本和实务指南由 Practical Law 内部 300 多位来自伦敦、纽约和其他重要金融中心顶级律师事务所经验丰富的国际律师撰写，具有杰出的高品质，并且内部完全协调一致。因此，当中国企业的内部法律顾问使用由经验极为丰富的国际律师撰写的 Practical Law 标准合同范本及相关指南时，本质上如同咨询专家本人，但费用更为低廉。

Practical Law 数据库中还包括一类极具价值的资源——全球指南（Global Guides），涵盖七十多个国家，五十多个法律专业领域，帮助法律人士快速进行全球法律环境调研、获取法律实务信息。这些全球指南，回答了诸如外国投资限制和投资激励，最低资本要求，税收和关税，外汇管制，外国员工限制和签证要求，常见投资和交易架构等问题。

先例合同的另一良好资源可以通过登录 www.onecle.com 获得。该网站的价值在于其收录的是上市公司实际签署的合同。合同所有条款均可浏览，但部分保密商业信息，如价格和数量信息除外。例如，在销售合同类别下，我们可以找到一份由常州相关能源科技有限公司与晶科能源控股有限公司于 2010 年 1 月 18 日签订的销售合同。因为是中国国内交易合同，合同较短并且条款较为简单。相比之下，在同一销售合同类别下，也可以找到苹果电脑公司与 Audible.com 于 2006 年 7 月就 iTunes 的开发与市场营销合作签订的"国际主协议"。此协议所涉范围更为广泛全面并且合同规定更为详细，这常见于美国国内交易合同。

虽然这些先例合同作为参考范本极为有用，需要注意的是它们是为在特定交易和市场环境中使用而起草并且受适用司法管辖区规则规制。因此，当使用这些合同作为中国企业将与外国交易对手签订合同的范本时需要特别注意。不可能仅简单地找到一份先例合同并更改合同各方名称并加入新的商业条款（价格、数量、交付时间等）就大功告成。实践中，中国企业需要聘请经验丰富的内部或外部国际法律顾问准备将用于特定交易或一组类似交易的合同格式。

第五，合理利用外部专业人员。外部并购顾问通常应当由中国团队和目标国家的当地团队组成。

在很多案例中，中国境外投资者都未能有效利用宝贵的外部专家资源。很多新一代中国投资者在项目进行到很晚的阶段才引入外部顾问，大多数情况下都将其边缘化或使其蒙在鼓里，无视其建议（如果这被认为会使交易"过于复杂化"），拒绝支付全部或部分服务费，而当交易失败时却抱怨外部顾问提供的服务质量太低！

在中国投资者进行海外并购的过程中，很多人只看到了与外部顾问团队有关的成本，却没有看到益处。外部顾问在跨境并购中，扮演着非常重要的角色，会使得中国投资者避免不必要的损失，增加交易的实际价值。在境外不熟悉的投资环境中进行拥有高风险属性的并购交易时，需要确保其外部顾问可以提供最高价值的交易管理和当地知识。

一项并购交易中的外部顾问通常主要包含以下成员：财务顾问、律师、会计师/税务顾问、技术专家。① 各外部顾问需要联合提供服务，但其在并购交易的不同阶段参与程度和起到的作用各不相同。

财务顾问一般由投资银行家、会计师事务所或商业银行的交易顾问部门，或者拥有特定行业专长的投资顾问公司担任，其通常是最先受聘的外部顾问，以协助目标筛选流程和进行初步接触。

律师则在交易文件的制定及谈判阶段中起主导作用。律师负责起草谅解备忘录、就交易结构提出建议、进行全面的尽职调查、起草股权收购协议和其他交易文件，并主导谈判。值得注意的是，律师的角色不仅仅限于单纯提供法律建议；外部并购法律顾问在交易中应当既是法律专家又是商业专家。谅解备忘录、股权收购协议和其他交易文件既是法律文件也是商业文件，由于有经验的跨境并购律师已经处理过数以百计的类似交易，他（她）知道哪些条款与市场惯例相符，哪些不符。换句话说，有经验的跨境并购律师比一般的中国境外投资者更了解交易的商业条款。此外，外部法律顾问对管理并购流程的交易文件起草和谈判阶段（从启动到签署，再到交割）有丰富的经验。总之，一位好的外部律师同时也是一位商业顾问，其可以在整个交易文件制定和谈判阶段为中国境外投资者提供指导。

----

① 还有其他专业顾问，例如估值专家/评估师，风险管理顾问/保险人、公共关系/政府关系顾问、人力资源顾问等也会对跨境并购交易提供相关咨询服务。

财务顾问主导最终的估值工作，其中也会体现律师和会计师基于法律和财务尽职调查结果提出的建议。财务顾问在制订交割后的整合方案上也将发挥关键作用，同样，这也需要外部的会计师（就交割后财务整合方面）和律师（就公司治理和对交割后运营整合有影响的商业合同的法律问题）的协助。

这里着重概括一下关于中国境外并购交易的法律工作，这一工作主要包括以下三个部分：

1. 中国部分，包括中国的监管合规问题［包括境外投资的备案或审批、并购控制文件（如适用），上市境外投资者的披露和审批］，境内的收购融资（与中国金融机构签订债务融资安排、与境内私募股权和（或）战略性合作投资者签订投资合作协议等），外汇汇出问题，以及整个交易涉及的其他中国部分的问题（例如，将生产或技术转移到中国）等。

2. 目标国家部分，包括对标准跨境交易结构和模板进行调整以体现当地法律和实践的要求、尽职调查中涉及当地法律的部分、当地政府的备案和审批［包括外国投资审查、并购控制备案、行业监管审批等（如适用）］、关于当地税务结构的建议等。

3. 跨境工作部分，包括整个交易的协调、交易架构的设计、法律尽职调查的协调和管理、各种交易文件的起草和协商，在每一案例中要利用管理跨境并购交易的标准框架、模板和工具。

要为一项境外并购交易提供的有效的支持，外部律师必须同时拥有一个中国交易团队和一个位于目标国家的交易团队。中国团队负责交易中涉及中国的部分，而目标国家的团队则相应地负责项目中涉及当地的部分。这就出现了一个问题：哪一个团队将负责交易中间的跨境工作部分，或者是否需要第三方团队独立负责？对此，可以采用不同的模式：

（1）联合体模式。在此模式中，中国律师事务所与目标国家的律师事务所合作组成联合体。在此情形下，每个律师事务所分别牵头负责各自国家的相关工作，而中间的跨境工作部分可以由中国团队或目标市场团队负责或者两个团队共同负责。

（2）"一站式服务"模式。这是在中国和世界其他地区都设有办公室的国际律师事务所采用的模式。这些律师事务所呈现的是一家律所的服务，其中国团队和目标国家团队处在"同一屋檐下"。值得注意的是，某些"国际"律师事务所实际上只是共享同一品牌的独立律师事务所的联盟。这通常是通过一种瑞士联盟的模式来完成的，即成员律师事务所保持财务上的独立，在某些方面是"一站式服务"模式和联合体模式的混合体。

上述两种模式各有优势和劣势，最终可归结于中国和目标国家具体团队的优势。

三、案例分析

案例分析 1：A 企业欧洲 B 国家高速公路项目①

2009 年 9 月，A 企业牵头的某联合体中标了欧洲 B 国家的高速公路项目，该项目是 2012 年欧洲杯足球赛的基础设施项目之一。由于种种原因，A 企业最终退出了该项目，并且承担了超过 2.71 亿美元的罚款和损害赔偿，这还不包括之前施工已支付的沉没成本。A 企业还被列入黑名单，三年之内不得再参与 B 国的其他项目。

问题 1：沟通问题的潜在成本。

该项目文件使用的全部为 B 国语，但是为了节约交易成本，中国联合体聘用了一个不懂中文、年轻而又缺乏经验的 B 国律师来帮助审查文件。据媒体报道，该中国联合体只审阅了合同条款的高度概括的中文摘要，而忽视了严格的环境合规要求，最终由于高速公路建设项目侵犯了某种受保护青蛙的栖息地，该项目被叫停。对交易文件进行准确的翻译（以及聘用经验丰富的外部顾问就相关商业和法律方面的问题提供建议）将会在前期产生额外的交易成本，但这样做最终会大幅降低成本。

问题 2：环境法的违规风险。

B 国虽然并不是一个把环境问题摆在首位的国家，但是 B 国高速公

---

① 根据倪伟峰：《中铁进军欧洲第一步折戟波兰，央企做派、"中国打法"失灵始末》，载于《新世纪》周刊 2011 年第 29 期改编。

路项目失败的一个主要因素是 A 企业被要求采取措施保护受影响地区的特种蛙类。这包括停工两周，期间工人们用手运送小青蛙到安全地区，以及对一段重要道路进行大范围的（且耗费高）重新设计，以为青蛙提供足够宽敞的迁徙通道。这些要求已涵盖在招标中，是欧洲银行为本项目提供融资的条件的一部分，但据报道，由于中国财团不惜以一切代价希望获得该项目，并且不愿意投入必要的时间和聘用专业人士资源来理解这些要求，预期项目成本中也就没有考虑这些额外的措施。

问题 3：不了解当地劳动法。

A 企业的竞标价异常低，部分原因就是建立在能够使用中国劳工并按中国的标准支付报酬的假设上。但是 B 国法律规定某些重型设备只能从当地租用并必须由当地有资质的技术人员来操作，所以这些工作不能外包给中国工人。而且 B 国法律规定对外国劳工必须按当地标准支付报酬。这些规定使得 A 企业 B 国高速公路项目的预算产生了巨大亏空。

案例分析 2：南非政府采购——应对外国投资限制

一家重型设备制造商多年来一直通过一家当地的贸易公司（南非贸易公司，一家家族企业）将产品销往南非，该贸易公司与一家南非国有企业的采购部门有着良好的关系。最近 10 年的初期，南非政府决定改变政府和国有企业的采购规则，变为向全球开放招标，但必须符合一个重要条件——合同签订之日起三年内实现全部产品生产的本地化。

这极大颠覆了传统的供应模式。南非贸易公司不具备从事生产所需的资本和专业技术，但也不想失去其作为南非国有企业主要供应商的宝贵地位。相反，中国某重型设备公司所有生产资源都在中国，因此如果想继续向南非国有企业供应设备的话，就必须重新在南非投资新建一家制造企业或者在南非收购一家现存的制造商。然而，市场调查显示，在现有制造商当中，没有一家有能力按照招标中的质量和数量要求制造产品，而且据报道，其中最好的制造商已计划提交竞争性投标，所以唯一的选择就是新建制造企业或者收购一家更小的目标公司，并投入大量额外资金升级目标公司的制造设备。因此中国某重型设备公司和南非贸易公司都处于困境之中，面临巨大的挑战。

更加不利的是，在南非，国有企业的所有国内供应商都必须遵守《黑人经济振兴法案》（BEE）和（或）《扩大的黑人经济振兴法案》（B－BBEE）规定的当地所有权和参与要求。BEE 和 B－BBEE 的规定非常复杂，涉及的问题范围也很广泛，主要包括最低的黑人所有权水平（该案例的情况下不低于26%）、黑人在不同层级参与管理以及从黑人所有的企业优先进行采购等。这给中国某重型设备公司造成了另一个令人生畏的障碍，即如果它决定独自新设一家制造工厂——它需要找到一个值得信赖的当地合作伙伴，帮助其满足 BEE 和 B－BBEE 的复杂要求。在典型情况下，当地合作伙伴不会带来资本（在南非传统的 BEE 融资模式中，当地合作伙伴的投资资本将来自抵押当地合作伙伴所持股份获得的商业银行贷款），并且在许多情况下也不会带来管理或运营能力。因此，它可能是一个无所作为的合作伙伴，其主要的（如果不是唯一的）价值就是令中国某重型设备公司的南非子公司具备南非国有企业供应合同的竞标资格。

中国某重型设备公司原本希望通过股权代持安排绕过 BEE 的最低股权要求，但根据南非法律，这种安排是非法的，一经发现，将会导致立即解除合同或吊销许可证。在南非法律允许的常见变通办法是如图 1 所示的双层结构：

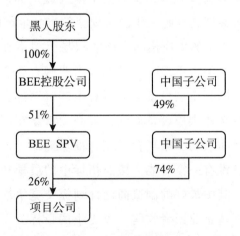

图 1　双层结构图

换句话说，只要持有最终目标公司 26% 股权的直接 BEE 项目公司由一家具有 BEE 资质的公司股东控制，且该股东至少持有 BEE 项目公司 51% 的股权，那么就可以满足 BEE 和 B – BBEE 计划规定的最低持股要求。这种双层结构可以让中国某重型设备公司实现对项目公司累计达 86.74% 的实益权益，这是中国某重型设备公司的最佳选择。

本案例中的最低本土所有权要求与世界各国的外国投资法中的当地所有权要求类似。这种外国投资限制是一系列保护主义措施的一部分，这些保护主义措施适用于全球各地的敏感行业，且在资源国家主义的大趋势下，尤其适用于与自然资源有关的行业。其他措施还包括税收和特许使用费，给政府或指定国有企业的免费附带权益，以及本土采购优先和就业优先。但地方保护主义最直接的表现形式就是对外国投资者进行持股比例限制。

与案例中的中国某重型设备公司类似，遭遇外国投资限制时，大多数中国境外投资者的第一个本能反应通常是试图通过某种类型的股权代持安排来规避这些限制。在这种股权代持中，具有相应资质的当地方机构代表中方持有法律要求最低限度的股份，作为交换，中方会向其支付一定的服务费用，该费用自然远远低于股份价值以及相关红利。事实上，这是外国跨国公司在许多国家采用的一种历史悠久的变通方案，用来规避特定敏感行业对外国所有权和经营控制权的限制。这种变通方案在中国同样存在，许多外国投资者采用所谓的可变利益实体（以下简称 VIE）结构（实际上是传统股权代持的一种更为复杂的形式）来规避不同类型的互联网或媒体行业以及其他受限行业对外国所有权的限制。所以这不仅仅是中国境外投资者自然的本能反应，也是许多外国跨境投资者的本能反应。

但是，由于这一变通方案众所周知，世界各国政府通常会采取措施来阻止外国投资者通过这种股权代持规避对外国投资的限制。在大多数情况下，政府采取的限制措施通常是反代持规则或反挂名法律，其规定股权代持安排一经发现，向违规企业签发的任何经营许可证以及与政府签订的合同都会自动失效，某些情况下还会受到额外的处罚。因此，任何让当地合作伙伴仅充当名义股东的提议都应引以为鉴。

与此同时，政府（明示或默示地）允许外国投资者采用某些替代结构来减少外国所有权限制的影响的现象也很常见。案例中提到的双层BEE 所有权结构即是一种常见的安排，该安排在一些对外国投资进行限制的国家可能是允许的，不过各国关于外资实益所有权的最终水平和外商管理参与权的具体规定可能存在差异。其他情况下，VIE 类型的结构是被允许的。总而言之，在某些情况下任何性质的变通方案都是不允许的；而在少数情况下，各方可以完全灵活地实施其变通方案。

构建适应"一带一路"合作新机制的法律风险管理体系

北京大成律师事务所高级合伙人　徐永前

一、走向"一带一路"应构建一体化法律风险管理体系

(一)　经济全球化与新型区域合作机制

众所周知,美国曾两次提出过丝绸之路的倡议:第一次是在 1999 年 5 月,美国国会通过《丝绸之路战略法案》,旨在帮助冷战结束后新独立的中亚国家摆脱俄罗斯、伊朗的影响,增强对里海地区的能源控制;第二次是 2011 年 7 月,为顺利从阿富汗撤军并防止撤军后美国在中亚、南亚地区的战略利益受损,美国国务卿希拉里·克林顿在印度参加第二次美印战略对话期间,提出更新版"新丝绸之路"计划,试图以阿富汗为枢纽加强与中亚、南亚国家的经济合作。此外,为增强在亚太地区的战略影响力,美国于 2015 年 10 月 5 日与日本、澳大利亚等 12 个国家达成"跨太平洋战略经济伙伴协定"(TPP)。[①]

"一带一路"是以互联互通的运输通道为基础、以多元化合作机制为特征、以打造营运共同体为目标的新型区域合作机制,是具有中国特色的新型区域发展机制。"一带一路"的具体推进形式有五种:第一种

---

① 新上任美国总统特朗普于 2017 年 1 月 20 日宣布美国从 TPP 中退出。

是自贸区，是指在国家关境以内划出特定的关税隔离区，以便跨境贸易和投资，例如中国（上海）自由贸易试验区；第二种是次区域，通常是以界河界海为轴心聚合周边国家进行合作；第三种是产业园区，产业园区是发挥中国产能优势、促进大中小企业协同抱团走出去的主流模式；第四种是新型的区域金融合作机制，比如亚投行、丝路基金等；第五种是中国丝绸之路专项基金委员会，是文化部下属中国文物保护基金会的二级机构，其主要功能为促进沿带沿路国家文化经贸交流。

另一个重要的概念是"经济走廊"，经济走廊实际上就是产业园区加上综合运输通道。国家发改委领导在 2015 年的达沃斯论坛上明确提出了六大经济走廊的概念，即中蒙俄经济走廊、新亚欧大陆桥经济走廊、中国—中亚—西亚经济走廊、中国—中南半岛经济走廊、中巴经济走廊和孟中印缅沿线经济走廊。如果说"一带一路"建设是一条综合运输通道的话，产业园区则是一串串明珠，二者结合，依托优势企业特别是以央企、国企为领先的中国 500 强企业带动众多中小企业抱团走出去，凭借产能优势和境内外资本市场，"一带一路"建设就会变成拉动六大经济走廊的普惠工程。

（二）一体化法律风险管理体系的构建

我们通过以下三个方面来介绍，关于一体化法律体系的构建问题：

1. 央企国企法律风险管理。

在党的十六大确立了中央和地方两级、管资产管人管事相统一、权利和义务责任相一致的国资机构以后，在出资人到位并主导改革的情况下，有序推进了国有经济的战略性调整、国有资本的合理流动和国有企业的深化改革。

在法律领域，央企、国企的法律工作理念和模式正在经历从事后到事前、从个案到全面、从被动到主动、从服务到管理的转变。近年来央企、国企积极推行总法律顾问制度，通过提升总法律顾问在公司治理中的作用，有效地防范治理层面的重大法律风险。结合目前的实践成果，我们预见未来总法律顾问与内部董事在很多企业（特别是在致力于"走出去"且境外资产占比越来越高的企业）会发生角色合一。

在法律风险管理领域，我们有幸主持和参与了国务院国资委的十多个课题，例如《大型企业法律风险管理制度研究》（中国移动）、《打造世界一流企业法律保障研究》；我们还相应主编了中国人民大学的教材，包括《企业法律风险管理操作实务》《企业法律风险管理基础实务》；并主持起草了全国律协的行业标准，即《律师办理企业法律风险管理业务操作指引》。

2. 构建境内外一体化法律风险管理体系整体思路。

我们在业务中如何协助企业构建一体化法律体系呢？整体思路是借鉴中国移动等央企的成功国内实践，秉承一体化法律服务的理念，帮助企业运用科学的工具和方法，全面客观地识别和分析境内外经营管理所面临的法律风险，统筹制定风险控制措施，并根据措施要求建立或者完善相应的制度流程，从而构成一个可以协调运作的境内外一体化法律风险管理体系。该体系的运行在纵向上可以将法律风险的防范和控制延伸到企业境内外由始至终的各个环节，在横向上可以将法律风险防范和控制的职责落实到公司境内外相关部门、岗位，最终形成一体化法律风险管理的长效机制。

3. 构建境内外一体化法律风险管理体系。

这个体系实际上是党的十八大以后国资产权改革的目标之一，是在构筑以产权为纽带的监管体系特别是境内外一体化监管体系的大背景下提出的。对于央企而言，随着走向"一带一路"步伐的加快，境外资产越来越多，如何提升本公司的管控能力，确保国有资产出资人到位，管理提升乃大势所趋。

管理提升分为三个方面，第一，法律风险管理提升，第二，全面风险管理提升，第三，企业内部控制提升。法律风险管理是管理提升的切入点和着力点，我们的央企客户在这一方面也有成功的经验，这些企业坚持以总法律顾问为主导，立足于集团公司的有效管控和治理，同时借助中国本土的国际化大所来构建境内外一体化法律风险管理体系。

二、法治丝路与六大经济走廊产业园区规则设定

（一）法治丝路

"一带一路"建设涉及三个共同体，即利益共同体、责任共同体和命运共同体。这三个共同体的构建必然需要可持续的法治丝路建设，法治丝路建设将成为各国的目标和共识。未来30年，中国将更多地从国际规则的参与者转变为主持制定者。

在这方面有两位人士的讲话我认为可以做一个对比。美国总统奥巴马在2015年两院的国情咨文中提到，"中国希望在世界上经济增长最快的地区定下规则，这将会令我们的工人和商人处于劣势，我们为什么要让这种情况发生，制定规则的应该是我们"。中国现任驻美大使崔天凯相继回应"规则应该由大家一起制定，所有国家都应遵守规则，没有哪个国家可以例外，中国要遵守，美国也要遵守。"基于五千年的文化积淀和儒家熏陶，我们有着特殊的价值取向：既立足于解决好自己的问题又与人为善、换位思考、合作共赢。

针对经济走廊上的产业园区，为了我们的资本安全和国家利益，我们应当积极参与并与有关各国共同制定规则，甚至主导规则的制定。在这方面，我们认为企业的法律顾问和外聘的律师机构可以齐心协力，共同发挥作用，不仅从事后的诉讼救济的角度来为企业挽回损失、防范风险，而更多地从事先防范、事中控制、规则设定的角度为中国的企业创造价值。

（二）园区规则设定

以下我们结合三个产业园来探讨园区规则如何设定。

1. 中白工业园。

中白工业园总面积91.5平方千米，位于白俄罗斯首都明斯克以东25千米，紧邻明斯克国际机场，是中国目前在海外开发面积最大、合作

层次最高、政策最为优惠的经贸合作区。中白工业园是中白两国高度政治互信、深化经贸合作的典范项目，建设伊始，就受到中白两国政府的高度关注和支持。2010年，时任国家副主席习近平同志访问白俄罗斯，中白两国领导人就合作建立中白工业园达成共识。2012年，白俄罗斯卢卡申科总统签发《总统令》，赋予入园企业"十免十减半"的税收优惠，土地使用权可达99年。

2015年5月11日，习近平主席以国家元首身份访问白俄，在参加中白合作论坛致辞时提出，要加快推动中白工业园等大项目合作，把中白工业园打造成双方务实合作的"升级版"和"丝绸之路经济带"的标志性项目。5月12日，两国元首莅临中白工业园现场视察，共同见证了工业园管委会向首批入园企业颁发入园证书，两国元首还在工业园发展蓝图上题名。习主席的成功访问，使中白工业园的发展达到了前所未有的新高度。

我们立足北京，为首批入园企业中的四家提供了从注册到入园后的全程服务。其中有两家企业通过我们在北京的办公室的高效协调，在非常短的时间内完成了白俄罗斯的公司注册手续并参加了习主席见证的入园仪式。

中国过去30多年开发区的成功经验引起白俄高层高度认可。我们在此介绍一些关于园区规则设定的具体经验：

（1）树立长远思维。

目前中国企业在海外建设的园区有100多个，从短期效益来看普遍盈利困难，主要是因为园区开发具有基础设施投资大、投资回收时间长的特点，属于长线投资产品，中白工业园的开发周期规划是30年，前10年为基础设施开发投入期，10年之内实现盈利非常困难。《总统令》赋予入园企业十免十减税收优惠——远超中国三免三减的税收优惠，并赋予土地租期99年。我们认为，建设海外园区，一定要树立长远思维。

（2）争取采用中国技术标准。

要高质量地完成工业园的建设，必要优先解决工作人员（特别是中国派驻人员）的居住问题。据我们了解，北京某集团在明斯克的市区建设了一家五星级酒店"北京花园酒店"。通常而言，独联体国家建造一个酒店需要至少五年时间，为加快建设进度，总统针对这个五星级酒店颁发了一个总统令，允许北京某集团"北京花园酒店"采用中国的技术标准、设计标准、建筑标准。采用中国标准后，酒店建造时间只用了两年。这是我们通过东道国有效的行政命令，将中国效率快递复制到当地的成功案例，这一经验可以在具有类似政治体制且亟须发展的国家试用、推广。

2. 中柬金边经济特区。

中柬金边经济特区是柬埔寨王国政府批准的国家级经济特区，位于柬埔寨中部，南距首都金边约 60 千米，北距磅清扬省首府约 15 千米，整体规划用地面积 25 平方千米。相比于中国企业在海外投资的其他经济特区，中柬金边经济特区有如下特点：

（1）取得 25 平方千米土地永久所有权及受柬埔寨王国法律保护的治理权能。凡入驻企业均可享受特区便利、专业、高效与优质的服务，有效降低企业在海外投资中常见的与所在国各类政治、社会机构的沟通与管理成本。

（2）以金融、贸易为核心，集科技、文化、加工、物流、教育、居住、旅游等功能于一体，城市发展与产业紧密融合，具有最优惠的特区政策和复合型的产业优势，将成为全球最开放、最自由的经济特区和自由贸易区。

3. 马来西亚关丹园。

我们没有具体参与马来西亚关丹园项目的具体工作，但是 2015 年中国 500 强高峰论坛上，广西有关领导非常详细地介绍了关丹园成功的实践，其中非常重要的一点是通过互学原则推动东道国立法。遵守现行法律固然重要，更有利的方式是推动能够实现合作共赢的新立法，我们可以尝试以一种互学的原则推动东道国吸收中国 30 多年引进外资和建设开发区的立法经验，营造一个对我们有利的政策法规环境。下面我们介绍一下北部湾港务集团在关丹园项目上的成功经验：

（1）争取关丹产业园的优惠政策。2014 年中国政府出台支持钦州工业园的政策，但在马来西亚从来没有为一个园区出台国家政策的先例。经过努力，先是通过必要措施让关丹钢铁项目的政策落到实处，再进一步推动马来西亚从国家层面出一个关丹园的优惠政策。

（2）关丹园的管理政策。中国的每一个开发区都有一个管委会，但在马来西亚没有这种公共服务机构。关丹园是由发展理事会协调，但这个理事会在东海岸有很多园区，属地又在彭亨州政府，条块分割效率很低。所以中方专门成立管委会以推动和影响马方的管理模式，事实证明马方愿意学习中国的经验，愿意研究如何把园区做好，现在工作方案已完成，正走报批程序。这个是我们在推动沿带沿路 60 多个国家，特别是法治程度不是很高的国家采纳中国经验的过程中可以借鉴的成功案例。

三、法律风险的微观视角和管理应对

根据我们为"一带一路"投资项目提供法律服务的经验，我们从微观、实务角度，向"走出去"的中国提示以下风险及相应的应对意见：

1. 离岸持股架构的税务优势不稳定。

在搭建跨境投资架构时，投资者一般会基于东道国对外签署的避免双重征税协议，在适当的离岸投资平台搭建中间持股架构，从而有效降低税收负担。以俄罗斯为例，目前中国赴俄罗斯投资的企业，可能会选择荷兰等国设立中间持股公司；一般而言，俄罗斯企业向境外企业支付的利息、股息等收益，根据其国内法应当征收 20% 的预提税，然而根据俄荷双边税收协定，如该等利息、股息的受益所有人为荷兰居民企业，则预提税税率可减免为 5%（股息）、0（利息）等。

但是，《反离岸化法》（自 2015 年 1 月 1 日起施行）通过提高"受益所有人"的认定门槛，增加了投资者享受税收协定待遇的难度。如果收入取得方不是其受益所有人，则不适用税收协定中的优惠税率或减免待遇。

鉴于新法刚刚推行，目前俄罗斯尚未形成关于"受益所有人"认定标准的详细操作指引，我们提示已搭建用于俄罗斯或其他丝路国家投资活动的离岸架构的中国企业，在申请相关税收协定待遇前，先向律师或税务顾问了解东道国税务机关关于税收协定待遇的最新认定要求，提前备好相关证明材料，恰当实现税务筹划利益。

2. 东道国政府外汇管制风险管理和项目资金运用。

我们在为某"一带一路"沿线国家大型基础设施 BOT 项目提供服务时，客户因无法预测东道国外汇储备的充足性、外汇政策的稳定性，担心项目资金无法有效汇出东道国。为防控东道国政府的外汇管制和政策变动风险，我们在特许权协议中设置了如下保护条款，以保护投资者利益：

（1）海外监管账户条款，即项目公司应在东道国海外设立离岸账户，集中管理拟议项目股东出资、贷款融资和其他现金流；离岸账户由各投资者及债权人统一监管；项目日常收益于每个营业日结束前由东道国账户集中划转至离岸账户；项目支出根据项目用款需求和各方事先达成的偿付顺序，从离岸账户中分批拨付资金东道国外汇保证。

（2）要求东道国政府或东道国央行提供书面担保，确保该中国投资者的购汇需求优先得到满足并可自由汇出。

3. 境外投资退出机制。

投资者在做出投资决定前，应事先考虑项目的退出方案。若拟议项目有上市计划，可考虑通过上市方式退出；对于上市目标不明朗或暂无相关计划的项目，在不清算现有项目的情况下，可通过向第三方买家或向其他现有股东转让股权的方式退出，交易双方可就该种股权转让事先设定强制安排，例如：

（1）强制回购：即交易双方事先确定未来某一阶段的项目盈利指标/营业目标（通常为财务指标），如届时未能实现，则中方股东有权要求另一方以特定价格回购其股权。

（2）拖卖权：中方股东计划退出本项目时，如果第三方买家希望收购的股权比例超过中方股东的持股比例，则中方股东有权要求东道国股东以相同的条款和条件向该第三方出售一定比例的股份，以促成中方退出计划实现。

（3）跟卖权：东道国股东如有意通过向第三方出售股权的方式退出拟议项目，则中方股东有权跟随东道国股东共同退出，即东道国股东必须促成该第三方以相同的条款和条件收购中方股东的股权。

4. 收购类项目风险管理。

中国企业海外投资，很多是以收购当地项目公司或资产的方式进行的，收购类项目应如何进行风险管理？以下介绍一些典型的投资保护方案，用于控制、缓释项目的风险：

（1）设置交割前条件：要求现有股东对目标公司既存的重大法律风险或瑕疵事项进行纠正，并以此作为支付出资款项的前提条件。

（2）分期交割：分期缴付出资款，通过延长的交割流程，缓释项目风险；在后期交割中中方股东有权根据前期交割后目标公司的运营情况重新评估股权价值，或在特定极端情况下单方终止交易。

（3）设置陈述与保证事项：要求目标公司的现有股东就目标公司运营合规性、无讼状态、无法查明或具有重大风险的事项作出"陈述与保证"，如果实际情况与该等陈述与保证内容不符，现有股东应当承担相关违约责任。

（4）设置赔偿安排：就现有股东在交易文件中披露不实的内容，或就目标公司因历史责任而产生的损失或责任，要求现有股东对新加入的中方股东进行赔偿。

（5）股权回购或股权比例调整等。如现有股东在交易文件中披露不实的内容，或现有股东在交易文件中承诺的业绩或其他事项无法实现，中方股东可以通过在交易文件中设置股权回购或股权比例调整等条款维护股东权利，即：该种情况发生时，现有股东应以一定的价格回购中方的股权，保证中方有效退出；或向中方免费或低价转让部分股权，降低其投资成本。

5. 农业用地外资禁令下的控制权设计。

在党的十八大之前，我们通常提到的传统的四大安全，就是农业安全、粮食安全、水资源安全和金融安全。十八大以后我们又增加了四大安全，即空间安全、海洋安全和生态安全。针对作为八大安全之一的粮食安全，副总理汪洋同志提出了树立"大农业"的理念。鉴于我国境内的耕地负担太重，如何通过合法、合作共赢的方式来获取海外耕地资源，这是农业类央企和国企在"走出去"的环节应考虑的重要战略问题。

众所周知，俄罗斯有着丰富的耕地资源。但在俄罗斯及众多中亚国家，土地自由流转的范围都不包括农业用地，并且一般禁止外国人持有农业用地所有权。然而，由于这些国家的经济以及货币不稳定，租赁农业用地往往带来较多的风险，让投资人在经济性预期很好的项目前望而却步，或在接盘后蒙受损失。

某大型农业类企业计划收购俄罗斯某大型粮食种植企业，该俄罗斯粮食种植企业最核心资产包含大面积优质黑土地。然而，根据俄罗斯《土地法典》第7条、《俄罗斯农业流转法》第3条，外国人或受外国人控股的法人只能以租赁的方式占有农业用地，也就是说中国的该投资者无法直接收购该俄罗斯公司的全部股权。

如何解决这一问题呢？我们的方式是采用架设多重控股结构，在海外通过股东间协议及投票权安排，满足俄罗斯本地法的形式要求。在该项目中，经过深入研究当地法律、了解司法实践惯例以及政府相关部门态度，我们具体采取了以下设计：

（1）架设多层离岸结构，将收购交易地放在不受俄罗斯法律调整的第三国（英属维京），保证在俄罗斯境内、拥有土地所有权的公司为俄罗斯公司的全资子公司；

（2）收购项目公司时，通过代持方式保留俄方股东51%名义股权，且股权转让协议适用第三国法；

（3）在项目公司层面，将目标公司（土地持有人）重大决策事项定为2/3以上表决权方能通过的特别决议事项，并在章程中约定中方投资人拥有99%的投票权。

通过以上结构及安排，我们能够保证中方投资者实际控制、使用俄罗斯土地资产，同时满足俄罗斯国内法的形式要求。

6. 工程项目前期信息少、经济性存疑下的合同安排。

我们曾协助某客户投标前独联体大型港口项目,该港口运营周期50年,涉交易标的超过百亿美元。中方某企业进入投标最后阶段,但当地政府项目经验少、资金不足,未能提供必要的数据及信息。在该种情况下,中方投资者很难判断项目经济性是否成立?是否存在政府认为的利润空间和发展潜力?

在"一带一路"沿线国家中,许多政府并没有许多PPP项目运作经验,往往不按照国际惯例,坚持一些土办法。经过对客户需求及政府情况的仔细分析,我们将其中最重要的数据获取节点作为项目协议生效的条件。通过该种安排,投资人能够一方面锁定项目,另一方面保证其及时退出的权利,并可预期在退出情况下的补偿;而在经济性成立情况下,投资人可以与政府分担前期费用,或将前期费用作为成本冲低后期分红。

7. BOT项目融资前景模糊情形下的合同安排。

在前述项目中,由于项目发展前景受制于多个外部因素,项目经济性在谈判时难以下定论,并且在融资方处也受到较大质疑,且长期限的BOT项目一旦锁定很难退出。我们团队选择:

(1)在投资协议中分隔投资期,并为各投资期设定阶梯式盈利目标,将上一阶段经济性目的达成作为下一期投资的启动条件。

(2)在投资期届满或投资协议终止,需要清算资产、补偿投资人时,适用累进制计算公式,并设定固定的年化收益率作为补偿基准线。

利用上述安排,首先,融资方可在每个投资期前单独安排当期的融资,降低风险,提高融资的成功率;其次,结合其他前置条件,分隔项目期的安排也使投资人的退出更灵活;最后,通过固定计算方式和补偿基准线,让政府对投资的最低目标作出补偿承诺。

8. 外国政府的进度要求可能造成违约的风险管理。

在东南亚某国的PPP项目中,该外国政府在谈判过程中提出了项目开工、一期封顶、一期完工的具体时间,并且坚持投资人必须接受。后经多渠道了解,该时间表与当地选举时间稳合。

对于中国投资者,接受该时间表将对后续工作造成较大的被动性,因为融资关闭时间、到位时间、工程设计方案等都还存在未知因素，过早锁定项目进度容易导致违约，存在重大风险。

经我们研究，最终采用增加定义、对各时间点上活动进行拆解，将带有实质运营内容的活动延后，变为开口时间，为原有活动增加具有执行性的程序，从而保证投资人在形式上能满足政府时间表要求。

9. 本地法对争议解决有强制性要求的合同安排。

在俄罗斯某大型水利设施合资项目中，俄方坚称因水利设施涉及国家安全，准据法及争议解决地必须放在俄罗斯。在许多中亚国家，对特殊项目或领域的准据法有法定强制要求，这时中方投资者面临较大的争议风险。对此，我们最终采用的方案是：

（1）在投资协议中增加更多、更为细致的和解程序和方案，包括各种情况下的协商程序和要求。

（2）要求俄方与中方投资人签订包含投资协议核心内容的第三份协议，适用第三国法、在第三国仲裁。

（3）对最核心的事项为中方增加一票否决权。

这样，一方面合资交易满足本地法要求，同时另一方面，通过违约责任、可预见的程序、企业内部治理三重手段，有效降低了客户的诉讼风险，同时事先提供了争议的相关解决方案。

以上是我们就近期参与的"一带一路"项目，对微观层面的法律技术方案进行的提炼和总结。

四、结语

根据《企业国有资产法》，国家采取措施推动国有资本向涉及国民经济命脉的关键行业和重点领域集中，提高国民经济的控制能力和影响力，因此在"一带一路"和六大经济走廊的产业园区建设过程中，央企和国企将承担主力军的角色。在此背景下，央企、国企中的法律人以及服务于央企的外部律师将是先头部队，需配合相关企业做好法律风险的防控、法律的可行性研究、全面构建境内外一体化法律风险管理体系，配合"走出去"的中国企业最终建设起六大经济走廊、实现"一带一路"的战略目标。

　　"一带一路"建设是一场跨欧亚大陆、辐射近 50 亿人口、连接 20 世纪的中心大西洋和 21 世纪的中心太平洋这两大中心的伟大长征。长征是宣言诗，宣言沿带沿路各国是一个命运共同体，整个人类最终是一个命运共同体；长征是宣传队，宣传和平必胜，正义必胜，合作共赢必胜；长征是播种机，播撒法治丝路、法治园区、民心相通的种子！

中国企业"走出去"
风险管控与仲裁策略

中国经济贸易仲裁委员会副主任兼秘书长　王承杰

针对中国企业"走出去",包括国有企业"走出去"的一些风险等。主要从三个方面进行介绍,第一,是关于"走出去"的风险问题,第二,就是风险的应对,第三,讲讲怎么进行仲裁。

一、中国企业"走出去"的形势

(一) 机会多、机遇多

在大的经济全球化背景下,中国实行"一带一路"倡议,中国企业"走出去"是必然形势,机会很多机遇也非常多。其中外在原因有政府的支持以及国际社会的欢迎,当然也有企业"走出去"的内在动因。正因为这些非常重要的因素,导致我们现在"走出去"成为一个非常壮观的景象。

(二) 挑战多、风险多

在千军万马出国门的壮观景象已构成一道亮丽的风景线的同时,我们也应当意识到机遇和挑战是并存的。同时,我们在平时的仲裁及办案中也发现,现在的形势很严峻,对大多数中国企业,特别是三四级企业来讲,"走出去"是全新的事务。虽然在商场上我们是所向披靡的,但是在国外的仲裁中,诉讼失败的大多都是中国的公司。因此,遭受挫折、造成损失，甚至是沉折沙场屡见报端，所以中国企业"走出去"的风险防范问题需引起大家的注意。基于风险点较多，我们将常见的风险做以下归纳。

二、关于企业投资境外面临的风险

（一）一般风险

语言、文化、经营理念的差异使交易双方无法进行有效沟通。这种无效沟通往往产生误解最后导致纠纷的发生，这是大家比较容易忽视的问题。

企业掌控跨国交易及经营的能力不足。例如，银行保函的问题，由于我们对银行保函的问题认识不足，导致我们得不到所要求的索赔，这在企业中有确实的反映。

投资目标国的政治环境与风险。大家比较了解的沙特铁路项目的建设，就是因为对自然环境缺乏了解，最后导致成本的上升。并且对风险估计不足，没有意识到政治风险、政局不稳等在叙利亚、中东表现得非常突出。

经济状况和经济制度差异增加管理和经营成本。这方面的确存在不足，最后导致我们在具体的项目上无利可图甚至是亏损严重。

对投资目标国法律制度和外资政策上的风险等了解不多。这最后造成纠纷缠身、寸步难行等。

那么，从这几个方面来讲，特别是我们在办案过程中感觉到，我们自己很多参与活动的相关主管以及具体的经办人在思考问题时，身子虽然出了国门，但是脑袋还留在国内，这样后患无穷。

（二）投资境外的法律风险

就法律风险而言，面临的形势更加复杂，不同阶段风险不同，大致可以分为以下几个阶段：

（1）在投资阶段的法律风险主要包括：东道国外商投资的政策法律限制、反垄断和国家经济安全的审查、本国的管制、合作对手的法律状况和守约意识等多方面。我们比较了解国家经济安全审查，都比较清楚在美国三一重工的事，以及华为等这些公司遭受美国很多审查，导致很多项目最后难以落实。在国内，本国管制是指我们自己国家国内的审批制度以及外汇管制等，这些都会影响到对外投资。但这方面我们往往会比较忽视。

（2）在经营阶段的法律风险包括：环境保护、劳工、公司治理、知识产权、税务、合约管理、法律文化冲突、国有化征用等多方面。特别是环境保护，很多项目都是因为这个原因导致项目难以进行下去。缅甸的伊洛瓦底江的开发一事之所以闹得沸沸扬扬，是因为规模非常大，几千亿的集体投资项目，却因为民族问题、战争等，导致了我们公司遭遇商业风险。这种商业风险在管理上的体现，实际上是一种法律风险防范问题。

（3）当地政府机构和执法部门的执法水准和执法状况、对外资的态度，以及东道国法律政策的变化也会对企业的经营产生影响。

（三）国情不同，风险不同

投资和经营阶段的风险很多时候是紧密相连的，那么从国情的角度来讲，因为企业走出去遍布世界各地，总的来讲国别国情都不一样。

发展中国家：政策和法律风险表现在政策多变和无法可依。发达国家：政策和法律风险则表现在法律法规烦琐、多样、处处设防。总的来讲，就目的国对外资的管制状况，一般而言，对于关系国家安全、国计民生、国家支柱产业的领域，各国对于吸收境外投资均有不同程度的限制。这对于对外投资来说，尤其是我国"走出去"企业应务必引起重视。

（四）针对中国企业的特殊风险

伴随着中国经济的崛起，我们对传统的国际经贸格局形成了挑战。

所以，截至目前，中国已经成为国际贸易保护的重灾区，也就是国际贸易保护组织针对中国的企业采取的限制。这种趋势从原先的发达国家正逐步蔓延到发展中国家，除了政策限制、法律规制，国外竞争对手还多以贸易救济、技术性贸易壁垒、知识产权、汇率问题等非关税壁垒对我国已形成的竞争优势提出挑战。要特别注意最近的知识产权保护，这是我国的发展战略，也是我国参与国际竞争的一个重要手段。具体而言，国外针对中国的知识产权壁垒有增多的趋势，表现为纠纷频繁。由美国针对中国发起的三三七调查为例，持续十几年增高，呈现的趋势是规模越来越大；国外企业和组织所要的费用越来越高；设计的产业和部门越来越多，从最早的欧盟打火机到现在的高新尖端的技术，无所不有；最后是纠纷发生的越来越频繁，经常向企业提出知识产权方面的挑战，手段也越来越隐蔽，大家注意到专利常常隐藏在标准的后面，作为技术壁垒来发挥作用。中国企业"走出去"确实是困难重重，阻力很多，这是我们企业必须注意的问题。

三、企业"走出去"的风险管控对策建议

（一）企业要有对策

1. 企业境外投资通常应注意以下五方面问题：

（1）客观评估自身条件，量力而行。自身准备不足，对自己认识不清。优势在哪？人才是否具备？这些条件都没有弄清楚就准备"走出去"了。

（2）入乡随俗，认清中国与投资所在国差异。特别注意要避免将在中国的经验毫无保留的照搬海外。

（3）选好投资方向，做好市场调查。不但要考虑国内产业发展的重要性，还要考虑在所在国的可操作性，在当地受欢迎程度以及全球竞争情况等。

（4）依靠投资所在国专业服务。请当地的会计师过问工资，行业协

会帮助，借助他们的力量达到我们在所在国投资顺利进行的目的。

（5）实施分步策略与本土化战略。例如，设立联络处、办事处、分公司、子公司等。万象公司在这方面做得比较好，在投资境外时使之本土化，也就是说让当地人来经营公司。这在我们企业"走出去"的过程中，已经有很多大公司有成功的经验。

2. 目前中国企业在境外投资的主要形式是新设公司或并购公司，因此，有志于从事境外投资的企业应注意：

（1）加强对相关国家的投资法律的研究。

（2）注意对投资所在国有关反垄断法律、公司并购规定的研究了解。

（3）注意有关国家针对外资的行政政策。这些行政政策往往表现为一些国家对行政政策的态度，行政政策对法院审案有一定的参考作用。行政政策有时也表现出对市场如何作为有很重要的指导作用，因此我们对行政政策的作用不能忽视。

（4）注意有关国家的外资国家安全审查制度。这个问题很敏感，给我们中国企业带来了巨大压力，前期的高成本投入最后过不了审查关。

因此，作为企业来讲，在这几个方面要加强研究和注意。

3. 投资境外应重点做好以下几方面的工作：

（1）做好对投资国法律和政策的了解和评估。各国对于不同程度的境外投资均有不同程度的限制，而且在反垄断和国家经济安全的审查、环境保护、劳工、公司治理、税收、知识产权等方面也有不同的标准。企业在做出投资之前要充分了解并评估风险，如果企业能力有限就要注重依靠国际商事法律机构、国际投资咨询机构等中介力量来帮助解决。

（2）遵守国内法的规定。在投资或者收购的过程中保持与中国政府审批机构的沟通，保证项目能够顺利进行，及时获得中国政府的批准。这个在相应的案件里也有发生，比如我们签了合同，最后因为管制等一些问题导致无法履行，因此需要赔偿损失。

（3）选择适当的投资方式和企业组织形式。对此在案件中许多当事人有共同的感受，那么到境外投资的中国企业应综合考虑企业本身拥有的资源、发展战略、风险承受能力以及东道国的法律环境等各项因素，要选择适用于自己实际状况的投资方式及其企业组织形式，因为不同的投资方式和组织形式对企业而言风险是不同的。不过从控制法律风险以及从减少法律责任来讲，不管是在哪个国家，通常来讲，有限责任公司的法律形式无疑是最佳的选择。另外，通过购买跨国公司股份的形式，介入海外经营，也是值得考虑的，中国企业可以通过购买股份进入董事会参与跨国经营。这样比企业直接投资，完全控股更为安全，各种风险也更小，这称为风险共担。

（4）注重对国外合作方的资信调查和尽职调查工作。境外投资如采用投资、合资、合作、收购的形式，应充分了解对方的资信状况。如采用收购方式的还应当注意审查公司的股权出让资格、相关权利障碍和有没有瑕疵等。

（5）充分重视投资法律文件的准备和签署。我们中国投资企业往往不重视相关法律文件，一旦发生争议以后，在这种情况下往往处于不利的地位，那么对于相关投资条款，我们建议应聘请专业的律师帮助审查、修改，争取对自己有利的结果。至少也应该避免使自己处于完全被动的地位，特别是关于争议条款的解决问题。

（6）健全完善内部机制，加强法律风险管理。要建立可靠的项目管理团队，优化内部决策机制，加强对企业内部相关员工境内外法律知识包括相关环境，企业制度和商业惯例的了解。企业的行为是通过每名员工的行为实施的，应通过不间断的培训使每名在境外工作的员工，尤其是关键员工和高管具备相应的境内外相关法律知识，避免引起不当行为，给企业造成不可避免的不良后果。同时要强调内部法律顾问设置，重视外聘律师及其他专业机构的作用。大家不太重视的可能是海外员工的培训，实质上很多纠纷的发生以及重大案件的败诉，很可能就是一个员工在日常信件或邮件，甚至是在某个场合的表态所导致。因此，加强员工的培训显得尤为重要。

（7）高度重视投资或收购以后的企业管理与整合工作。对可能遇到的挑战，如与当地的雇员及合作伙伴的相处方式，如何融入当地社区等，都要做好准备工作。有报道称，我们的一些投资企业与当地的民族、政府会发生一些纠纷，最后形成一些无法调和的矛盾，最终导致项目无法进行，以上是从企业的角度进行的一个概括性的介绍。

（二）政府要有作为

在鼓励一些企业"走出去"的同时，一方面，要加强对"走出去"企业的指导、引导工作；另一方面，应从战略的高度、宏观层面规划、谋划企业"走出去"的相关制度安排，并加强与相关国家的沟通协调，为中国企业"走出去"创造好的外部投资环境。此外，要完善企业境外投资审批制度，我们政府这两年确实做了很多工作：首先，增加了透明度，简化了程序，取得了很好的实效。也完善了外国企业来我国投资的法律政策，按照对等原则为中国企业境外投资创造条件。其次，我们已经有了很好的先例可供借鉴，解决了在某些领域内某些国家认为存在的问题。这些问题得到解决可能也为我们的企业"走出去"创造很好的环境。最后，要采取措施督促有关国家政府为中国企业提供更加开放、公开、透明的环境，在投资项目的安全审查程序中尊重中国企业的市场主体地位，客观看待中国企业的投资行为，以避免投资的不确定性带来的风险，特别是国有企业走出去面对外国政府的"特殊对待"。

（三）商协会要发挥作用

（1）从国际经验来看，发挥商协会代言工商、协调维权的作用是普遍做法和国际惯例，我们应该重视利用这个渠道，发挥其作用。我们时时感受到的是美国商会在其公司在中国遇到问题时，往往由其商会组织出面跟中国政府进行交涉；欧盟商会经常代表企业发表各种评论，提出交涉意见。在这方面中国商会的商会组织作用没有发挥出来，我们的企业也没有意识到商协会有类似的作用。既然"走出去"是国际形势，那么我们要用好商协会组织，发挥好商协会作用，同时，商协会自身也应该要有所作为。

（2）中国贸促会涉外商事法律保驾护航作用。中国贸促会是我国最早开展涉外商事法律服务的机构之一，涉外商事法律服务功能齐全，内容丰富，在业界具有广泛的影响力。贸促会的法律服务具有鲜明的公益性、涉外性和独特性。

贸促会涉外商事法律服务内容包括：专利商标代理、国际经济贸易仲裁、海事仲裁、国际商事调解、签发货物原产地证书、办理 ATA 单证册、海损理算、法律顾问等。

四、我国纠纷解决的现状

中国国际经济贸易仲裁委员会截至目前处理境外贸易纠纷解决案件3 万多件，从我们目前遇到的问题，发生的问题来讲，可以总结三句话："投诉无门，一纸空文，被逼无奈"。因为我们的企业不注意争议解决条款的约定，即使约定了一个仲裁条款，但是这个条款不符合相关法律规定的有效条件。然而法院却认为合约中有仲裁条款，不愿受理。即使去仲裁机构，仲裁机构又认为这个仲裁条款不符合法律的规定是个无效条款，仲裁机构也不能受理，所以导致无人来管。"一纸空文"是指我们"走出去"的企业在境外发生纠纷，由于没有约定仲裁条款，有的企业就在国内法院提起诉讼，虽然拿到了胜诉的判决，但是法院的判决没有类似于仲裁的承认和执行的国际公约，所以很难在境外得到承认和执行。因此，最后即使胜诉了，也很难实现胜诉的结果。"被逼无奈"是指在签合同的时候按照境外对方所提供的格式合同，没有注意最后在境外的仲裁机构进行仲裁的条款。高额的仲裁成本使我们的企业无法走下去，有些作为申请人向境外仲裁机构提起仲裁，之后因为成本太高而导致无法继续，因此被迫撤诉；有些作为被申请人在境外被对方提起诉讼，同样因无法支付昂贵的诉讼费用而不得不终止仲裁。

一般来说，有四种纠纷解决方式：第一种是协商，这通常是当事人之间进行的；第二种是诉讼，即：打官司；第三种是调解，经过第三方的介入帮助解决；第四种是仲裁。那么从跨国经营来讲，特别是经济全球化来讲，最近一两年，越来越多的公司或者企业在使用仲裁这种模式，国际组织也在大力推荐仲裁作为一种解决国际纠纷的手段。在这种情况下，我们怎么用好仲裁？要做到要重视，要了解，要善用，这三个方面都是不能忽视的。从仲裁来讲，由于境外仲裁法，仲裁的价值观的不同，中国企业在国外的仲裁十案九败，并且以巨额赔偿外方当事人，总结原因如下：

第一，代理人或仲裁员选择不当；

第二，外籍仲裁员不了解中国法律；

第三，外籍仲裁员歧视中国企业；

第四，中国企业消极应诉或应诉不当。

五、外国仲裁败诉风险及其应对

（一）企业层面：强化争议解决条款的风险管理

（1）慎重约定仲裁条款。争议条款的约定本身就是风险管控，如果争议解决条款约定不当将可能导致全盘皆输。从这个角度来讲，无论是作为一个公司的高管或普通员工都必须高度重视争议条款的约定，并且作为一个风险条款来看待，以防掉以轻心，任凭对方摆布。值得注意的是有些重要的条款不仅是在合同的最后，有可能是在一些附件中。比如在海事、粮食棉花等外国贸易中，经常使用的是外国商会提供的标准合同条款，而我们并没有注意到，这需要引起我们的重视，同时要尽可能约定对我国有利的合约条款。

（2）尽可能地选择中国境内的仲裁机构。现在大型国有企业在海外投资巨大，风险当然也很高，当地环境也很复杂，极易造成后期的矛盾冲突，产生仲裁案件。基于我国在境外仲裁遇到的种种一系列问题，更加突出了在国内选择仲裁机构的重要性。

（3）尽可能选择相对公平的外国仲裁机构。其考量因素主要有：相关仲裁机构所处国家的法律完备程度；是否有相关律师辅助；同时还要选择仲裁费用相对比较低的仲裁机构；仲裁地点也要便于我国企业人员出入境。

（4）积极谨慎应诉。一是要确认合理仲裁无效的制度，在合适的时机启用该项程序；二是要谨慎应诉不要轻易缺席，不要轻易拒收仲裁通知，在仲裁决定作出后要正确理解。

（二）司法层面：统一外国仲裁承认与执行的尺度

在仲裁员组织和指定方面可以进行一些让步，或是合理的约定，比如，只要整个仲裁管理的环节适当，首席仲裁员或三名仲裁员可以适当调整。仲裁地的选择非常重要，一定程度上也可以约定并且协商。同时，开庭地的选择也可以进行协商。在仲裁过程中也可根据具体情况不同而选择与之相适用的法律，仲裁语言的选择，也可进行商定。

（三）解构重组仲裁条款的若干要素

（1）仲裁机构：仲裁条款之要素，仲裁规则的连接点；

（2）仲裁地："给仲裁裁决找个家"；

（3）开庭地：开庭地点——必要主场优势；

（4）使用规则：仲裁程序进行的规则和依据；

（5）适用实体法/程序法：实体裁决依据的特殊约定；

（6）仲裁语言：仲裁程序所使用之语言；

（7）仲裁庭组成的特殊约定：对仲裁员资格和组成方式的特别约定。

企业合规管理体系建设

商务部研究院研究员、北京
新世纪跨国公司研究所所长　　王志乐

一、中国企业面临的合规风险

随着中国企业"走出去"，出现了一类新的企业——海外中国企业，这类企业在海外监管环境下，面临非常严峻的合规风险。在华跨国公司、中央企业和民企，也同样面临合规方面的挑战。世界银行的黑名单持续更新，企业或个人被列进黑名单常常是因为欺诈、贿赂，或是在采购或拿订单时出现违规。对企业或个人的举报一经查实，这些企业或个人就会被列入世界银行的黑名单，在一定的期限内不能参与世界银行和国际银行的项目。处罚期限短则两三年，长则十年八年，也有企业被永远禁止参与世界银行和国际银行的项目。多年来，世界银行处罚了大量的企业和个人。自2009年开始，迄今被世界银行处罚过的中国企业已达到38个。

合规已经成为国际竞争的一个重要手段。例如，有中国企业拿到国外订单，其竞争对手就可能去找这家企业的合规漏洞，一旦发现合规漏洞，订单就作废了。所以这样一种竞争局面的出现，表明现在国际竞争不仅是一个企业的硬实力，还表现在企业的软实力，而合规经营就是企业软实力的重要表现。中国的跨国公司、中央企业、民企和"走出去"的企业在全球反对商业腐败的背景下面临的挑战实际上可以归纳为合规风险的挑战。但目前不少企业对这一问题没有清醒的认识，有些企业甚至连合规的概念都还不知道。

二、强化合规管理的新潮流

曾有一家国际咨询公司对 400 多家国际公司做了一个问卷调查，请被调查的公司将企业面临的风险进行排序。调研的结论是，这些企业把监管与合规作为第一风险。但同样的问题来问中国企业的高管，他们则把监管与合规的风险摆在了第七位。这一调研结果是否说明中国企业合规问题解决得比较好？并非如此。中国企业不是合规问题解决得好，而是很多人还不知道合规风险的严峻性。正所谓"初生之犊不畏虎"。如果我们不知道什么是合规风险，那可能对企业面临着这样严峻的风险有时候视而不见，或者知晓后不把它摆在重要的位置。

巴塞尔银行监管委员会认为合规风险是企业的核心风险。如今，合规风险日益凸显。全球化是造成目前这个全球合规风险放大的主要原因。1991 年底苏联解体，冷战结束导致全球市场出现，时代由战争革命转向了和平发展、合作共赢的时代，这为全球化提供了巨大的推动力。在这样一个时代转变的过程中，国际上的跨国公司迅速地走向全球。他们的战略发生了变化，从过去的跨国经营走向全球经营，打造全球价值链。他们的管理从过去的中心辐射式或者金字塔式的管理，转变为全球网络式的管理。这个过程中企业无法再像以前那样追求股东价值最大化。美国通用电气的杰克·韦尔奇曾总结说，企业好像应该是追求股东价值最大化的，但是企业在走向世界时，如果只为其股东负责，不为当地的社会责任、环境责任负责；如果把腐败，或者商业腐败的动作推向全球，那么就会给这个世界带来非常大的问题。所以跨国公司在责任问题上，有了一个新的突破，他们意识到只是追求股东价值最大化是不够的，还要承担社会责任、环境责任。

一家公司从国内企业通过对外贸易变成国际公司，再通过对外投资变成跨国公司，然后走向全球打造全球型的公司，这是一个重要的发展趋势。在这个发展过程中，它显然就要面临责任问题。比如在 1999 年 1

月达沃斯世界经济论坛年会上，当时的联合国秘书长克菲·安南提出，全球化带来了生产力大发展、财富大增加，但是全球的社会问题、环境问题突出了，所以他认为在这个过程中企业要承担更大的责任，要对全球问题、环境问题采取行动。在他的倡议下，2000年，联合国总部启动了一个叫全球契约的计划，在这个活动起步时，安南向全世界的企业领导呼吁，要遵守有共同价值的标准，要实施一整套必要的规则，也就是全球契约。

当时参加全球契约计划活动的全球著名公司有五六十家。至今已经有八千多家世界上重要的企业加盟，成为它的成员。联合国专门成立了一个全球契约的工作单位，就是"联合国全球契约组织"来推进全球精神。在2000年刚成立全球契约组织的时候，有九项原则，人权方面有两项，劳工标准四项，环境方面三项。全球契约计划启动之后，2003年联合国又通过了《联合国反腐败公约》。各国政府对全球背景下的反腐败认识很统一，中国政府于2005年加入此公约。在加入此公约的时候，联合国全球契约组织就认识到，前九项原则已然不够，还要增加一项。2004年4月24日，联合国全球契约组织增加了第十项原则，即企业应该反对各种形式的腐败，包括敲诈、勒索和行贿、受贿。

有些国家在此之前就已经行动了。在1977年的时候美国就制定了《反海外腐败法》，但是在前二十多年，其力度不大、实施不严，因为欧洲、日本这些国家当时没有接受美国的同样的标准。欧洲认为企业在海外经营的时候有适当的行贿费或者加快费是合理的，所以不接受美国的这个标准。但是经过多年的努力，美国最后使得欧洲、日本都接受了《反海外腐败法》的基本原则。因此欧盟在1997年制定了相应的法律。

从这个角度来讲，在联合国全球契约组织提出第十项原则之前，已经有了大量的国家企业对此问题有过争论、探讨和实施。在这个过程中，随着企业从国内企业、国际公司、跨国公司走向全球公司，他们的责任概念、理念也在改变：最早追求股东价值最大化；后来在2000年前后提出了全面的责任，经济、社会、环境责任；到现在实际上提倡的是一种全球责任。企业要想在全球发展，就得遵守全球的相关法律法规、投资所在国的法律法规，遵守规章制度、道德规范、职业操守。

此后，国际社会经历了 2008 年的金融危机。发达国家认为这次金融危机的一个重要原因是企业违规经营，因而都加大了打击商业腐败的力度。比如美国在 2010 年通过了《多德弗兰克华尔街改革与消费者保护法》，鼓励企业内部举报，一旦举报属实，就把对跨国公司罚款的 10%～30% 作为给举报人的奖励。这个措施确实产生了效果，2009 年以后审查的违反 FCPA，即《反海外腐败法》的案例共 12 个，12 个中处罚金额最大的是 5 亿多美元，最小的是 4800 万美元。依据此措施，举报者可以得到的奖金是很可观的，因而可以激励人们举报。所以从此以后，跨国公司都意识到，若是合规管理不好，很可能被举报和被监管；而且确实出现了一些人，专注于企业违规的举报，以获得巨额举报奖励。因此，很多企业的合规风险压力加大，管理力度也越来越大。又如英国《反贿赂法》，于 2011 年 7 月 1 日生效，此法律有一个重大的突破，即提出了一个新的罪名：若是企业没有防止贿赂，也要被处罚。如某公司的员工有贿赂行为，而该公司又没有设立防止贿赂的程序，或者没有对此人进行过相关教育，企业就应对该员工的行为负有连带责任。此法律非常严酷，但也有合理之处，此法律在实施时，提出一个对于中国的实施细则。此细则明确了哪些情况下企业可免责。比如企业对员工有无培训，且这些培训是否记录在案。如果某员工出现问题，企业可说明曾对该员工进行过教育。此种行为把遏制商业腐败前置，尽可能预防出现问题，而不是出了问题再处罚。

值得一提的是，国际标准组织于 2014 年 12 月 15 日出台了 ISO19600《合规管理体系指南》，此文件是国际标准组织的一个创新，因为过去的国际标准一般都是指生产、质量，或者是某一个产品的标准，现在把合规这个软性要求作为一个标准提出来了。此指南对于长远发展的组织尤其重要，它提出不仅"企业"需要合规，包含企业在内的社会"组织"及个人，都需要维护诚信和合规文化。所以诚信和合规不仅是一个组织成功和可持续发展的基础，也是机遇。文件提出组织要开展合规管理工作，在保持合规管理独立性的同时，需要把合规和组织的财务风险、质量、环境、健康和安全管理流程，以及运营要求和程序结合起来，总的目标是建立有效的合规管理体系。中国的标准化委员会标准化理论与战略研究所带领三位代表参与制定了合规管理体系的指南标准，并已经立项，拟转化为中国合规管理标准。

三、构建合规管理新体系

由于各国政府监管加强，国际组织和非政府组织的推动，各个公司在全球范围竞争的加剧，强化合规成了一个强大的外在压力及全球企业发展的一个新趋势。中国政府在最近几年深入反腐败举措，也反映了对企业合规的要求加大了。再加上企业之间、全球范围内的竞争，出现了新的竞争规则。只有好的产品、好的技术或资金已然不够，如果不合规，有可能所有的努力都付诸东流。这些外在的压力也促使企业产生建立合规管理体系的内在动力，很多企业的领导自身都有愿意推动企业合规。最近 10 年，构建合规管理新体系就成为全球企业发展的新潮流、新趋势。

冷战结束全球市场出现以来，传统的跨国公司走向现代的全球公司，打造了全球价值链，改变了企业过去的竞争方式。全球公司面临的市场竞争必须强化企业合规，改变了企业的竞争规则。由于国际环境的变化，我们的企业，特别是国有企业走向世界的时候，面对的是已经改变了的全球竞争方式和全球竞争规则。对于刚走出去的企业，面临的挑战是非常严峻的。尤其是在西方国家公司都能做到合规的情况下，我们的企业还未做到。

对于"一带一路"，我们面临大量的挑战，合规是非常重要的一个侧面。中国企业在"一带一路"上不缺乏资金和技术。但让当地企业认为我们的公司在当地不仅仅是营利，还要帮助当地发展，而且行为是规规矩矩的，就非常不容易，这是一个非常严峻的问题。

中国企业一旦"走出去"，面临的合规严峻挑战是我们不能回避的。但是我们如果能够理解和把握这种全球竞争的新方式以及新规则，我们的企业就有可能实现跨越式发展，创造发展中国家企业走向现代全球公司的新经验。"十三五"规划提出要培育有国际竞争力的跨国公司，这个竞争力隐含了一个很大的内容，即软竞争力、合规的竞争力，我们要想实现这个目标，就必须高度重视合规问题。

要反腐败，要合规，这里要做好"破"和"立"两篇文章。在习总书记讲话中提出，深入推进党风廉政建设和反腐败斗争，同时要做好"破"和"立"两篇文章。如何去推动呢？习总书记也提到要坚持发扬我们党长期积累的成功经验，需要积极借鉴世界各国反腐倡廉的有益做法，也需要积极继承我国历史上反腐倡廉的宝贵遗产。这三点非常重要，我们党自己的经验，我们历史上的经验，其实还有一个横向的标准，即世界各国的反腐倡廉的有益做法。

企业是除了政府之外最有影响力的组织，国际企业关于反腐合规的有益做法也值得我们借鉴。2014年，亚太经合组织北京会议，通过了《北京反腐败宣言》，同时还有一个跟企业关系密切的一个宣言式文件，叫作《亚太经合组织有效地和自愿地公司合规项目基本要素》，归纳了大量的跨国公司、国际公司的一些经验教训，列出了12项必须要做的事。例如要构建实施合规的组织结构、管理层要全面支持和参与等。

国际公司的很多经验值得借鉴，国有企业、民营企业，其中有一些公司总结的经验也很值得了解。比如中海油公司，他们的合规管理有思想教育、制度、纪律、监督"四道防线"。"四道防线"做好之后，可以做到思想道德上不想，制度程序上不能，激励机制上不必，监督惩处上不敢。当然每一个公司提出这些要求后也不一定能够完成做到。中石油在2010年时推动合规建设的计划未能成功，但是在2014年中石油制定了中国石油天然气集团公司合规管理办法，把落实合规管理作为企业发展的前提条件，而且认为集团公司和所属企业主要领导是合规管理第一责任人，这些做法，都是他们吸收了国际上大量的经验，下定决心要建立起的一个合规管理体系。中石油还制定了《合规诚信手册》，全集团100多万员工人手一册，都要按照手册合规标准去做。所以，一个公司出了问题并不怕，如果能够总结经验教训并且不断改进，是非常值得其他企业借鉴的。吉利公司董事长李书福认为，合规就像开车在公路上，想开车就要了解交通规则、遵守交通规则，这样才不会发生交通事故。要走向世界，如果不合规的话，就会产生问题。因此，一个企业建立合规管理体系可以分为五个步骤进行：

第一，调查研究，识别合规风险。企业需要对自己公司内部深入调查、识别合规风险，对公司所在的重点业务地区，特别是有些国家腐败风险高发区，重点业务领域，重点业务部门，重点业务环节等做细致的调查、研究，甚至借助外力来检控风险。

第二，风险导向，健全合规制度。国外公司有时称此为建立合规政策，即针对问题而后制定政策或制度。或者完善公司既有的政策、制度。合规制度的梳理中，有十二三个制度较重要，比如关于利益冲突的制度。

第三，管理协调，强化合规职责。大型跨国公司合规管理部门有两类：一类是大团队，如很多公司的管理团队，全球有几百个合规管理岗位。另一类正好相反，如有些公司仅有一名合规官，将具体的合规管理归口于各业务部门进行。专门的合规部门要与原来的法律、风控、纪检、监察、内审、财务、信息安全等部门分开，保证能够分工协作。一般来说，合规部门负责前置事项，即预防方面的事项。

第四，保障运行，完善合规机制。有四个机制比较重要：一是培训机制，纵向到底，横向到边，全覆盖，普通人员到重要的管理层人员的合规培训。二是考核机制，是最难的一项，传统的考核比较重结果、轻程序。考核机制关键是在于是否合规的完成任务。其余两项是举报和查处机制，这两项机制要健全。机制的核心问题是企业领导者能否以身作则，推进合规。如果企业领导者本身没有此概念，或不愿意做，那么这个制度建立以后也往往是形同虚设。

第五，持之以恒，形成合规文化。此处讲的文化是一种行为规范。很多央企有很好的文化，例如中石油的铁人精神，这种文化非常好。但还缺乏系统的合规文化。文化实际上对企业是非常有帮助的，因为企业再完善的制度也会有漏洞。或者现在没漏洞，将来企业竞争环境变了，它会出现新的漏洞。如果有了好的合规文化，企业的员工、管理层不但不去钻漏洞，还帮公司补漏洞，进而创造价值。

由此我们得出结论，在全球化时代，企业正在走向全球，随着公司经营范围的扩大、战略的调整，相应会有一个软实力的提升，即从过去关注股东价值最大化，进一步提高到"走出去"的企业要承担全球的责任。不仅在自己的国家，同时在全球遵守法规、规制、规范。这样的企业才真正拥有全球竞争力。党的十八大以来，中央反腐败的力度非常大，而且成效显著。在这样一个背景下，它形成了对腐败的震慑，给企业合规经营创造了极为难得的外部环境。如何抓住这一机会，切入建立合规文化就非常重要。对企业而言，强化合规有四个意义：第一，从风险管控的角度，强化合规可以化解企业的合规风险；第二，从企业管理角度，合规管理可以再造企业管理体系；第三，从企业文化的角度，合规管理可以重构企业的文化；第四，从对外投资的角度，合规管理可以让企业更加适应全球规则。

做好合规当然不是一家企业的事。"独行快、众行远"，社会需要大家一起努力，共同推动合规发展。国务院国资委推动五家央企做试点非常重要，通过试点来推动更多的企业共同合规用来改变我们原来存在的问题，以期创造一个良好的竞争环境。

美国大企业合规管理体系
建设经验与启示

中国移动通信集团公司法律事务部副总经理　于　荞

为进一步推动中央企业合规管理体系建设，大力提升依法治企能力、努力打造法治央企，2016 年 8 月 21 日至 9 月 10 日，国资委政策法规局专门组织部分中央企业总法律顾问和法律事务机构负责同志赴美国开展了美国大企业合规管理培训。培训期间，团组先后访问了 IBM 公司、辉瑞制药、摩根士丹利、微软公司等美国大企业，走访了全球企业合规管理协会、美国德勤审计事务所、贝克麦坚实律师事务所、高盖茨律师事务所等社团组织和中介机构，听取了福特汉姆大学法学院卡罗尔·巴斯里教授的专题授课，重点学习了美国大企业合规管理的经验和做法。同时深入了解了中建美国公司和中远海运美洲公司合规管理有关情况。

一、美国大企业合规管理概况及发展趋势

（一）美国大企业合规管理的概况

1. 什么是合规？

按照卡罗尔教授的理论来讲，合规一般是指合乎规则，遵守规范这样的一个意义。具体包括四个层面：

第一个层面就是遵守法律法规，包括所有的《成文法》和像英美法

体系国家的《案例法》，也包括《衡平法》，都属于法律法规的范畴。

第二个层面是有关于行业的一些监管政策，包括金融行业的监管政策，大型的基础建设方面的监管政策，以及一些普通的工商行政管理的监管政策等。

第三个层面就是企业内部相应的规章制度，每个企业的公司章程，以及内部关于财务、人力资源管理等各个方面运作规则流程的规章制度。

第四个层面是我们在学习过程当中觉得比较有收获的，即美国企业要求把社会公德和商业道德纳入合规管理的范畴当中。就是说企业的行为，是否符合社会的公德和商业道德，是否符合企业的使命、愿景？从这个角度出发，企业是否要给社会做贡献，所取得的利润是不是通过合法的途径而来？解决上述问题，因此，近年来随着美国监管机构对于市场监管的日趋严格，合规管理越来越多地成为美国各大企业开展的一项重要的企业管理制度。美国企业开展合规管理实际是从20世纪70年代开始的。水门事件发生的之前，很多的美国军工企业在海外通过一些行贿的方式来获取海外项目的订单。国会和相应的媒体都对此进行了报道，以至于引起国会对此进行了激烈地讨论，由此美国社会对于政府官员、大企业的上述行为要开展监督。从传媒界开始揭露上述黑幕开始，逐步建立和强化美国企业合规管理制度。

美国政府调查机构主要依据三项法律法规进行调查和处罚：

第一部法律是《海外反腐败法》（以下简称 FCPA），自 1977 年制定以来，要求公司加强对海外反腐败的管理并且开展相关案件的内部调查，这项法规被视为全球反腐败的先驱和标杆。

第二部法律是美国的联邦的《量刑指南》，这是 1990 年颁布的，它是由隶属于美国国会的联邦量刑委员会制定颁布的。其中，规定了企业承担违反合规管理的刑事责任的处罚标准，企业一旦面临违规，将面临高额的罚款，同时也规定如果企业事先制定了内控和违规行为的合规体系，即建立有效的合规机制，就可以适当的减轻处罚。上述规定实际在一定程度上激励美国的大企业主动地建立自己的合规管理措施，主动地采取措施开展合规管理。

第三部法律是《萨班斯法案》，2002 年美国证监会（SEC）（以下简称 SEC）公布的《萨班斯法案》。该部法律重要的是要求上市公司建立合规管理体系，在执法指南当中也同时规定，如果公司建立了完善的合规体系，也可以减免相应的责任和处罚。

此外由于美国的各大企业所处的行业不一样，商业行为的特征和差异都很大。所以其经营管理行为可能涉及各个范畴，包括完善的合规管理体系、相应的完善的财务的管理体系和内部的反腐败调查的体系。通过卡罗尔教授的介绍和对美国企业的考察，合规管理的范围还包括反垄断、反不正当更正、消费者权益、反洗钱、环境保护、知识产权保护、隐私保护，产品质量与安全、税务和防止性骚扰等多项内容。这些都应纳入合规管理体系的内涵当中。

2. 美国政府的合规案件执法力度近年来明显加强。

美国司法部针对企业的《海外反腐败法》的违法行为，截至目前已经开展了 274 次的执法调查活动。FCPA 的执法活动在 1977 年立法之后实际上一直处于比较低的执法频率。直到 2000 年左右开始逐渐增长，在 2006 年、2007 年时开始爆发，然后 2015 年开始逐渐又趋于缓和。由此看出《海外反腐败法》的执法活动，已经由越来越频繁进入到目前的常态化的情况。黄线和红线分别代表美国的司法部和美国证监会：美国证监会共开展了 186 次的调查活动，2014 年、2015 年和 2016 年上半年的三半年之间，关于《海外反腐败法》的罚金总额分别达到了 15. 66 亿美元、1. 33 亿美元和 5. 23 亿美元。可以看出，近三年是从多到少，然后又有所反弹的趋势。这个折线图实际上是斯坦福大学他们法学院专门针对《海外反腐败法》的研究成果。

演示图片当中的两个柱状图反映了 FCPA 的执法案件及罚款的数额。大家可以看到，罚款案件的数量和金额都呈现从量级较大到近期有所缓和的趋势。2016 年 1 月开始，美国最大的海外反腐败的案件是大众尾气门事件，其中涉及了全美 60 万辆汽车，最高有可能达到 180 亿美元的罚款。

　　除此之外需要特别引起关注的是，美国依据海外《反腐败法》开始调查的案件当中，涉及中国的案件越来越多。据统计，中国的涉案数约有41件，由此可知随着中国企业的跨国业务迅猛发展，同时也会涉及越来越多的反腐败调查。

　　3. 违规案件的调查手段也呈现出越来越多样性的趋势。

　　美国的政府获得企业违法线索的渠道非常多样，甚至采取主动调查的形式：包括美国的特勤处、联邦调查局等都会对海外反腐败案件开展调查和合作。美国的政府机构还会监控国外的一些报纸、利用互联网信息来获取相关的线索。美国政府也通过国际合作调查合规案件，例如，他们加入了透明国际、OECD等国际组织，通过国际组织相互沟通海外反腐败案件的线索。各个国家政府之间关于全球反腐败的合作也日渐增多。

　　另外一个调查渠道来自企业内部的举报。企业内部的举报，成为很重要的线索来源。按照有关的要求，美国的企业内部必须建立有效的合规体系，这就意味着必须建立企业内部的举报制度。如果公司员工认为企业某一级别的领导，或者同事有不合规的违法行为，可以通过公司设立的热线电话、邮件、信件，向合规部门提出举报，甚至可以直接报告给公司的董事会。

　　有关涉及合规的法令也规定，如果发现公司对于违规行为密而不报，不仅公司要面临巨额罚款，公司的主要负责人、负有管理责任而知情不报者都可能会受到刑事处罚。近期涉及采取刑事处罚的合规案件中，有25%的线索都是通过举报得到的。2010年美国出台《华尔街改革和消费者保护法》同时规定，一旦合规案件举报得到证实，举报者可以获得10%～30%的案件罚款作为对举报人的奖励。由此导致上述所说的25%案件都是来源于公司内部的举报，举报制度成为美国政府开展企业违规调查的重要手段。

　　例如，摩根士丹利在2012年4月建立了企业金融业务的内部合规制度规范，要求准确处理金融服务业务收入的会计账目，但是摩根士丹利的个别人员，并没有按照上述要求来处理这些账务。美国证监会对此开展调查后，美国司法部对负责的公司董事总经理提起一项刑事指控，指控其密谋逃避投资公司内部的会计控制。证监会同一天也起诉其违反了《海外反腐败法》下的反腐败和内部控制的规定，并且帮助和教唆他人违反 1940 年《投资顾问法》下的反欺诈条款。在上述指控的同时，两个部门都宣布不会起诉摩根士丹利公司，不会对该公司采取相应的处罚措施。原因就是因为摩根士丹利公司事先已经制定了防止支付不当款项的批准程序，而且开展多次足够的反腐败的培训，以及建立了相当完善的公司内部合规措施，建立并且保持了公司内部的控制力度，能够合理保证其员工不向政府官员行贿。说明公司内部已经建立了一整套完整的合规制度，因此只追究涉案的个别人员，而不对公司采取处罚措施。这个案件的情况被称为符合积极合规的豁免条件，从而免除了起诉摩根士丹利公司。上述积极合规的豁免条件，要求合规的执行主体主动积极地和监管机构沟通，必须采取更为积极主动的合规措施，借此来面对监管机构的调查，以及自我举报可能获得减轻和免除处罚，化解危机的目的。上述摩根士丹利的案例是从积极合规的角度一个非常经典的案件。

4. 关于《海外反腐败法》还规定了比较特殊的"长臂"管辖原则。

《海外反腐败法》的适用主体范围不只仅限对于在美国设立的美国企业有管辖权，同时包括在美国证券交易所挂牌交易的公司［中国企业通过美国存托凭证（ADR）在美交易股票也应受此限制］。美国国内监管的管辖对象包括美国公民、美国国民和在美的居民，包括主要商业地在美国，以及美国法项下的相应的机构。也就是说所有在美国境内所设立的商业机构，都是属于"长臂管辖"中所指的国内对象的范畴，包括公司股票的发行人和国内对象的代理人，以及上述公司中的企业人员；除此而外，还包括使用美国邮件系统和隶属于美国的相应通信工具者，都属于"长臂管辖"原则的适用范围。这就意味着美国的公民也好，还是美国的商业机构也好，不仅在美境内，甚至到海外仍然受到《海外反腐败法》的管辖，签订合同时用了美国的邮件系统，用了美国的商业工具，也同样适用"长臂管辖"的原则。

所以大多数国际贸易和交易都用美元进行交易，则可能因此很容易就落到了"长臂管辖"原则当中，想要逃避这个美国 FCPA 的管辖是非常难的。我们在美考察期间没有看到哪家公司不设立合规体系的，包括刚才所提及的在美设立的中资企业也都同样如此。100% 的美国上市公司，以及在美国设立的大型公司，都是要开展合规管理的体系建设，都要按照美国证监会（SEC）和美国司法部的要求建立合规体系。部分中小企业，由于内部成本控制的原因，它是聘用外部机构进行合规管理监控。

5. 合规管理与风险防范体系、内控管理的关系。

合规管理的最终目的都是要防范合规管理的风险，避免因没有遵守法律的规定、监管的规定，以及相应的规章制度和自律性组织制定的规则，而引发监管机构可能开出巨大金额的处罚，以及由此带来的损害公司的财务风险、商业声誉的风险。

合规管理与企业风险管理以及内控管理之间有怎样的区别？我们就此专门请教了卡罗尔教授：实际上它们都是对企业运行规则的管控，但是更多的内控规则是强调对于财务系统的监控，而不是对于公司全面的合规管理；同时二者都是合规管理的组成部分，制定实行合规管理制度也是为了防范风险，也有一系列的组织计划、程序方法，涉及经营管理的方方面面。

（二）美国大企业合规管理的特点

1. 企业领导对合规管理的高度重视。

美国大企业已经把合规管理作为公司治理的重要内容之一。首先在董事会层面，由董事会的风险和审计委员会来负责对公司的合规管理体系的建立、运行状况进行监管。对于重大合规事件和管理体系进行决议，服从（Compliance）是最关键的。

另外企业要求设立首席合规官（以下简称 CCO）。首席合规官可以有双层汇报的职能：一方面是直接向董事会汇报，直接汇报给公司的董事会风险和审计委员会；另一方面日常的合规管理情况向首席执行官汇报，同时首席执行官代表管理层亲自致函盖全体员工，来表明公司高层对于合规管理的一些态度。这是企业领导高度重视合规工作的最基本的特征表现，考察所到的每个公司都有董事会相应职责，都有管理层的首席执行官（以下简称CEO）的致函，都设立了相应的首席合规官，可见美国公司在合规管理领导方面高度重视。

2. 美国企业合规管理体系日益完善。

目前，美国大企业主要是建立了以三道防线、九项措施为主要内容的合规管理体系，其中三道防线理论跟国企反腐的三道防线很类似。三道防线中，企业的业务部门是防范违规风险的第一道防线；以合规管理部门、法律管理部门、财务部门等为防范合规风险的第二道防线，同时也是合规体系建设的责任单位；内部的审计部门是防范风险的第三道防线，监督公司整体的风险防范的有效性。

在量刑指南中提出了相应的几项措施：合规管理的标准和程序应当包括领导重视，从领导做起，没有人有特权不参加合规的教育培训，以及不被审查和监控，纪律约束机制和违规应对预防措施等。这部分是明确写在法令中的要求。

世界经济发展组织（OECD）和国际标准化组织（ISO），都制定了相应的企业合规指导文件或国际标准，这些文件中对于企业合规管理体系建设的关键点和精神实质是基本一致的。结合美国企业的最佳实践，应当主要有九个方面的要求，不同的组织和企业也有不同的要求，比如七步法。卡罗尔教授一再强调，不管几步法的理论，内容大都相同，都必须包括公司最高层的重视、建立合规机构和工作体系、风险评估、制定合规管理的政策和程序、对员工和第三方进行背景调查、开展合规培训、内审、监控测试以及报告、激励和约束机制，不断更新合规管理体系等九个方面入手。

3. 合规管理工作体系的相对成熟。

总的来看，美国大企业的管理体系有两种模式，一种叫作合并式，另一种叫作分立式。合并式是指合规管理体系与企业法务管理体系合并，即与企业内部的法律顾问体系是一体的。如像微软公司的法律合规团队，首先设立首席合规官，首席合规官除了直接向风险和审计委员会进行汇报以外，还向总法律顾问汇报，负责组织相应的职能分工，包括内部调查、推广设立合规体系，以及包括在中国、非洲，以及欧洲、德国等各个国家和地区派驻的合规管理团队，都直接向首席运营官（COO）汇报。合规管理部门和法务部门合属办公，首席合规官可由总法律顾问兼任，或单独设置首席合规官，但遇到合规问题也要向总法律顾问汇报。IBM 公司也是类似的管理体系。

分立式结构是指合规管理部门和法务部门分别设立，合规部门是一级机构。首席合规官是企业的高级管理人员，独立向 CEO 和董事会汇报。美国绝大多数金融企业和一些合规管理严格的企业通常采用这种模式，如辉瑞制药公司就是如此。辉瑞制药的 CCO 除了向董事会和 CEO 汇报外，在管理层方面还设立了高级管理委员会，由其管理公司的合规团队。可见辉瑞制药公司的模式与微软、IBM 的模式还是有一定的差别的。

经询问美国其他的大企业，比较上述两种模式，几乎所有的答案都是要符合公司自己的实际。另外卡罗尔教授认为，刚刚开始组建合规团队的时候，与企业的法务的团队合并设立是较好的切入方式，发展到一定的程度可以逐渐地走向分立的模式。

4. 有效合规管理发挥的内部监督作用。

公司生产运营的各个环节都要进行全面的合规监督，不仅包括个案的合规事件处理，也包括对于公司整体制度的缺陷进行管理，以短弥补板和持续更新。为了保证公司合规管理体系实施的效果，大多数公司都将合规管理的要求纳入了全员绩效考核。同时设立举报电话，例如 IBM 公司专门开发了合规管理的手机 APP，把各项合规管理要求，甚至培训的课程都放在员工的手机终端上，安卓和苹果的终端均可下载。每个人都可以通过应用软件完成关于合规的培训和相应的管理任务。另外，也可以通过信函的方式开展内部调查。

内部调查模式大体有两种方式：一种是聘请第三方机构；另一种是自己通过建设内部调查的信息管理系统来开展调查。公司自己建设一套内部调查的团队，同时需要保护相应举报人的利益。一定程度上，聘请第三方机构除了减低相应的成本以外，另外的作用就是可以削弱对于举报人背景的了解，因为第三方不了解公司内部人的背景，举报信息相对会得到公正的处理，保障合规系统独立性地如实反映举报信息。

IBM 和微软公司，由于公司本身涉足 IT 行业，都设立了强大的信息管理系统，专门开发了信息系统进行合规的监督、沟通和培训。微软公司还通过大数据分析的方式，对于合规体系的特征开展数据挖掘和分析，提取相应的违规线索。这也被认为是非常有益的实践探索和尝试。

5. 合规的管理要求向外延伸。

为了确保合规管理的效果，形成健康的竞争环境，越来越多的美国大企业开始对公司的产品和服务的价值链上下游的企业提出了合规要求。也就是说不仅仅要求自身建立起这样一个合规要求，要求我们的供应链，包括企业的下游企业、上游企业，一起建立起联动的合规机制，以保证公司运营全过程中保证合规措施的有效实施。

比如，将企业的供应商和分销商分别对应企业的合规管理的准则，形成一致的供应商的选择标准。再如将合规管理的规则、要求以及处罚措施列入双方的商业合同的合规条款。另外，建立与第三方合作调查机制，保障双方合规调查时能得到对方有效的配合。开展供应商的年度合规总结，同时加强对公司重点业务和主要供应商的监控，尤其是公司大的供应商。现在已经形成可持续发展的行业环境，也成为美国公司共同追求的目标。

6. 积极打造合规文化。

合规文化，随着市场环境的日趋完善，美国大企业的合规管理，已经从适应外部法律的压力而被动开展，逐渐成为企业的一种自觉行为，深深根植于企业的文化土壤中。比如辉瑞制药公司的文化是从公司的使命，公司的愿景、战略架构中专门建立，企业合规文化诚信就是责任、信誉、坦诚、实力和可靠，并通过不断的培训和全员讨论（包括管理层、基层的员工以及各层级的管理人员），总结归纳成诚信的含义。由于合规文化已经形成了辉瑞公司全体员工的共识，使得在合规规范和制度遵守的过程中，也可以得到更为有效的遵守。

微软公司提出的是基于诚信而运营的软件企业，IBM 公司提出诚信负责，是核心价值观的重要内容。持续不断地培育企业合规文化，通过年度培训和持续不断的短期培训和宣传，确保每一位员工都能树立强烈的合规意识。该合规意识是每位员工在工作过程当中，分别做了很多的道具。例如，像鼠标垫、眼镜布、圆珠笔等。每一个物料，每一个宣传品上面都印上了诚信是什么，都印上了自己公司的合规文化所以这样的培训深入人心。打造企业文化成为合规体系建设过程当中必不可少的组成部分。

（三）美国大企业合规管理的发展趋势

2015 年 11 月，美国司法部专门设立了合规官的职位，邀请原来在微软公司就职的陈慧女士担任该职，她以其丰富的合规管理的经验判断合规调查案件中哪些合规，哪些不合规。同时有关部门也进一步强化了对于企业完善合规管理的鼓励政策。2016 年 4 月美国司法部出台了美国《海外反腐败法》执法计划和指引，宣布从 4 月 5 日开始实施为期一年的执法试验计划。该项计划的核心就是要鼓励企业主动向执法机构报告自己的违法行为，积极改善企业的合规管理现状和制度。如果公司满足了上述条件，司法部将减轻对公司的处罚。与此同时，在美国监管机构的示范和倡导之下，合规管理逐渐走向国际化。特别是金融危机以后，全球共同推动合规管理的趋势进一步加强。美国的证监会等外部监管机构仍在致力完善企业合规管理体系，也不断推出减轻处罚的红利。

由此企业普遍认识到，加强合规管理是规范企业依法经营的重要手段，更是企业避免被处罚的防火墙，所以主动建立符合本企业实际的合规管理体系，使之从外部压力转化为内生需求。

从专项的合规逐渐转向全面的合规。合规监管范围的不断拓展，也使美国大企业逐渐扩大了合规管理的外延。从早期的 FCPA 的专项合规，逐渐向业务合规、全面合规进行转变。例如，金融企业 2012 年巴塞尔协议颁布以后，美国金融企业开始要求从法律法规、内部规章制度、行业准则和道德规范的视角进行全面合规管理，这个趋势逐步从金融企业开始蔓延到非金融企业。我们中国的金融企业在合规管理方面，由于巴塞尔协议的执行也取得了很多的经验。

大数据和信息化逐渐成为合规管理重要的管理手段。在严格的合规监管的形势下，美国大企业纷纷开始运用大数据和信息化的手段加强合规管理。

二、中央企业合规管理对比分析

当前中央企业开展了全面风险管理、内控体系建设、社会责任等与合规管理密切相关的工作，还有不少企业已经开始探索开展了合规管理，例如中国移动、中国石油、中国中铁等都明确了法律部门的合规管理职能。中国石油、招商局集团等中央企业也都专门制定了一系列统一的合规管理规则。中国铁建开通了合规管理的信息系统。从整体上看，这些工作都是非常有益的合规管理的探索和尝试，也是贯彻落实国资委央企法治工作会精神，落实关于努力推进一个升级，两个融合，三个转变，力争实现五个突破的总体要求。对比此次考察的情况，和美国大企业合规管理做如下比较分析。

第一，在合规管理方面，国务院国资委提出中央企业法律管理应当以防范风险为主，向风险防范合规管理的法律监督一体化转变，同时要求中央企业合规管理保障依法合规经营方面实现新突破。对照美国企业来看，从整体上我们中央企业合规管理仍然处于一个起步的阶段，与美国的合规企业管理现状比较来看，可能还有三个方面需要进一步提升：

在系统性方面，我们的工作还需要进一步提升相应的系统性统一规划。美国大企业开展合规管理具有很强的计划性和全面性，是从上到下布置的，覆盖了经营管理的各个领域和各个层级。但目前中央企业开展合规管理在统一规划方面还缺少经验，例如，除了法务部门以外，合规管理职能还需要内审、财务、人力相互分担；比如合规调查，目前还包括纪检监察部门的职能。容易造成重复性职能和部分工作分工不到位导致真空地带的现象并存。有些职能可能各个部门中重复，但个别工作任务也仍然有空白点。

因为合规管理对象是公司的制度、公司的行为，并不只针对公司内的员工。所以对于员工本人的行为，纪检监察部门目前的工作已经做得非常好了，但对于公司本身的行为可能还缺少相应的规范。

第二，可能缺乏相应的组织性。为了确保合规管理的深入推进，美国大企业都明确规定了合规管理机构，重要的经营区域和子企业也相应地设置了机构和人员。按照之前所述的"长臂管辖"原则，不管企业设到哪个国家和地区，合规管理都是必须同步。当前中国国内企业正在开展大众创业、万众创新，以及探索"走出去"，是不是与此同时已经配套建设了合规管理的组织架构？是否能与快速发展的业务系统拓展相适应？还值得深入考虑和逐步健全。绝大部分的企业还没有建立自上而下的全面贯通的合规组织架构，也缺少相应专业的合规管理人员，可能导致合规管理因无人负责成为空白地带。

第三，可能在有效性方面。卡罗尔教授专门强调合规管理体系的"有效性"，甚至和我们学会了中文的"有效性"一词的发音。美国的大企业开展合规管理手段的内容丰富多样，不仅有强制性的全员合规预防教育举报系统、案件调查，还有针对员工绩效考核的合规评估，以及对管理制度合规审查等各项措施，来确保合规管理的有效性。中央企业目前虽然已经走上了开展合规管理的实践道路，但仍往往缺乏管理手段，针对性和有效性还有待于进一步加强。

随着中央企业的市场化、国际化程度的不断提高，尽快开展合规管理体系建设，强化企业的合规管理，已经成为当前中央企业面临的一项重要任务。

1. 加强合规管理是贯彻落实全面依法治国战略的客观要求。

党的十八届四中全会提出全面依法治国的重大战略部署，习总书记强调要把全面依法治国放在"四个全面"战略布局中来把握。截至目前，中央深改组已经召开的28次会议当中，有20次涉及了法治，充分体现了中央对于法治建设的高度重视。中央企业是国民经济的重要支柱，也是全面落实依法治国的重要主体，应当在全面依法治国过程当中发挥表率作用。这就要求中央企业必须把依法治企作为企业经营管理的基本准则，建立健全合规管理体系，来确保企业的每一项经营行为依法合规，努力打造法治央企。

2. 加强合规管理是强化反腐倡廉、建立廉洁企业的重要举措。

党的十八大以来，中央企业按照中央的部署，不断加大反腐倡廉的力度，积极查处违法违纪案件，取得了明显成效，与此同时也仍然存在一些需要进一步解决的问题。比如，企业内的失职渎职、贪污贿赂的案件时有发生、反腐的长效机制有待完善、反腐倡廉的任务仍然艰巨。通过这次培训我们深刻感受到，美国大企业的合规管理无一例外，都将廉洁诚信、反腐拒腐作为重要内容；同时将廉洁诚信与企业文化、道德要求等高度融合，将其作为全体员工，乃至于第三方的行为准则。通过确保上到高层领导，下到普通员工，乃至于合作的第三方，都来遵守廉洁诚信的合规要求，以实现建设廉洁企业，降低系统性腐败的目的。

从效果上看，美国大企业通过开展合规管理，在建设廉洁企业方面取得了比较好的效果。企业涉及腐败的风险大幅度下降。因此加强合规管理，对中央企业强化反腐倡廉，树立良好形象，打造阳光企业具有十分重要的借鉴意义。

3. 加强合规管理是中央企业开展国际化经营的必然要求。

招商局介绍"走出去"当中的经验非常值得各个央企来进行借鉴，近年来中央企业走出去步伐不断加快，境外的资产总额快速增长。截止到2016年初央企境外资产达到5.1万亿元，在150多个国家和地区设立了8500多家分支机构，但是设立的机构越多，投出去的资金越多，我们的违规风险也会随之与日俱增。

因此业务的发展带来的可能是"双刃剑"。一方面，近年来无论是美欧发达国家，还是巴西等发展中国家纷纷加大了对跨国企业在反腐败、反洗钱和反垄断、环境保护等方面的监管力度，处罚金额也越来越大。国际知名企业因为违规受到巨额处罚的事件屡见不鲜，处罚的金额也越来越大。另一方面，由于中央企业还没有全面地建立起合规的管理体系，难以有效约束我们自己企业的行为，由此引发的违规风险不容忽视。

根据世界银行公布的名单显示，截至 2015 年 9 月，已经包括中央企业在内的 22 家国有企业，因发生违规事件被列入禁止承接世界银行资助项目的黑名单，占全国被列入该黑名单企业的 58%。也有的中央企业因为涉嫌存在违规行为，被外国政府调查和起诉。因此中央企业"走出去"必须高度重视合规管理工作，尽快建立与我们"走出去"步伐相互同步建设的合规管理体系，才能有效防范国际化经营当中的违规风险，确保企业走得稳、走得远。

4. 加强合规管理是中央企业提升公司治理水平、实现可持续发展的内在要求。

当前中央企业正处于深化改革的关键时期，其中一项重要任务就是建立现代企业制度，提升经营管理水平，增强企业的核心竞争力，做大做强做优中央企业。近期国务院专门出台了《关于建立国有企业违规经营投资责任追究制度的意见》，要求国有企业经营管理必须依法合规，切实维护国有资产安全，防止国有资产流失。加强合规管理将进一步规范中央企业的经营管理行为，确保企业各项活动限制在法律法规、社会公德以及企业内部规章制度的范围内，大力提升企业依法经营的管理水平。

5. 开展合规培训，强化合规理念，规范员工行为，有效降低企业因违规行为而面临的法律风险，确保中央企业的积极健康、持续发展。

三、开展中央企业合规管理的必要性

通过这次的培训考察，我们深切感受到强化企业合规管理已经成为国际大企业加强内部管理，提升治理水平的一项重要管理活动，地位越来越重要。中央企业的市场化国际化程度不断提高，面临的监管就越来越严格，强化合规管理是大势所趋，不可避免。中央企业越早建立合规

管理体系，就能够越早地构筑起防范违规风险的坚实壁垒，越好地适应目前各国政府对于企业加强监管的发展方向，更好地维护我们国家国有资产的安全，促进企业健康持续发展。

1. 开展系统有效的合规管理体系建设。

美国大企业的合规管理虽然起步于 20 世纪 70 年代，但是系统有效的合规管理体系建设，也仅为近 10 年的时间内开展的。主要是因为监管部门先后出台了一系列强化企业合规管理的法律法规，也加大了执法力度。从国内看，之所以金融行业开展合规管理比较早，也是在全球的金融管理的浪潮推动下，对资金安全也更为重要。所以国资委近期也提出了加快中央企业合规管理顶层设计和指导，我们建议国资委需要进一步加强央企合规管理工作的顶层设计和指导推动。

例如，开展中央企业合规管理的体系试点。在今年已经开展的五家央企合规管理试点成果的基础上，深入总结试点经验，尽快牵头起草中央企业合规管理体系指引。对于合规管理的内容、机构、职责、手段等进行规范，让央企合规团队能够看得见、摸得着，形成一套成熟的中央企业建设合规体系的方法、理论。

同时建议鼓励同行业的企业联合研究制定具有行业特点的合规管理指南，因为每一个行业特点不同，有能源、有军工、有服务业等，各个行业特点不一样。结合每个行业不同的特点，需要制定分行业的管理指南。

另外，可以由国资委指导推动分批次的建设合规管理体系。建设与企业经营范围、组织结构、业务规模、行业特征相适应的合规体系，争取到 2020 年推动中央企业普遍建立覆盖全面、科学有效、严谨规范的合规管理体系，使中央企业的管理水平能够达到世界的先进水平。这是我们建议的理想目标。

2. 构建有效合规管理组织体系。

从美国大企业的实践上来看，绝大多数美国大企业设置了首席合规官统领企业的合规管理工作，也设立了专门负责合规管理工作的机构，配备了相关的人员。在全球主要的市场，重要的子企业同步设立了机构和人员，来确保合规管理体系的全面覆盖，不留死角。经过国务院国资委的大力推动，在推动企业法律顾问制度方面进行了积极的探索。中共中央办公厅和国务院办公厅也专门联合发文，出台《关于推行法律顾问制度和公职律师公司律师制度的意见》，明确了企业法律顾问负有组织开展合规管理的重要职能。

因此建立有效的构建有效的合规管理体系，从公司治理层面，明确董事会审计与风险管理委员会成为企业合规管理的最高决策机构；从管理层方面，设立由总经理牵头的合规管理委员会，研究明确合规政策制度，组织协调处理重大合规管理问题；从执行层方面，明确总法律顾问兼任首席合规官，统筹负责合规管理制度的落实和执行，成立或改组相应的法律部，配备专业的合规管理人员，具体承担合规管理职能。由法律合规部门牵头，相关部门在职责范围内开展合规管理的协同联动工作机制。

3. 关于制定完善的合规管理制度。

从美国大企业的经验上来看，合规管理制度是比较健全的，涵盖了合规管理的方方面面，一般包括合规的管理办法，员工的行为守则，合规的管理操作指南，合规的培训手册。形成了从高层到基层，从业务一线到后台全方位的制度约束和监管机制。制定如此完善的合规管理制度，体现出企业关于合规的最高要求。

合规的管理制度应当结合本企业所处的行业、业务范围等，制定统一的合规管理办法。从员工的层面，将管理准则和要求以制度的形式予以固化，转化为全体员工经营活动所遵行的行为准则和规范。

4. 加强对于违规行为的责任追究。

从美国大企业的合规经验上来看，非常强调对于违规行为的调查和处理，通过设立举报热线、网站，鼓励员工对于违规行为进行举报。第一时间发现违规事件要向监管部门汇报，国企的违规经营问责制度也已经出台了，要求全面覆盖各级履行出资人职责的机构和国有企业的责任，追究工作体系，形成职责明确，流程清晰，规范有序的责任追究机制，对于责任人及时追究问责。因此与之相适应建立合规责任追究体系，由法律部门作为牵头部门，研究制定合规举报政策违规的风险识别和评估，开展相应的违规调查，提出相应的问责方案；其他的部门要协助开展调查，特别是人力部门，要对违规人员进行责任认定和追究；业务部门主要是要配合开展自查，同时加强管控，因为业务部门是第一道防线。

5. 开展科学的管理考核。

从美国大企业的经验上来看，完善的合规管理体系当中大都规定，主动调查违规行为向监管部门汇报可以适当的免责。为保障合规管理体系高效运行，美国大企业都建立了完善的考核体系，对下级企业的合规管理情况开展考核，成为企业管理人员的重要目标。由此建议国资委将中央企业合规管理情况纳入绩效考核指标体系，建议在有关的企业开展责任追究的过程中，将中央企业是否按照国资委的要求建立了有效的合规管理体系，作为企业主要领导人减轻责任的一个重要考量因素。这是借鉴美国大企业的积极合规的经验来考虑的。

同时，也应鼓励中央企业将合规管理的有效性纳入对高级管理人员考核，以及对各个职能部门和员工的绩效考核范畴，达到全面考核的效果。

6. 着力培育合规文化。

根据美国大企业的经验，非常重视合规文化的建设。这是合规管理开展的基础性工作，力争使合规融入每一位员工的工作理念，使行为合规作为一种自觉。从根本上来确保企业不出现违规风险，就是要从公司高层着力地重视合规文化建设，倡导合规理念，建立合规培训和教育制度，将合规培训纳入企业常规的培训项目，带动共建诚信合规、依法经营的健康环境。

美国通用电气公司法律顾问
制度与合规管理体系建设

美国通用电气公司全球副总裁、
兼大中华区总法律顾问　刘凤鸣

一、美国通用电气公司简介

　　大家对美国通用电气公司（以下简称 GE）或多或少都有所了解：从事航空工作的，肯定知道通用电气的飞机发动机；而从事医疗工作的都熟悉 GE 的影像诊断设备；能源领域的朋友则十分清楚 GE 发电设备的能力。不过 GE 是一家不断改变不断创新的企业，所以，有必要向大家汇报一下公司近期的变化。

　　简而言之，GE 是个多元化的企业。全球 40% 的电力来源于 GE 制造的发电设备；每两秒钟，就有一架装有 GE 发动机的飞机起飞。GE 的照明业务从爱迪生时代就有了。有着百年历史的 GE 家电业务去年卖给了海尔。相信在座的来自金融行业的同仁们会知道，通用电气的金融板块曾经是全球最大的非银行金融机构。过去两年，公司已将金融板块绝大部分资产剥离出去（三千多亿美元资产剥离了两亿多），以便回归制造业。剥离金融资产的同时，GE 做了几件大事：首先在 2016 年完成了法国阿尔斯通电力公司的收购，阿尔斯通的并购使通用电气在能源领域拥有了全产业链的结构；2016 年底又收购了能源领域的油服公司 Baker Hughes（贝克休斯）；最近 GE 公司又成立了一个全新的数字化板块集团，专注数字化业务。我们目前的战略定位是将 GE 打造成一个世界领先的数字化工业公司。

公司全球共有 33 万员工，遍布世界 180 多个国家和地区。2016 年公司的业务收入近 1200 亿美元。

如图 1 所示，公司目前有十大业务板块，包括两个横向的业务板块：工业板块的融资业务和刚提到的数字化业务集团。

图 1　公司业务结构图

值得一提的是这两年我们常讲的 GE Store，翻译成 GE 商店。不少人问 GE 这么多业务板块，为什么不分成独立的上市公司呢？是什么将这些看似相对独立的业务集团联系在一起呢？答案是，GE 商店的组成部分，即，GE 全球研发中心，GE 的全球区域性组织（GGO）、GE 统一的运营机制和企业文化。各个业务板块都从 GE 商店获益，同时又向 GE 商店做出各自贡献。GE 在中国的业务可以追溯到 1908 年的沈阳灯泡厂。目前，GE 的十大业务板块在华均有业务，拥有 22000 多名中国员工和 50 多家独资、合资和研发机构。GE 2016 年在华获得工业订单近

80亿美元。此外，还有50多亿美元的在华采购业务。

GE在中国的三大战略：

1. 全面本土化：生产制造、研发、销售、市场、服务全方位本土化。

2. 全球合作伙伴：我们致力于和中国领先的企业合作，不仅在中国市场合作，而且注重共同开发第三方市场，助力中国企业走向全球。举个例子，GE与中航工业平股成立了合资公司，昂际航电，为中国大飞机项目C919提供航空电子系统设备。我们还希望有机会与中国其他领先企业合作合资，共同开发国内和国际市场。

3. 全球数字化：我们的目标是把GE打造成为一个世界领先的数字化工业公司。作为公司数字化战略的重要部分，2016年7月，我们在上海总部基地投资建立了美国之外第一家数字创新坊，这是GE版的众创中心。2016年底克强总理到公司视察时高度赞赏了GE的创新模式和GE与中国企业合作共同走向第三方市场的做法。

二、美国通用电气公司的法律顾问制度

我想先谈谈美国公司法律顾问制度：公司法律顾问的地位、职责、组织模式及其历史演变。

（一）法律顾问的地位

公司法律顾问或总法律顾问（以下简称总法）的地位其实并不完全由其头衔而定，而是指他们在企业里的影响力和受尊重的程度。

我认为，影响公司法律顾问地位的因素是多方面的。公司在不同的发展阶段，其总法和法律顾问的地位也会发生变化；不同的行业，或处在同一行业的不同产业链上的企业，其法务人员在本企业的地位及所起的作用也不尽相同。但总的来说，一个公司的总法律顾问和其他法务人员的地位主要取决于两个方面：一是总法和法务人员自身的能力或者说是内在因素；二是外在因素。内在因素是首要的：包括教育程度、从业

经验、为人和职业操守，以及沟通能力，特别是你在公司重大决策过程中能否为公司领导提供有价值的咨询意见。这些都将影响总法和法律顾问人员在企业和领导心目中的地位。当然，外在因素也是重要的。外在因素包括你所处的政治文化环境、法务人员的整体社会地位、企业所有制性质等，都对总法和法务人员在企业内部的地位有重要影响。

总的来说，美资公司总法律顾问和法律部的地位普遍是比较高的，这主要得益于美国律师在美国相对高的社会地位。特别是美资大型企业，法律主管地位都很高。如果大家看看一家美国大型上市公司年报，你就会发现，公司前五位收入最高的主管大多会有一位总法律顾问。

这和美国特殊的政治法律和文化环境有关。在美国，有些特定的事宜属于法律部特定职责，比如，只有律师和企业人员之间才享有律师和客户特权，受法律保护。也就是说，律师有他的不可替代性。不过这些只是导致法律部享有较高地位的因素之一，其他因素包括偶然因素也会起作用。拿我服务过的微软公司来说，公司总法和法务部门在公司拥有很高的地位或者说比较强势。这除了律师在美国社会的总体地位较高外，还有两个原因：首先，第一任总法律顾问比尔原是盖茨父亲的法律合伙人，换句话，总法是盖茨的长辈。盖茨对他自然是礼让三分，这直接影响了公司其他人员对总法和法律部的态度。其次，我常说微软是一个法律密集型企业。因为微软实质上主要做两件事：一是软件工程师们创造知识产权；二是律师们将知识产权授权出去。这一特性也就决定了总法律顾问和法律部在微软公司的特殊地位。

（二）历史演变

美国公司法律部的地位其实也是有个演变过程的。20世纪80年代是个分水岭。之前，美国公司法务部的地位要比现在低，法律部门也不如现在这么大，所负责的工作也没有现在这么广。法律部往往隶属于公司某个行政部门，如总裁办、财务部等。那时，公司律师的主要职责是帮助企业高管和外部律师沟通，不需要特别多的内部律师来完成这项工作，总法律顾问的地位也相对偏低。80年代后开始发生了较大的变化。

在这方面，美国有许多论述。有些人认为通用电气在这个领域起了个领头羊作用。GE 的前总法律顾问本·海涅曼先生是这方面的先行者。海涅曼先生现在哈佛法学院专门从事法律职业的研究。从他开始，GE 公司雇用律师一般不从学校直接聘用，而是从外部律师事务所聘用有经验和社会影响的高级合伙人，做法律部的高管；这些高管再高薪聘请法律部各个领域的负责人，从而实现法务人才的良性循环。这样公司法律人员在公司内部的地位也就慢慢地建立起来了。

大家会问为什么 20 世纪 80 年代会发生这些变化？我想可能有以下这些大背景：

业务的多元化和全球化——使法律部门所面临的问题也变得多元化；技术的进步，新领域的产生也使法律问题变得复杂化了；交易的复杂程度提高，以及业务的重复性使得内部的律师和总法的职责发生了变化，而且，在这种情况下，多雇用内部律师也更经济。

（三）法律顾问的职责

估计各个企业总法和法律部门的职责和大家所在的企业相差不大，至少有不少相似的地方。对于大型美国企业总法律顾问的职责而言，商业谈判及合同审查只是其关注领域的一小部分。总法律顾问的职责还包括公司战略的制定和执行，公司合规文化的建立和实施，公共政策立场的选择，诉讼和争议纠纷的处理，政府关系的建立和维系，以及其他特殊专业领域事务的掌控，如并购、反垄断、知识产权的保护等。公司总法律顾问也是公司信誉的维护者。事实上，在公司决策过程中，几乎所有的重大决策都有总法律顾问和法务人员的参与。值得一提的是，近年来，总法律顾问越来越多地承担了企业社会责任的工作，越来越多地涉入了非传统法律事务之中，这特别表现在对外事务方面。比如，微软法律部名称现在是：CELA—Corporate, External & Legal Affairs；而通用电气法律部的名称目前是：GLP—Global Law & Policy。这从侧面也反映了公司法律部职责的演变。

（四）法律部的结构

法律部的结构：总体来说有三种形式，第一种是垂直的关系，第二种是一种业务形式或者称为区域性的平衡的汇报关系，比如在中国所有的律师向中国的总法律顾问汇报，第三种是介于两者之间的，矩阵式的法律结构。选取哪种方式可能要根据不同的因素决定，可参考的因素有相关业务的相似性和关联程度。垂直的模式可能更容易达到某种特定的目的，减少沟通障碍。相似业务集团，由同一法律团队提供支持可能会节省成本，提高工作效率，从而减少相互沟通的成本。比如微软公司就是相对垂直的法律结构。我在微软时，中国的法律团队一直是直接向总部实线汇报，部门的预算也是由总部法律部直接提供的。

通用电气的法务部构成：GE 的法务团队由全球 1100 多名律师构成，800 多名法务和合规人员，600 位诚信疑虑受理人（非律师），140 位政府关系顾问。政府关系顾问由法务部管理，这在美资企业中很常见。GE 法务部还负责一些其他特殊的业务领域，比如 EHS（简称，代表环境、健康和安全）。我们的法律顾问团队被美国最有影响力的杂志"National Law Journal"评为百名最有影响的企业法律顾问，公司的领导力也受到多方面的关注。GE 的法律部曾经一度被认为是全美国最大的公司企业内部的法律部。

通用电气的法律部结构一直在发生变化，目前的形式是矩阵式结构，是个既有纵向也有横向的要素：比如，业务集团的总法律顾问是向业务集团的 CEO 汇报，而业务集团的分支机构的总法律顾问又向业务部门的总法律顾问汇报。而横跨业务集团的区域性总部的总法却又向区域的 CEO 直线汇报。所以，GE 的法律部门是个纵横交错的矩阵式机构。这与垂直结构相比，有利有弊，但最终的决定某种结构是否有效还是取决于人的因素。

三、美国通用电气公司的合规体系

GE 这样一家名副其实的"百年航母"，之所以能够做到基业长青，其所依靠的不仅是不断进取的创新技术、卓越有效的管理运作，以及与时俱进的战略决策，更依赖的是深植于企业文化根基的"合规经营"的理念。通用电气曾连续七次被国际知名智库"道德界"（Ethisphere）评选为"全球最具商业道德企业"。诚信与合规，作为通用电气的品牌内涵和企业文化，实实在在地贯彻于商业运营的每一个角落。通用电气坚持在实践中不断完善合规制度，持续引入创新合规理念，不仅为公司取得持续的商业成功保驾护航，也为现代企业商业道德标准的建立与形成做出了贡献。

（一）合规政策体系

正如同治国需有法可依，企业治理也需要完善统一的内部政策和制度作为其合规实践的基础。多年以来，通用电气形成了一整套成熟的合规政策体系，包括合规总纲《通用电气行为准则》（The Spirit and The Letter）和针对不同风险领域制定的实施细则，如不当支付、供应商关系、国际贸易合规、反洗钱、与政府部门交往、竞争法、公平雇用机会、环保健康与安全、保证全球运营、知识产权、网络安全和隐私、财务控制、利益冲突、内幕交易与泄露股票内幕信息等，以及与上述实施细则相对应的指南和流程。

《通用电气行为准则》（下文简称《准则》），作为合规管理的纲领性文件，是通用电气员工日常工作中最基本的执业准则。它帮助公司甄别重要的风险领域，设定了全体员工都必须承诺遵守的政策与标准。准则以简明易懂的语言，为工作中可能会遇到的高风险情况提供了一般的行为依据，明确了遵纪守法的具体要求，可以说是一份全面行为参考。该准则适用于通用电气员工和代表，以及顾问、代理、销售代表、经销商和独立承包商等相关第三方。准则要求，员工所有的行为和往来均应保持诚实、公正和可信；遵守在全球范围内所有适用于业务的法律和法规；履行提出诚信疑虑的义务，报告有关遵守法律、政策和准则的疑虑。准则更是明确提出，有效的合规是一种竞争优势，要求以一种更具竞争力的方式来运行公司——强调速度、责任与合规。新员工在入职时会收到该份准则并参加 2 小时的相关合规培训；合规部门每年也会针对准则内容，对新员工进行普及和再教育。

（二）合规组织构架

鉴于庞大的运营规模与多元化的业务，为确保合规工作能顺利有效展开，通用电气多年来形成了公司总部合规团队—区域合规团队、总公司合规团队—业务集团合规团队构架。具体来说，包括以下几个方面：

1. 纵向的交流和管理——年度合规审查。

从全球的组织构架来看，通用电气的合规团队，按照区域划分成若干个地区，统一向美国总部的合规部门汇报。作为全球合规团队的年度大事件之一，美国总部合规部门每年均会在这些地区的合规团队中开展年度合规审查。

在年度合规审查会议上，美国总部合规团队与地区合规团队一起，对过去一年所发生的合规案例进行分析，及时把握当地合规风险的变化；对上一年度合规审查中发现的问题进行回顾，确认与肯定一年来针对关键问题的处理以及所取得的进步与改善；对地方合规团队需要改进的方面进行记录并制订改进方案便于对相关问题进行追踪；通过对该区域内所展现的合规热点问题开展头脑风暴，来获取一些在政策层面与操作层面都积极有益的建设性方案。

2. 横向合作——中国合规部门构架。

通用电气涵盖业务领域广泛，每一个业务集团都有其独特的经营模式以及相应的合规风险。在这样的背景下，仅有一支隶属于地区公司总部的合规团队显然是远远不够的。通过多年的实践，为了避免与实际业务脱节，也为了加强可操作性，通用电气在各个地区逐渐形成了"中央"与"地方"两套合规班底。

　　以在中国的合规架构为例，通用电气中国总公司合规团队，直接向美国总部合规团队汇报工作，负责贯彻美国总部的合规要求，制定适用于通用电气中国所有实体的合规政策，总体安排全年培训，负责处理总公司员工发生的合规问题等。"中央"与"地方"两支团队定期举行会议，交流互换相关的工作内容。"中央"团队负责制定总体策略，传递美国总部最新政策消息，为"地方"团队的合规政策制定、合规案件调查等提供意见和支持；"地方"团队将本业务集团所发生的实践经验等反馈给"中央"，彼此进行广泛探讨，深入研究得失。

　　3. 诚信疑虑受理人。

　　在通用电气，广义的合规团队不仅由合规专业人员构成，也吸纳了来自公司其他部门中与合规工作有关的工作人员。具体而言，包括财务人员、审计人员，以及诚信疑虑受理人等。这其中最为有特色的莫过于诚信疑虑受理人制度。该项制度起始于 20 世纪 80 年代：在工作年限较长，有资历和威望，诚实稳重，且极受同事信任和尊重的员工中选拔并培训人选来担任诚信疑虑受理人。经过约 30 年的发展，目前全球各个业务集团和平台共有约 500 位诚信疑虑受理人，其中有近 60 位在中国。他们定期与合规团队联系合作，并将受理的案件向合规团队汇报。诚信疑虑受理人既是代表也是媒介，遍布全球各个业务集团和不同工作地点，是任何员工觉得需要提出诚信疑虑时可以随时提供帮助的人。

　　4. 公司审计部门。

　　在合规工作中扮演重要角色的另外一个部门是公司审计部门。不同于其他审计人员，公司审计部门直接向董事会下属的审计委员会汇报，在通用电气全球不同公司之间进行轮岗，与当地的合规部门、财务部门密切合作，抽查并审计相关的财务以及合规状况。这样一支团队，可以说是通用电气董事会的眼睛和耳朵，可以直接地获得全球各地合规业务的第一手资料，不但杜绝了个别地方可能会发生的对合规问题的隐瞒，更从一个侧面体现了通用电气的领导层对合规工作的重视。

　　（三）宣传与预防

　　良好的合规组织构架和完善的合规政策体系固然重要，但若想起到预期的效果，就必须重视合规意识的培育。生动活泼的宣传，可以将刻板的合规文字转化为润物细无声的合规文化和理念，逐渐融入全体员工的日常工作中。

1. 定期培训和宣传。

通用电气合规团队每年都会制订一整套合规培训计划，包括：新员工培训、预防不当支付培训、知识产权保护培训、竞争法培训等。培训的内容根据受众的业务部门、工作内容而有所偏重。对于风险相对更大的领域，如不当支付，其配套的培训会全年滚动开展十余次，员工可依照自己的工作地点和时间，灵活选择合适的场次参加。对于普及面更广的知识产权保护领域，培训更是多达近两百场。除此之外，特殊岗位的员工还需要根据其工作内容和特点参加特别开设的专门课程。除合规培训这类强制要求参加的培训课程，合规团队还精心制作了一系列视频教程，全年在公司滚动播出，使员工在工作与休息的每时每刻，点点滴滴地将合规意识融于心间。

针对管理层，合规团队特别制作了《领导诚信指南》，为他们提供了更多关于开展成功合规项目，构建合规文化具体步骤的参考。业务集团定期开展的合规培训活动也帮助管理者更深刻地了解政策和自身所承担的重要诚信责任。

2. 诚信周。

诚信周，作为另一个重要的合规宣传手段，是由合规团队组织的、每年一次全体员工参与的合规大事。在这一周内，公司会集中张贴各种与合规政策、流程相关的海报，通过邮件发送管理层的合规贴士，借助微信等平台推送合规漫画，组织圆桌讨论会探讨合规案例等。员工也可以通过在线合规问答等活动。通过诚信周丰富多彩的活动，员工们可以更加深入地了解合规政策，深化合规意识，使刻板的合规政策以一种生动活泼的形式贴近员工，融入员工的思想之中。

3. 领导层参与。

在通用电气，提到合规宣传，不得不提的就是管理层的参与。近年来，很多商业贿赂大案最终都追究到管理层的疏漏、纵容，更有甚者其本身都难辞其咎。在公司中，领导是员工的模范职业榜样。因此，通用电气尤其强调领导在合规文化中应起到的作用。领导的首要职责，就是以身作则，成为员工正确的合规榜样，确保公司引以为傲的遵章守法传统得到传承，诚信正直的企业文化得以塑造。

具体来说，首先，通用电气要求领导们在合规宣传中亲力亲为，用实际行动积极倡导和宣传公司的合规政策。其次，通用电气要求领导们务必与本业务集团的合规负责人有效沟通配合，识别风险领域，定期与员工沟通，参加各项针对领导层的培训并作为培训者亲自提供培训。再次，通用电气还要求领导者们在组织的各个级别中，利用一切适宜的时机，以诚恳和笃信的态度宣传诚信的重要性。在评估体系中，领导者们对合规文化的贡献，是与其业务成果一起被同等考量的。最后，也是最为重要的一点：在通用电气的合规执行流程中，每一位领导都可以作为其下属在遭遇合规疑问时的第一个咨询对象。因此，广开言路、聆听并正确处理员工的疑虑，同样是领导者们的重要职责。

（四）发现与纠正

除了前述的宣传预防外，通用电气的完整合规体系还包括了发现与纠正两个步骤，三者形成一个有机动态的循环：通过预防来减少合规风险，通过发现与纠正来进一步完善流程和制度并改进宣传预防的策略。三者相辅相承，互相推动，使得合规体系得以有效地执行和不断地进步。

1. 诚信疑虑汇报制度。

尽管从政策制定到制度落实，通用电气都竭尽所能地作出了最大的努力，但合规问题仍然是无法完全避免的。遇到问题并不可怕，关键是如何能更快地发现问题，并采取适当的措施来防止事态进一步地扩大，从而将损失控制在最小的范围内。公司为此制定了诚信疑虑汇报制度，旨在建立一个开放的报告环境，让员工能够毫无拘束地提出有关诚信的任何问题。

汇报渠道：通用电气在公司内部提供了多种提出疑虑的渠道，员工可以自行选择合适的方式提出疑虑。具体包括：向业务领导、法律顾问、人力资源部门或者合规部门面对面提出疑虑；通过统一电话、邮件和网站提出疑虑；以及向本地区员工信任的诚信疑虑受理人提出疑虑。

汇报方式：员工可选择通过署名或匿名的方式来提出疑虑，以消除他们在提出疑虑时的困扰。以2014年为例，通用电气全球共有3325个合规疑虑是通过诚信疑虑汇报系统提出的（其中36%通过匿名方式提出）。通用电气鼓励员工以实名举报的方式来提出疑虑，这样可以较快较方便地获取信息，以便加快调查的进程。但无论实名或匿名，公司都会采取各种措施确保举报人的信息不被泄露。举例来说，诚信疑虑受理人和调查员会尽可能小心谨慎地处理调查，只有必要时才会共享举报人的身份信息；任何需要知道举报人身份信息的人，将被提醒需要承担保密责任。但不可否认的是，仍有一部分员工，对于其报告诚信疑虑后是否会被报复而感到不安。针对该情况，公司有明确政策要求被调查对象不得进行报复。无论举报的合规问题调查结果如何，对提出诚信疑虑的任何形式的报复，都将视为诚信违规，并将受到纪律处分，甚至可能被终止劳动关系。多渠道、开放的汇报环境，起到了员工内部互相监督的作用，消除了员工汇报合规疑虑的后顾之忧，也是通用电气合规文化得以蓬勃发展的原因之一。

2. 调查、反馈。

收到员工的诚信疑虑后，公司会成立由专业人员组成的调查小组，通过谈话、审核相关文件等形式来进行评估和调查，从而确定可以采取的纠正措施，并最终向提出疑虑的人员反馈相关的结果。据统计，GE全球合规调查平均结案时间为43天。快速的反应保证了公司能够在最短时间内发现风险所在并尽快解决问题，也无形当中鼓励了员工通过诚信疑虑报告系统来提出任何他认为不正确的或者不合适的情况。

3. 风险评价体系。

除经由各个渠道发现并解决合规问题外，通用电气另一方面通过风险评价体系来监控合规制度的实际执行情况。每年年末总公司及各业务集团的合规团队会对上一年度的合规执行情况进行回顾和审核，将在审计过程中发现的问题和经由诚信疑虑报告系统获得的案件自下而上汇总并综合分析，确定当年度的合规风险点，并根据风险评价结果进一步决定下一年度的合规计划和工作要点。在后续定期召开的各级别合规审查委员会的会议上，合规部门也会将风险评价的结果、合规计划及政策实施情况与执行总裁、业务领导、财务总监、总法律顾问等管理层汇报分享并听取意见。通过风险评价体系，合规部门对不合理的流程进行评估、对培训计划进行完善并有针对性地改进合规工作，有效地将执行层面的反馈落实到制度层面的修正。

（五）合规文化的深化和延展

无论多么完美的制度、多么健全的流程都不可能百分之百防止合规问题。让员工可以自觉自愿地在所有场合均以法律法规、公司合规政策的要求以及商业道德的准则来约束自我行为，这才是通用电气合规文化的核心优势所在。人人对合规负责，人人都是诚信的代言人。在通用电气，一切政策、流程、宣传与培训，其最终目的都是为了建立并发扬这样的合规文化。

身处纷繁复杂的商业环境之中，如何继续保持并进一步发展合规文化，是公司一直以来所关注和重视的。通用电气的合规努力并不只局限于构建公司内部合规体系和文化，如在中国区，遵循着"在中国、为中国"的理念，公司也在努力将其合规文化以及理念与中国的业务伙伴进行交流和沟通，提升整个中国商业环境的合规标准。通用电气会定期与合资公司的合作伙伴举行圆桌会谈，探讨合规工作当中的得失，分享最佳实践的经验。

一个多世纪以来，通用电气员工所追求的，不仅是简单的遵纪守法，而且在始终维持着高水准职业准则的同时，不遗余力地将恪守诚信的精神作为工作的基本准绳。通用电气的合规文化，让公司在客户、供应商以及业务伙伴中赢得声誉，成为公司的核心竞争力；同时，也为公司带来能够将风险挑战转变为战略机会的能力，并在执行的过程中创造重要的价值。

为什么很多企业的合规制度没有很好的执行，原因就是，很多企业对这种在面临经济效益的时候放弃了这些合规体系制度，比如，大众的排气造假案，只需要一个员工或经理的举报，这种事情就不会发生。大众的事件发生后，其损失是巨大的，仅政府罚款就220多亿美元，这个案例给我们的启示是：我们必须重视合规，即使是百年老店也必须同样注意合规的风险。GE的管理层坚持认为，合规可能会让企业的运作复杂一些，肯定会减缓决策的实施，但是会避免更大的损失。合规文化对于GE而言是一种核心竞争力。我们之所以能够得到某些业务，是因为很多国家和地区的企业能够信任GE。GE在过去的实践中也发生过违规事件，相关领导也被总部毅然决然地解聘，这就说明GE不仅从业务的角度考察一个CEO称职与否，同时，重视企业的合规文化的创建和维护。公司在每年的全球高管年会上不断强调"one strike you are out"的规则，也就是说公司允许你在某些方面犯错误，及时纠正即可，但如在合规方面出现差错，一经发现，就会立即解聘。这与公司诚信机制的监督，诚信疑虑报告的有效实施，全方位的培训，预防措施都有关系，所有的措施共同保证了合规能够在通用电气里面实现。

在以前，公司觉得大部分讨论和决策需要来自高层的声音，但是基于公司的巨大规模和多元化，只听取高管的意见还不够，需要同时听取中层的声音，公司的中层管理人员也被赋予了更多的职责，与高管一道共同建立和维系公司的合规文化。

总而言之，上述各个方面加在一起构成了通用电气的合规文化和合规体系，公司的业务正是在这样的体系下得以基业长青。

中篇　企业实践

国机集团海外业务法律
风险防范实践

中国机械工业集团有限公司总法律顾问　王　强

一、业务简介

　　国机集团是 1997 年以原国家机械工业部所属企业为主体组建成立的大型中央企业集团，海外承包工程业务作为国机集团三大主业之一，1997 年国机集团成立以来共签海外工程项目合同额 1247 亿美元，2010 年以来新签合同额占全国比重达 9%。截至 2014 年底，在手执行境外工程成套项目 433 个，合同总金额 365 亿美元，分布在全球 104 个国家和地区，位列美国 ENR "全球最大 250 家国际工程承包商" 第 25 位（在上榜中国企业中排名第四）。

　　国机集团在国家 "一带一路" 建设，带动中国成套设备技术 "走出去" 过程中发挥了重要的 "国家队" 主力军作用。在 "一带一路" 的 64 个国家和地区中，国机集团在其中 35 个国家有 270 个项目正在执行，合同总金额达到 179.3 亿美元。国机集团签约和执行的重大代表性 "一带一路" 项目包括：中白工业园项目、巴基斯坦塔尔煤电联合项目、斯里兰卡普特拉姆燃煤电站项目、马尔代夫政府保障住宅建设项目等，均为关系当地国计民生的重点项目。

二、海外业务风险管理总体经验

国机集团的海外业务传统上以工程承包业务为主，近年来又积极推动业务模式升级，推动对外承包工程业务模式向 BOT、PPP 和海外工业园区开发等业务模式转型升级，国机集团海外业务风险管理以及法律风险防范也因此形成了自己的特色，始终贯彻"一个核心、两个基本点、三个手段"的总体原则。

（一）以"正现金流"作为海外业务风险管理的核心

"正现金流"不是在海外业务项目完工结算后再考核，而是在项目开发、谈判、执行的各个阶段，始终关注项目的现金流为正。要完成这个目标，企业必须从项目投标、报价、分包、执行各个阶段、各个环节精打细算，充分考虑各种成本和或有风险，通过报价、分包、保险等方式转移风险。

（二）以"专家＋专业"作为风险管理的两个基本点

海外项目立项、投标企业领导和业务人员不能自己"拍脑袋"，国机集团一方面建立行业技术国内专家库，每个项目立项和投标阶段，必须通过外部专家的技术评审。对于陌生国家市场，必须选聘当地法律、技术咨询顾问，借助"外脑"，防范了海外项目"带病上马"的风险，也克服了本土专家"水土不服"的弊病。

（三）以"全过程、全方位、全员参与"为手段

海外工程业务不分前线和后方，国机集团建立了派驻制度，财务部门、法律等部门派驻专业人员进驻到每个具体项目，从每个项目开发阶段，就组建由商务、财务、法务人员构成的项目开发团队，一直覆盖项目投标、合同谈判、合同签订、合同执行以及纠纷处理全过程，有效减少和避免由于各部门、各专业缺乏现场沟通而产生的信息不对称，前方

业务管理和后台风险管理"两张皮"现象。

三、海外业务法律风险防范经验简介

根据"一个核心、两个基本点、三个手段"的总体原则，在国机集团系统120多名法律人员的共同努力下，基本实现了以事前防范、事中控制为主，事后补救为辅的海外业务法律风险防控体系。

（一）法律人员派驻制度

法律顾问派驻海外项目事业部，保证法律工作始终贯穿于业务跟踪开发、投（议）标、文本拟订、谈判、修改、审核、评审的所有阶段。

法律顾问根据公司内部发布的境外工程承包前期法律调研指导纲要进行项目前期尽职调查，必要时选聘境内外法律中介机构，协助企业拟定专项项目风险调查报告，提出项目风险评估意见并提交项目评审机构进行评审。

例如中白工业园开发项目，中白双方探讨设立合资公司初期，我方聘请一家国际知名律师事务所以及白俄明斯克的一家当地律师事务所对白俄罗斯的外国投资法、公司法等进行专题尽职调查，合资公司成立后，我方还专门聘请了一名白俄律师作为合资公司专职员工，即内部法律顾问，由其审核合资公司运营中的所有法律文件。

（二）项目分阶段法律评审制度

在集团总部和所属企业层面都建立独立于项目开拓部门的项目评审机构和评审流程，法律人员全程参与。根据项目实际情况分别开展项目立项、投标、签约、生效的分阶段法律风险评审。从项目全生命周期的角度出发，全面、系统地评估项目从投标、签约、设计、施工、运营到最终验收各个阶段可能面临的法律风险，提早制定相应的风险防范和规避方案、突发事件的应急预案和风险发生后的索赔或终止机制，提高企业决策的预判力。

法律人员不仅参与海外项目全过程，而且参与深入，获得业务部门的信赖和依赖，国机集团系统的多名派驻业务部门的法律顾问被看中，担任驻外商务代表、驻外公司总经理等职务，走上了业务管理岗位。

（三） 以信息化实现过程风险控制

"交钥匙"模式的海外工程项目容易出现合同结构复杂、分包商众多、执行管理混乱的问题。国机集团通过完善的"制度流程化，流程表单化，表单电子化"信息化管理手段，做到执行进度、支付进度、纠纷情况的"实时监控、全程防控"，通过执行中的风险预警，及时根据风险事件的发生、发展情况做好相应的风险处置预案。减少项目执行、管理过程中的人为隐瞒重要信息、推卸管理责任等问题的发生。

（四） 注重日常合同细节管理

合同管理是国际工程承包项目风险管理的重要内容。国际工程承包项目的合同管理是一项复杂的系统性工程。在一个完整的国际工程承包项目合同体系中，不仅涉及总承包合同、贷款协议、还款担保等，还包括分包（土建、设计、安装、设备供货、监理等）、运输、保险、劳务、银行保函等各种合同。国际工程承包项目中的合同既有其各自独立的特点，又有其密切关联的因素。其中一个合同的变化，很可能会连带影响其他合同的调整。

为了有效防范项目合同在执行过程中的风险，有必要在项目执行过程中建立一个有效的合同管理、协调机制，项目执行和管理部门要配备懂业务、财务和法律知识的合同管理专职人员，具体负责项目合同的日常监管。要将国际工程承包项目合同管理和风险管理有机结合起来，在国际工程承包项目不同阶段，通过合同条款谈判、不同合同的协调控制、合同条款变更、合同索赔等方式转移、化解国际工程承包项目的风险因素，最大限度地减少合同违约风险。

（五） 通过出口信用保险转移风险

"一带一路"国家大部分集中在欧亚非的第三世界国家，很多国家属政治风险高发区，一旦爆发，企业将面临人员安全和财产损失双重风险。此外，项目执行过程中，项目业主由于自身原因或受到宏观经济变化等多方面影响，出现资金无法到位的风险经常发生。在当前的国际经济环境下，海外工程项目更要高度关注国际工程承包项目所在国的政治和信用风险。从国际工程承包项目开拓初期就积极与信用保险公司探讨项目信用风险管控方案，做到国别政治信用风险管理的"关口前移"。

例如，国机集团与有些国别风险较高的国家承揽项目时不但投保中长险，而且投保出口短期信用险，这些国家连续发生动荡的情况下，均获得了保险公司的先行赔偿，避免了经济损失。

（六）日常法律索赔管理

海外工程总承包合同执行过程难免会遇到与业主及分包商之间进行索赔和反索赔的情况。索赔不是营利工具，而是风险转移和分摊的手段，不仅是项目经理，而且是项目团队的所有成员，均应树立牢固的索赔和反索赔意识。索赔成功重在日常积累，要把和业主、分包商的每个电话、每个会议纪要、每份传真、每个邮件均作为一次索赔和反索赔。实践证明，项目执行过程中不应忽视索赔和反索赔管理，要注意书面证据的制造、积累和分类，切勿事到临头再临时搜集和拼凑。

例如，国机集团执行的印度尼西亚某火电站项目，由于合同工期紧、现场地质条件差等原因，实际工期比约定工期延长了 14 个月。但是在项目执行的 4 年时间内，法律人员从项目开始就意识到可能的拖期风险，在执行中时刻关注业主的违约情况，并分类汇总整理了详细的证据材料，最终成功向业主索赔 17 个月工期，迫使业主放弃了提出工期罚款的意图。

（七）加大法律维权措施

海外项目出现对方违约情况，通过友好协商难以解决的，决不姑息迁就对方，坚决采用法律维权措施，主动提起国际仲裁或诉讼，积极维护企业合法权益。

例如，国机集团执行的越南某国有造船厂项目，越南某国有政策银行提供了还款担保，项目完工后业主却故意拖欠数千万美元卖方信贷，法律人员多次赴越南谈判无果，越方担保银行态度随好，但采取拖延战术，试图减少利息支付。2014 年我方坚决在香港提起仲裁，立案后一个月内越方银行迅速还清了所有本息。

在苏丹某电站项目执行中，面对业主的恶意索赔以及没收我方履约保函的威胁，我方法律人员在谈判中一方面据理力争，另一方面积极在国内法院做好申请保函止付令的准备，在谈判最终破裂，苏丹业主向国内银行索赔 6800 万美元保函的当天，第一时间向北京法院提出保函止付申请，并在银行规定的时间内取得法院的止付令，迫使对方重新回到谈判桌上，最终双方和解。

综上所述，国机集团的法律风险防范工作作为企业全面风险管理的重要组成部分，努力做到与业务相融合，始终贯穿于企业经营管理和决策的全过程，法律人员认真行职履责，发挥了积极的作用。

四、法律风险防范的问题与挑战：法律人员素质的提高

企业海外经营模式的转型和多元化，从单一的海外工程承包模式，到 BOT/PPP 等海外投资开发模式，再到股权并购、绿地投资等更为复杂的业务模式，这对企业法律人员的知识结构、服务水平提出了更高的要求。

为提高企业法律工作人员的法律服务能力和经营管理人员的法律风险防范意识，国机集团不断加强企业领导干部、经营管理人员及法律工作人员的法律风险培训。

此外，国机集团定期组织编写了"国际工程承包市场开发与项目管理""企业法律管理与风险防范实务"系列案例丛书，正式出版并印发所属企业。通过编写本企业内部案例、事例汇编，供本企业经营管理人员、法律工作人员参考学习，提高全员法律意识。

五、结语

中央企业是"一带一路"倡议的国家队,是带动中国成套设备和技术、产能输出,实现国内、国际两个市场、两种资源开发整合的主力军,我们的法律风险防范工作必须服从和服务于这个中心任务,努力为中央企业"走出去"提供更加坚实的法律支撑和保障。

国家电网国际化经营法律
风险防范经验交流

国家电网国网国际发展有限公司法律事务部主任　王兴雷

一、国家电网概况

近年来，国家电网公司认真贯彻落实中央"走出去"战略，在国资委的关心指导下，以"三电一资"，即电网、电源、电工设备和资源为重点，依托特高压、智能电网核心技术和管理优势，成立国际公司、中电装备公司作为境外投资、工程承包的专业平台。同时设立了十个驻外办事处作为对外交流的窗口，大力实施国际化战略，取得了丰硕的成果，走出了一条具有国网特色的国际化发展之路。

国网国际发展有限公司是作为国家电网唯一的海外电力能源资产投资运营的专业平台。以国家电网公司国际化战略为导向，以国际业务一体化决策体系为依托，发挥整个集团的技术、管理、人才和资金优势，开展境外电力能源领域的存量资产并购、绿地项目开发以及资产运营管理。

二、国际公司战略定位

近年来，国际公司在亚洲、南美洲、欧洲和大洋洲收购了一系列战略性，以及国家级的能源和电力资产，区域覆盖了新兴市场和成熟发达市场，积极推动了中国设计、电力施工以及技术装备一体化"走出去"。下面介绍一下国网公司一年来国际业务的情况，2009 年 1 月，公司国际业务开始探索起步，与菲律宾股东组成了联营体，成功中标了菲律宾输电网，25 年特许经营权，取得了首个国家级输电网公司 40% 的股权。2010 年 12 月、2012 年 12 月，两次共收购巴西 12 家输电特许经营权公司 100% 的股权，成功实现了海外投资在南美的一个布局。2012 年 5 月，收购了葡萄牙国家能源网公司（以下简称 REN）25% 的股权。首次作为战略投资者和单一最大股东入股了欧洲国家级的电网公司。这个 REN 实际上是担负着葡萄牙输电网和输气网两个国家级的网络公司。2012 年 12 月、2013 年 5 月，通过收购和增持共取得了澳大利亚南澳输电公司 46.6% 的股权，并首次成功投资了澳大利亚输电网公司。南澳输电公司是拥有了南澳大利亚州唯一的输电特许经营权。2014 年 1 月，公司进一步开拓澳洲电力市场，成功收购了新加坡淡马锡集团能源公司下属的澳洲资产公司 60% 的股权，以及澳网公司 19.9% 的股权。在同年 1 月作为基石投资者，我们收购了香港港灯电力投资有限公司 20% 的股权，海外资产的布局进一步优化，2014 年 2 月，国家电网公司与巴西电力公司联营体，成功中标巴西美丽山水电正负 800 千伏特高压直流送出项目，实现了我国特高压技术"走出去"的重大突破。在 2014 年 11 月，收购了意大利存贷款能源网络公司（以下简称 CDP）35% 的股权，CDP 是控股了意大利国家输电网公司（以下简称 TERNA）的 30% 的股权，意大利国家输气网公司 30% 的股权。这是目前中国企业在意大利最大的单笔投资，欧洲资产也取得了一个新的突破。

2015 年 1 月，公司成功定价发行了 10 亿欧元双年期 S 条例高级无抵押的债券。是截至发行时中资企业规模最大，成本最低，期限最长的欧元债券。2015 年 7 月 17 日，公司独立参与成功中标了巴西美丽山水电正负 800 千伏，特高压直流送出二期特许经营权项目。也是首个在海外独立负责工程总承包的特高压输电项目。

回顾发展历程，国际业务从量的积累实现了质的飞跃，在发展模式上以澳大利亚项目、意大利项目为标志，海外投资步入了"利用境外资金、投资境外资产"的新阶段，其依托了公司良好的信用评级，利用境外低成本的发债资金和境外的融资，投资了境外优质的资产，不再依赖国内注资，实现了国际业务的内生发展。以巴西的美丽山项目为起点，在境外公司，也就是说国际公司下属的国家电网巴西公司，第一次利用自身在当地的经营积累和独立信用投资了新的重大项目，不再需要母公司的注资。在化解巴西雷亚尔汇率风险的同时，实现了自我积累，滚动投资的可持续性发展。在投资目标上，立足于服务当地民生的基础设施行业，瞄准回报稳定，风险可控，现金流充沛的输配电、输配气等监管资产，平衡存量并购和绿地开发投资。基于规则透明，回报稳定的监管机制，实现了对国有资产的增值和保值。在国家地域上，按照国家统一部署，参与"一带一路"建设，开展周边国家的互联互通，深度开发澳洲市场，积极拓展欧洲市场，稳妥推进巴西、非洲等新兴市场，实现了业务布局资产规模新的突破。目前公司成功运营菲律宾、巴西、葡萄牙、澳大利亚、意大利、中国香港等国家和地区的骨干能源网，在境外全资子公司派出管理人员实施全面管理。参股企业派出与股比相对应的董事和少量管理人员，依靠当地运营团队，通过股东会和董事会实施重点管控。境外的资产总额已经超过了1000亿元人民币，投资回报每年在12%以上，境外投资项目无一亏损，全面实现盈利。

三、境外投资项目法律风险防范

在开展国际业务过程中，公司始终把风险防控作为重中之重，始终把依法合规作为根本准绳，加快建设法治企业，落实全员守法，全面覆盖和全程管控。

（1）建立科学的决策机制，保障对外投资安全，健全完善国家电网公司国际业务一体化的决策体系。国家电网公司党组对每个项目都召开了专题会进行研究，召开党组会集体决策，对投资环境收益、运营、报价、交易文件这些关键环节都严格把关，严格地落实"三重一大"的决策程序，确保依法合规。国际公司主要是作为一个项目的实施平台，强化国际国内的形势研究，跟踪分析国际关系突发情况经济走势和政策走向，组织法律、商务、财务、技术等专业团队，全面地深入开展信息收集、量化分析、主动研究，权衡比较各种交易架构的优劣，制定预案，与卖方反复地展开艰苦谈判，争取有利的协议条款，优化项目的估值，确保合理的投资汇报，形成决策建议。项目团队主要是落实具体的工作，国际公司的总法律顾问作为公司的领导班子成员直接参与核心决策，做到全方位、全覆盖。公司的法律事务部由职能部门调整为业务部门，在保留原有合同、诉讼、普法这些普通的管理职能基础上与经营业务充分融合，强化参与力度。

每个境外项目均配备专门的法律团队全面对项目比选、尽职调查，文件谈判、估值报价、交割接管，全过程的法律风险的管控。

（2）在项目选择上坚持优中选优，从源头上控制项目风险。在开拓海外市场过程中，国际公司项目的选择主要集中在熟悉和擅长的领域，公司始终瞄准能源电力等受监管资产，注重项目的长期盈利能力和稳定透明的市场环境，不断优化市场的布局。对于存量收购项目，重点选择在市场化程度比较高，监管比较成熟，经营稳健和控制力强的项目。对于绿地开发项目，重点选择的是影响力比较大，产业带动比较强的新兴市场的大型绿地建设项目，鉴于能源电力资产等基础设施的战略性地位，在项目延期过程中就需要高度重视环境的风险，东道国审批的风险和监管政策的风险。我们觉得这个是在项目一开始最需要注意的几大风险，在这些风险上必须要时时保持敏锐和警觉，将环境因素对项目筛选或者交易结构，以及公司的治理等这些影响充分纳入评估。要以全球的视野和全局的眼光深入了解东道国政治、经济，以及法律环境，评估政府对于外资，尤其是对于中国的国有企业进入本国的能源基础设施领域的一个态度。审慎的研究外商投资准入的制度，既要开拓创新，大胆自信，又需要客观务实，细致应对，综合判断东道国的审批风险，甚至是将来可能会发生的一些国有化风险。在项目一开始就要做好预案准备，要深入理解目标资产行业的经营特点，充分地把握和预见目标市场的监管政策的走势，分析能源监管政策的稳定性、合理性，重点研究输配电、输配气的价格确定机制，调整机制，特许权收入机制，救济机制，在对外投资中不搞恶性竞争，也不单纯追求中标，确保稳定的收益。

例如，在菲律宾输电网项目当中，我方牵头的联合体成功中标，但是中标价格比第二名报价仅仅高出了1.1%。在东欧地区出现的一些潜在配电项目上面，虽然经过前期的了解，目标资产具有一定的吸引力。但是在谨慎研究目标资产所在国的外商准入政策的基础之上，并且进一步的赴当地拜访了解当地的政府、监管机构，对于本国能源市场的一些管理意图以后，果断地放弃了这些项目。

（3）强化资产并购风险管控，实施多元化的防范措施，在境外资产并购过程中，公司高度重视项目全过程的风险排查和防范。建立健全内控和全面风险管理体系，全面防范法律风险，财务风险、监管风险，从项目并购流程的纵向维度，做好风险的识别、评估、防范，从项目开展的横向维度，高度重视内外部资源的整合，发挥集团的优势，外部顾问的作用，各专业团队密切配合，做好与各监管机构利益相关方的沟通。

在纵向维度上，①强化项目前期法律的专业尽职调查，做好风险的识别。在项目启动后，开展项目初期的调查，利用卖方提供的有限资料，以及公开搜集的信息，评估项目的法律环境，目标公司的治理情况，以及重大的合同诉讼的现状，为项目的进展提供一个初步的参考。重点是要考察目标资产公司现有股权架构以及它的管控结构，了解确认我方在进入以后能否实现与股比相适应的一个管控权利。②在进入约束性报价阶段以后，开展更为深入的现场尽职调查，结合赴现场管理层访谈，数据库阅研，针对能源电力行业的特点深入分析评估目标资产。我们通常的重点是在关注资产所有权是否清晰，电网的运营执照是否合法有效，土地设备资产的权属，监管政策稳定性，目标资产公司股东协议的具体安排，重大合同诉讼，融资税务、安全环保、知识产权这些与电力资产密切相关的问题，在我们公司开展的英国西北电网项目中，尽管项目资产系比较优良，但是通过尽职调查和管理层访谈，我们发现目标公司存在了一个极为复杂的金融衍生品的交易。目标公司为规避利率的风险，在对公司发行的债权进行了固定利率互换、固定利率与浮动利率相互换，并且还有与通货膨胀指数挂钩的这些债权的掉期操作，这些掉期的金融衍生品，对于资产的估值和未来的交易结构都产生了很大的影响。在未能与对方就衍生品处置达成一致的情况下，我们就果断放弃了竞购。

（4）综合权衡风险概率以及严重的程度整体考量项目的收益和风险可控的平衡，采取多样化的风险防范措施。通过审慎的调整估值假设，将潜在的风险客观地反映到我们的估值报价当中去，不蛮干冒进。通过精心地设计交易结构，充分利用东道国的法律规范、合规的安排项目公司股东协议的管控结构、重点关注董事会股东会的决策机制、保留事项、股东的否决权、股份转让的安排，以及僵局解决的机制这些内容，保护我方的投资权益。严谨的修改法律文本在股权购买协议、过渡期协议等交易文件当中设置多重保护的条款，重点关注价格的调整机制，卖方陈述与保证的范围，以及额度。约定明确易行的索赔，争议解决以及退出机制，确保潜在风险敞口得到合理的覆盖。在公司之前做的南澳输电网股权收购项目当中，在尽职调查接近尾声的时候，我们团队注意到卖方的数据库当中在即将关闭数据库的时候，它补充上传了澳大利亚税务局对于目标资产公司的税务审计信息。这个税务审计信息在当月启动了对目标公司以往两年股东贷款利息税前抵扣的审查。目标公司执行的贷款利率高于澳大利亚市场当地平均的贷款利率水平，可能就会触发补缴纳税的风险，而且这个风险敞口也必须要等到澳大利亚税务局对税中调查做出最终裁定的时候才能够确定。我们跟卖方沟通以后，他们尽管承认可能存在补缴纳税的风险，但是将这个价格赔偿的上限和竞标价格相关联，实际上意图是逼迫我方放弃索赔。该规定由各个投标方自行确定索赔的上限，以自己来评估税务的敞口有多大。但是确定价格赔偿上限以后，在递交投标的税中竞标价格时，会把该竞标价格减去提出来的索赔上限，意味着吃得越多，竞标价格竞争力就越低。在这种情况之下，我们为了要保证投标价格的竞争力，我方经过了反复的测算，一方面通过估值模型予以调整客观的反映风险。另一方面又通过设计适当的税务补偿条款来覆盖这个风险，同时由于卖方在出售股权以后不再参与目标资产公司的管理，为了遵守澳大利亚税务局目标资产公司的相关保密规定，而且要满足今后我方向卖方进行索赔时，卖方所赔付时所必需的信息需求，我方跟卖方进行了一些谈判。

在股权购买协议中，首先，最终规定了严谨可行的专项的索赔条款，以澳大利亚法律市场上可以接受的一个董事出具法定声明书的形式向卖方告知审计决定，完成索赔。最终这个项目上，我方以仅高第二名1.8%的价格成功中标。而且在资产交割18个月以后，成功地通过了该保护性条款，获得了卖方的补偿，共计1132万澳元。

在横向维度上，首先，在中国积极构建对外开放的新格局下，随着"一带一路""互联互通"战略的推进，充分运用国家对于国有企业"走出去"的支持政策，消除以往卖方关于中国政府审查导致交易产生不确定性的顾虑，更加便利、高效地开展境外投资。

其次，充分发挥集团的优势，依托特高压，智能电网和新能源发展等电网领先技术，复杂电网运行成熟的管理经验。国网集团人、财、物的全方位支持，顺利转化为国际竞争优势，讲好国家电网的故事，积极传递中国声音，在境外国家级、骨干级输电网和大型绿地项目建设的特许经营权、股权竞争中的多次竞标成功。

再次，组建公司内部的专业团队，同时聘请投行、律师事务所、会计师事务所作为专业的外部顾问，发挥内部团队对于能源电力行业监管政策、经营特点深入理解的长处，又合理高效的使用外部顾问，发挥其在资产所在国的本地优势，客观地听取其提供的专业意见，形成多维度的风险防范机制。

最后，加强与境内外监管机构，国内监管机构如：国务院发展改革委员会、国务院国有资产管理委员会、发改委、国资委、外交部，目标资产所在国的能源部、外商投资审查机构等行业监管机构之间的交流，提前开展沟通工作，及时提交申报材料，积极配合询问调查，树立专业的电力能源行业投资者形象。同时加强与利益相关方的协调沟通，妥善处理与目标资产公司的董事、管理层、工会之间的关系。并且要与当地的评级机构、融资银行建立一个顺畅沟通渠道，消除接管整合的一些摩擦风险，为后续境外资产监管运营打下良好的坚实基础。例如，在新加坡能源公司，澳大利亚资产股权收购项目当中，我方当时针对澳大利亚外商投资委员会审批做了大量的艰苦细致的沟通工作，早在2012年8月，就是项目启动开始后不久，国网公司便组团出访澳大利亚，介绍了国家电网公司的情况，以及在澳大利亚投资的一个良好意愿。增进了与各方机构的相互了解，为后续工作的开展提前做好铺垫。2013年4月，项目正式签约之前，我们再次拜访了外商投资委员会，进行一些预沟通，介绍项目的概况并说明交易的意图，主动征求审批机构的意见。签约后，就立刻拜会目标资产所涉及的19家有关的联邦政府机构、州政府机构、行业监管机构、目标公司管理层，为获得审批创造了有利的条件和环境。

2013年12月，在项目审批受阻，迟迟未获得批准之际，又再次赴澳沟通，专门赴澳大利亚外商投资委员会，征询对方的意见和建议，介绍我们交易时的一些情况，以及交易可能发生的一些问题。争取到各方的支持，与外商投资委员会沟通过程中，公司一方面要介绍本土化运营、本土化用工商业化的理念，强调分享电网运行经验，列举公司在菲律宾积极应对台风灾难，恢复电网运营，在葡萄牙提升目标资产公司信用评级的这些业绩。另一方面也冷静地分析形势，正确地选择策略，并且耐心地忍受着很多煎熬。由于外商投资委员会通常的审批周期为30天，在该周期内，如果外商投资委员不批复的话，就会与申请人沟通。申请人通常是会将申请撤回，然后再重新提交，启动第二个30天。这种方式对于外商投资委员会来说是较为主动，也较易接受的方式。但是对于申报人，则是一个一直循环且相当煎熬的过程。由于当时澳大利亚的政局突变，执政党在政府大选之前，更换了总理的人选。大选以后，工党失败了，新的执政党又上台，外商投资委员会中所有的工作人员都进行了更换，公司实际上历经了七次的撤回，再去重新提起申报，先后补充了多份的材料。在政府审批仍然没有批复迹象的情况之下，顶住压力耐心地沟通，没有采取更为激进的不撤回申报，逼迫外商投资委员会进入一个90天必须做出答复的这种较为激进的方式。逐步地消除了对方关于国家利益的顾虑，最终在澳大利亚新政府上台执政不久，并且否决了一项美国公司购买澳大利亚资产交易不利的大环境下，成功地获得了投资准入的审批。

四、强化资产风险管控，保持境外资产良好的稳健运营

在境外资产运营当中，遵循项目资产所在地法律法规，按照市场化原则，推进管理国际化运营合规化，第一，采用因地制宜的管控模式，科学地设置管控治理结构，区别对待境外全资子公司和参股公司的管理模式，对于境外全资子公司在尊重当地商业惯例、法律要求的基础上落实"本土化"管理策略，通过人、财、物实施全方位的管控，对于境外参股公司合理设置股东会、董事会，保留事项和否决权。所有海外投资项目均争取到了与股比相对应的董事席位，保证在董事会重大决策中具有主导权。努力争取项目关键岗位的设置权，管理人员的提名权，派出高管直接参与公司的管理，确保我方的管控力和股东权益。例如，菲律宾项目，在2007年12月我方就已经联合菲律宾股东组成的联合体中标了国家输电网特许经营权。在2008年联合体是花费了一年时间，历经菲律宾国会众议院三读、参议院三读、国会批准、总统签署、全国公告等这些程序，成功地通过了特许经营权法案，该法案为项目的平稳运营打下了非常坚实的基础。同时三方股东也经过了艰苦的谈判，最终就股东协议达成了一致，这份协议充分保护了我方的股东权益，赋予了我方就股东会、董事会重大事项的否决权，提名技术部门关键岗位的提名权，以及派出核心高管的权利。第二，是强化境外资产一体化管理体系，设置专业的归口管理部门，打通前后方的渠道，建立积极的沟通机制，重大事项均由后方法律、财务、技术等专业团队开展研究，管理团队集体决策，建立了境外资产运营监控检测中心，实现了对关键指标的实时掌握和异动预警。监控境外资产公司重大合同签署以及履行的情况，诉讼案件审理进程和执行情况，全面加强了对海外资产的在线监控。第三，积极推动本地化运营，履行社会责任，比如巴西控股公司，

利用当地税务优惠政策赞助了中巴文化体育交流和巴西贫困阶层青少年教育项目，得到了巴西政府和社会各界的广泛好评。2012年和2014年两次被评为"巴西电力行业最佳公司"。

回顾国家电网"走出去"过程中风险防范的实践，我们认为，必须从国家大局统筹国际化工作，从公司核心优势出发，开拓国际业务。中央构建全方位对外开放新格局，为公司国际化发展创造了良好的环境，国资委提出培育具有国际竞争力世界一流企业的目标，全面加强指导、协调和服务，为企业实施"走出去"提供了坚强的保障，公司必须紧紧依托电网主业，将技术优势、管理优势和资源优势转化为国际竞争优势。必须深入地理解、掌握行业性质，立足行业投资者的定位，才能充分地识别风险、破解新问题、开辟新路径。必须将依法治企与公司经营业务相结合，要深入贯彻党的十八大和十八届四中全会的精神，按照全员守法、全面覆盖、全程管控的总体要求，把依法治企要求全面融入到企业管理当中，贯穿各层级、各业务、各岗位，把国家法律法规和公司制度标准固化到每项业务流程当中去，形成闭环有效的决策机制、管理机制。通过制度、流程实现风险识别防范，确保风险可控、在控。

与周边国家实现电力基础设施互联互通，是贯彻落实国家"一带一路"的具体举措，也将推动国家电网公司国际化走向更高的水平。我们将以此为契机，进一步完善风险防范制度，提升依法治企水平，加快"走出去"步伐，实现国际化发展的新突破，加快建成核心技术领先、治理体系科学、资本运作有效、经营业绩优秀、国际竞争力强的国际一流企业。

中国石化法治工作助力企业
参与"一带一路"建设

中国石油化工集团公司法律部主任　杜江波

　　中国石油化工集团公司（以下简称中国石化）作为特大型国有能源化工企业，肩负着保障国家能源安全的重要使命。公司历届党组始终将"走出去"发展国际化经营作为履行政治、经济和社会责任，确保企业可持续发展的重要战略举措。2000 年，公司成功地实现了海外的上市，至此驶入了国际化经营的快车道。近年来，中国石化围绕建设一流能源化工公司的奋斗目标，充分发挥集团化、一体化的优势，统筹两种资源、两个市场，大力推进一体化、国际化等发展战略，加快了油气勘探开发、炼油、化工、工程、研发、国际贸易等全球布局，不断地拓展海外市场，推进国际化经营发展。截至 2014 年底，公司境外资产已超过8000 亿元人民币，约占公司总资产的 1/3。

　　2014 年境外权益油气（当量）产量超过了 4 千万吨，境外营业收入占公司总收入的 1/3。中国石化已经成为国内最大的成品油和石化产品供应商，世界第二大炼油公司，第四大乙烯生产商，加油站总数世界第二。在 2015 年《财富》世界 500 强排行中位居第二。

一、正确认识和把握参与"一带一路"建设所面临的风险和挑战

　　"一带一路"建设涉及亚非欧 60 多个国家（地区），沿线的国家政

治、经济、社会、法律之间的差别很大。部分国家还存在着政治局势不稳、经济状况不佳、法律制度不全等问题。甚至受到国际上三股势力的严重威胁，给央企参与"一带一路"带来严峻的挑战。从中国石化国际化经营实践看，央企参与"一带一路"建设，必须高度关注和重点防范政治外交风险、合规经营风险、安全环保风险、商业合同风险、知识产权风险和国企特殊身份风险等。要努力地克服高风险地带多、区域经济发展水平差异大、地缘政治局势复杂、多边自贸经济安全体系和有效的投资合作机制缺乏等的不利影响。随着"一带一路"的实施，中国石化将以更加开放的姿态参与国际竞争。截至 2014 年底，中国石化海外业务已经拓展到了 70 多个国家（地区），设有 370 多个分（子）公司、项目部、办事处、代表处等境外机构，在 25 个"一带一路"沿线国家（地区）有业务往来，目前已形成了中亚、中东、俄罗斯、东南亚、北非五个油气生产基地。

"一带一路"沿线国家（地区）既有发达国家，也有发展中国家，并广泛地分布在英美法系、大陆法系和伊斯兰法系这世界三大法系之中。不同的法系之下不仅存在着法律规则上的差异，而且相关国家在历史、文化、宗教、传统、习俗等方面也差别巨大。加之发达国家的法律规定较为完备、严格，他们会利用法律规则上的话语权优势，通过"两反一保"、反垄断和国家安全审查、技术和知识产权壁垒等实施贸易保护。而发展中国家政策法律不健全且稳定性较差，频繁的利用货币汇兑、税收、劳工、环境保护、本地化成分比例等变化来大幅度地提高对外国投资者的门槛，甚至会通过推行国有化政策来谋取本国利益的最大化。这就要求我们央企在"一带一路"建设中，不仅要熟悉掌握这几大法系的基本规则和特点，更要深入研究各东道国的投资、贸易政策、法律环境，避免出现水土不服。

"一带一路"建设涵盖了能源、交通、基建、装备、金融、通信、旅游、贸易等多个领域。中国石化作为综合型的能源化工企业，海外业务的产业链长、跨度大，在"一带一路"沿线国家（地区）已经形成了包括油气勘探开发、炼油化工、市场销售、石油工程、炼化工程、科技研发的上下游一体化的产业链，业务活动已经涵盖了境外投资、国际贸易、技术与服务贸易、国际金融等多个领域。这些业务活动不仅要受到东道国的不同部门、不同种类的法律规定的规制，而且还要受到国际规则、惯例的约束，如投资并购、工程承包、知识产权、环境保护、劳工责任、产品质量以及资本市场的法律规范等。法律部门多、种类杂，一旦出现纠纷，如果不能熟练地运用法律规则，将对企业正常经营和品牌形象造成很大的损害。

在"一带一路"沿线国家中，不少东道国都有当地化采购、国产化比例、本国员工比例等硬性要求。例如沙特劳动法规定，外资企业雇用的沙特籍员工不得少于员工总数的10%，沙特政府部门有权就沙特居民的就业状况调整该比例。对石油物探、钻井等特殊行业，业主往往会通过合同的方式来约定更高的"沙化"比例，有的甚至高达80%。加之一些业务的开展，还需要雇用国际员工等，导致央企海外员工队伍的组成成分较为复杂。以中国石化为例，到2014年底，海外用工总量已经达到了6万多人。业务活动广泛涉及我方的外派员工、当地员工、国际员工、中外承包方的员工等。受不同文化差异及宗教信仰等因素的影响，劳资管理难度大，存在着较大的风险。而且很多东道国非常注重劳工保护，在工作时间、工资及社会保险、工作环境、劳动保护等方面的立法和执法都是相当全面、规范和严格的。例如，在俄罗斯每周劳动时间不得超过40小时，连续两天加班不得超过4小时，一年内加班不得超过120小时。加班工作的前两个小时要按照正常的小时工资的150%，此后的时间按照200%进行补偿。雇主只能在符合法定理由的前提下，才能够终止劳动合同关系。

另外，一些国家的工会影响力较大，经常代表员工就薪酬福利、人员精简、工作环境等方面的诉求进行谈判，甚至会通过组织员工罢工来争取和维护权利。这既给企业的稳定运营带来困难，又容易引发群体性的事件。

当前由发达国家主导的TPP（跨太平洋伙伴关系）和TTIP（跨大西洋贸易与投资伙伴协定）的谈判未将中国等发展中国家纳入其中，而这些国家大部分恰好就在"一带一路"上。美国等西方国家利用其掌握的国际法律和交易规则的话语权优势，通过"长臂管辖"等方式，要求他国企业不能在受其制裁的国家有投资和业务。如美国和欧盟对伊朗、苏丹、叙利亚和俄罗斯的制裁等，直接对我国的石油石化企业在中东、非洲、俄罗斯的能源领域的投资、工程、贸易、金融造成不利影响。美国还极力推进所谓的"竞争中立性"政策，美国国会的美中经济安全审议委员会曾经发表了《中国国有企业与国家资本主义分析》的报告，认为我国国有企业"享受政府优惠政策""商业决策受政府控制"，是"实施国家扩张的工具"等。西方国家通过对市场主体采取行为和资格规制并重，对国有企业的特殊约束显著增多，央企国际化经营的风险进一步增加。

"一带一路"沿线国家法律环境的复杂性、问题挑战的多样性和风险防范的艰巨性，时刻提示和警示我们必须牢固树立法律观念和风险意识。2010年中国石化党组专门召开了国际化经营研讨会，全面总结"引进来""走出去"开展国际化经营的历史进程、主要成绩和经验体会，研究分析了国际化经营所面临的机遇和挑战，提出了国际化经营的长远发展目标、总体思路和重要措施。中国石化法律部在此次会议上提交了《在中国石化国际化经营中法律工作应起的作用》专题报告。在这个报告中提出了应建立项目法律风险分析和审核把关制度，境外机构应配备专职法律顾问或法律代表，法律人员要全程参与境外项目，对外派和涉外人员进行法律培训等建议，得到了公司领导的充分肯定和大力支持，为此还专门给法律部增加了三个国际化经营的法律岗位。

2012年9月，法律部向公司党组理论学习中心组专门做了《国际化经营中的法律风险和应对措施》的专题汇报讲座，通过大量的事实和生动的案例，全面系统地介绍了国际化经营所面临的法律风险，提出了相应的防范和应对措施建议，得到了党组领导的广泛认同和高度评价。通过多年的实践探索，中国石化在国际化经营中形成的诸如"法律工作要从事务型向管理型转变，要从事后救济型向事前防范、事后控制型转变""国际化经营，法律要先行""企业走出去，法律要先走出去"等法律风险的防范理念和共识，成为引领、推动中国石化在国际化经营和发展中的重要财富。

二、充分发挥法治工作对央企参与"一带一路"建设支撑保障作用

中央企业是"一带一路"建设的重要实施主体，必须把自身的发展主动融入国家战略中，因地制宜地强化境外法律管理。近年来中国石化努力提升运用法律思维、法律手段解决国际化经营中的各种复杂疑难问题的能力，着力地构建完善境外法律风险防范机制，扎实地推进"法律业务的国际化"，取得了积极进展。在境外的法律风险防范机制和人才队伍建设方面，我们按照事前防范和事中控制为主、事后救济为辅的原则，健全完善以经济合同规章制度和重要决策百分之百地法律审核为核心的法律风险防范机制，并将相关要求嵌入到了境外的上市、并购，重大项目承揽、战略投资引进以及公司治理、财务与税收管理、劳动用工、环境保护、知识产权和反商业贿赂等业务流程中，实现了从项目可研到决策，从谈判签约到运营、终止、退出等环节的全覆盖。

我们根据国资委《中央企业境外国有产权管理暂行办法》《中央企业境外投资监督管理暂行办法》《关于中央企业国际化经营中法律风险指导意见》等政策规定，自 2012 年起，开始推行并实施了以《中国石化境外法律工作管理办法》为核心的境外法律工作管理制度，对境外法律工作的体制和机制建设、合同管理、纠纷管理、公司事务、法律培训、法律中介机构、突发事件应对等等进行了全面的界定和规范；要求所有的境外机构应当明确法律职能部门、设计法律岗位，全程参与境外业务和日常法律管理，实行重大项目报告和审核制度等等。

同时我们以贯彻落实《中国石化境外法律工作管理办法》为抓手，明确了集团公司所属的 26 家国际化经营单位以及 91 个重要的境外分（子）公司、项目部设立法律机构和配备法律人员的工作计划和时间表。法律部按季度进行逐家地、上门地对接和督导。通过几年的强力推进，

目前以石油工程服务为主的中石化石油工程技术服务公司，境外的各重要分子公司、项目部均配备了专职或兼职的法律人员，部分规模较大的分（子）公司和项目部设立了专门的法律机构。以炼油、化工工程建设为主的中石化炼化工程公司，整合了各子公司在哈萨克斯坦（以下简称"哈"）的法律人员和力量，建立了炼化工程公司"哈萨克斯坦法律事务中心"，实现了区域的法律资源优化配置。炼化工程公司在哈各子公司不再重复地外派法律人员，也不再过多地聘用当地的律师，有效地降低了管理成本，提高了法律工作效率和质量。以国际贸易和进出口业务为主的中石化国际事业公司，在境外的5个分子公司设置了7名法务经理。专门从事境外油气勘探开发的中国石化国际勘探公司目前拥有83人的法律团队，在境外工作的专职法律人员达61人，其中含外籍法律人员49人，并且在瑞士的Addax、加拿大的Daylight、澳大利亚等国家公司和大项目公司还配备了外籍的总法律顾问。

通过多渠道、多岗位的锻炼培养涉外法律人才，吸引业务骨干充实到企业法律队伍中来，这种双向发展方式，多措并举，着力打造既熟悉国际化经营，又掌握法律专业知识的高素质涉外法律人才队伍。从"十二五"开始中国石化实施了法律人才队伍的"321"计划。其中的"2"就是要建立储备200支懂外语、通法律的专业人才队伍。

近年来我们先后举办了三期业务人员学法律的海外项目法律事务合同管理培训班，每期培训班国内培训6个月，国外培训3个月，共培训64人。举办了4期法律人员学业务的"法律人员国际化知识培训班"，每期6个月，要求学员结业时要参加法律英语考试（LEC），共培训了88名具有法律专业的英语基础的涉外法律人才。严格外派和涉外人员在上岗前、离境前的法律培训并使之制度化，明确了外派人员未经相关的法律培训不能派出。为34个境外的公共安全培训班、2432人次讲授了"走出去"应当注意的法律问题。2012年我们还举办了中国石化法律英语竞赛，全系统共有700多人报名参加，掀起了学法律、学外语的热潮，对培养、选拔和储备国际化的法律人才起到了积极的推进作用。

深入开展"一带一路"沿线国家的国别法律环境研究，系统地研究东道国的法律环境以及相关的国际规则、国际惯例，加强央企"走出去"的经验教训总结交流，为央企在"一带一路"建设中走得顺、走得稳、走得安全提供了指引。

自 2010 年开始，中国石化启动了《国别贸易法律指南》的编写工作，并将这项工作定位为系统性的法律风险防范、海外业务经验教训总结、涉外法律人才培养的系统工程和"三基"工作，纳入到公司法律工作的"十二五"规划中。通过制定统一、详细的研究方案，明确研究内容、时间进度，编写格式、模板，总结工作方法等，分年度、按业务的轻重缓急循序推进。每年年初召开国别研究的项目启动会，按季度定期的进行跟踪督导，年底做好审稿验收。组织国别研究项目的团组到公司境外的项目部、东道国的投资主管机构、东道国的司法机构进行调研，汇集整理境外项目的法律经验教训。

截至 2014 年底，已经编写完成"一带一路"上面的俄罗斯、沙特、伊朗、哈萨克斯坦、印度尼西亚、新加坡、土耳其、泰国、越南、阿联酋、科威特以及其他区域的共 46 个国家（地区）的《国别投资贸易法律指南》。2015 年计划完成阿塞拜疆、巴基斯坦、吉尔吉斯斯坦等 9 个国家的法律指南编写工作。在"十二五"的收官之年全面完成我们"十二五"规划中所确定的 55 个国家（地区）的国别的法律环境研究任务，这当中共涉及了 22 个"一带一路"国家（地区）。五年来我们共组织和动员全系统的 144 名法律人员及业务人员参与了国别投资贸易法律指南的研究工作。通过培养锻炼，有不少同志已经成为国际化经营的法律骨干。

三、要加强国际化经营决策中的风险预警和法律支撑

鉴于海外法律环境的复杂多变，央企在"一带一路"的建设中，应当注意跟踪研究重点、热点、难点敏感问题，及时地为国际化经营提供启示和预警。中国石化密切关注以公司海外业务密切相关的立法动态、典型案例和重要事件并以《石化法治简报》为载体向各级领导以及生产

经营人员提供法律分析意见和建议，为公司的国际化经营决策提供有力支撑。

从 2010 年到现在共编发了《石化法治简报》362 期，其中涉及国际化经营的近 70 期，占到 20% 左右。针对涉外的敏感事件和法律政策的变化、动态进展，及时地从法律角度进行分析，为中石化的国际化经营提供决策支撑和服务。

为了支持公司的海外业务发展，近年来公司每年都要通过国际债券市场进行筹融资活动。为了推进专业化重组，公司 2013 年、2015 年先后实施了中石化炼化工程公司和中石化石油工程公司的境外上市，这些境外债券市场和资本市场的业务，均与美国财政部海外资产控制办公室（以下简称 OFAC）制裁范围发生了关联。美国的 OFAC 办公室、证监会以及香港证监会、联交所等机构，对发行人是否在受 OFAC 制裁国家有业务、募集的资金是否会用于受 OFAC 制裁的国家等问题非常重视，要求剥离相关业务并做出承诺。

在这几项业务实施过程中，我们通过周密的法律分析和设计，通过资产、业务的剥离、隔离及收入、利润的配比等方式，圆满地完成了境外美元债、欧元债的发行，以及 SEG、SSC 也就是石油工程公司和炼化工程公司的上市。其中炼化工程公司上市所涉及 OFAC 的处理方案，被香港联交所上市规则所采纳，成为香港证监会和联交所在审核、处理同类业务时的指导案例。

四、全力打好海外诉讼维权的攻坚战

企业"走出去"过程中难免会遇到这样或那样的争议纠纷。我们不愿打官司，但我们也不怕打官司。一旦到遇到侵害国家利益和企业利益的事，我们就要以"零容忍"的态度积极地利用法律武器，切实当好维护国家利益和企业利益的"卫士""斗士"。这也是我们央企法律部门和每一位法律工作者的义不容辞的责任和担当。

以下是中国石化近年来海外维权方面的几个典型案例。

1. 联合石化与某国际银行拒付信用证下货款纠纷案。此案是一起我方与银行之间的信用证下的拒付纠纷。在银行违约事实已经确定的情况下，当事人双方主要就违约的赔偿发生了争议。违约方国际银行坚持将争议提交到国际商会银行委员会进行仲裁。鉴于双方事前和争议发生后均没有达成仲裁协议，我方选择在香港高等法院提起诉讼，并根据香港法律"惩罚性和解提议"（Sanctioned Offer）制度，要求某国际银行支付货款及6%的利息。根据这一制度，某国际银行若不接受我们这个提议，法院将可能判决其偿还货款，并另外支付高达18%的罚息。同时为了配合本案的审理，我方充分地发挥我们集团化、一体化的优势，决定暂停了所属的分子公司与其的一切业务往来。许多媒体也发布了其拒付信用证下货款被起诉的消息。最终迫使其接受了和解提议，向我方支付了还款及相应的利息。

2. 中国石化国际事业公司与美国 LSK 公司的终止合资公司的纠纷案。在这个案例中，美国的 LSK 公司以我方欺诈、违反独家代理协议、干涉其公司业务、干涉与其他客户的业务往来为由，在美国的得克萨斯州州法院起诉了中国石化集团公司、中国石化股份公司、中国石化美国公司、中国石化国际公司，提出了高达 13.5 亿美元的巨额索赔。

在充分研究了美国民事诉讼程序后，我们以"外国主权豁免"为由，首先成功地将案件由州法院移送到了联邦法院，避免由州法院和由当地的居民组成的陪审团来判定案件事实的这个不确定的因素和风险。同时根据美国民事诉讼法下的代理规则、授权规则和"即决裁决"的规则，我们申请"冻结"了中国石化集团公司和中国石化股份公司等诉讼主体，避免了我方要派遣大量的证人赴美作证，繁重的取证人力、物力、财力的投入，主动地向法院提出了"即决裁决"的动议。为该案的最后胜利奠定了坚实的基础。

3. 港商孙某在美国诉中国石化案。2013 年，港商孙某在美国法院提起诉讼，以中国石化违反了美国的《外国人侵权法》（ATS）和美国的《反勒索及受贿组织法》（RICO），以及恶意控告、非法监禁为由，要求中国石化股份公司、中国石化国际事业公司、中国石化美国公司给予其巨额赔偿。

针对孙某的无理要求，我方精心地筹划了案件的整体应对方案和策略，即紧紧围绕程序性的法律问题进行抗辩，确保案件无须进入实体问题审理，避免复杂烦琐的取证调查和开庭。在案件庭前的审理中我方提出了三项抗辩意见：一是美国的 ATS 和 RICO 不适用于美国的境外，也就是美国的法律没有境外域外法律效力；二是美国法院无权对他国的国内事务做出判决；三是美国的法院无权受理与其司法管辖地没有联系的诉讼案件。从而确保了案件的审理始终保持对我方有利的走向，经过一审、二审，历时一年零四个月，最终以我方的全面胜诉结案，捍卫了中国石化的尊严和声誉，有效地维护了国有资产安全。这也成为我们在美国诉讼中用时最少、成本较低，取得成效较大的案例。

4. 国际事业公司与俄罗斯某公司钻机买卖合同仲裁案。该案中买方俄罗斯公司因自身的项目原因，拒不履行合同义务，单方面解除合同并扣留我方全部履约保证金。面对其恶意的违约行为，我方主动向瑞典斯德哥尔摩商会仲裁院（SCC）提起了仲裁，要求俄罗斯某公司返还我方的履约保证金，并赔偿全部损失。

2014 年 3 月仲裁庭做出裁决，裁定俄罗斯某公司构成根本违约，支持了我方的全部仲裁请求。2014 年 10 月赔偿金及利息全部执行到位。本案能够胜诉并顺利执行的原因：一是当初在签订钻机销售合同的时候，虽然买方具有商业谈判的优势地位，但是我们根据买方的母公司是在塞浦路斯注册，并在伦敦上市的离岸公司的情况，坚持选择第三国荷兰法律为管辖实体法，通过瑞典斯德哥尔摩仲裁院来解决争端、争议，避开了俄罗斯法院和俄罗斯法律管辖，从而为在发生纠纷后能够争取到公平的裁决的司法环境奠定了基础。二是全流程地深度挖掘证据线索，尤其是根据买方在合同的执行过程中，不断变更标的物的材质参数这一情况，以及这些参数所适用的对应世界各地不同的区域，我们发现对方毁约的真实原因是因为他参与竞标的项目失败，从而导致本采购合同的目的落空。这一重要事实和证据，最终为仲裁庭所采纳，奠定了裁决其根本违约的基础。

"一带一路"倡议的提出，为央企"走出去"创造了难得的历史机遇，也为法律工作开展提供了更加广阔的空间。我们将始终坚持"国际化经营，法律要先行"的理念，认真落实国务院国资委对央企参与"一带一路"建设法律风险防范的要求，着力抓好国际化经营机制制度的完善、关键环节风险防范的应对、重大涉外纠纷案件的协调处理、涉外法律工作体系和人才队伍的建设，为央企参与"一带一路"建设提供更加有力、更加到位的法律支撑和保障。

中国有色境外投资法律
风险防范实践

中国有色矿业集团有限公司副总法律顾问　张向南

一、中国有色集团境外投资概况

中国有色集团的全称是中国有色矿业集团有限公司，是以有色金属矿产资源开发为主业的中央企业。用三句话可以将其境外投资情况做简要概括：

第一句话是"走得早"。中国有色集团成立于1983年，当时是中国有色金属工业对外工程公司，从诞生之日起就面向海外，开始"走出去"。1991年开始涉足境外有色金属领域，成立了泰中铅锑合金厂，这是我国最早的境外资源利用项目。1998年又在赞比亚投资了谦比希铜矿，建成了中国境外的第一座固体金属矿山；成为第一个把自有矿业产品运回国内的中国企业。

第二句话是"走得远"。从亚洲周边国家到世界第二大铜金属成矿带——中南部非洲，再到矿业资本比较发达的欧洲、澳洲、北美洲，现在中国有色集团已经有中国香港两家上市矿业公司，英国伦敦两家上市矿业公司，澳大利亚两家上市矿业公司。

第三句话是"走得稳"。一是我们政府间合作项目取得成功，总投资超过8.2亿美元的缅甸达贡山镍矿项目于2012年10月正式投产，年产镍铁8.5万吨，这是目前中缅政府间最大的矿业合作项目。二是工程换资源项目取得成功，2005年8月，蒙古图木尔廷敖包锌矿正式投产，设计年产锌精矿6.6万吨，创造性的采取以矿产偿还工程款的补偿贸易方式投资建设，这个项目当年投产、当年达产、当年收回投资。三是绿地投资项目取得成功，2009年2月，赞比亚谦比希铜冶炼厂正式投产，年产粗铜25万吨，硫酸60万吨，这是我国在境外投资最大的铜冶炼项目，目前已全部收回投资。四是股权投资项目取得成功，2009年5月，中国有色集团通过国际投标以较低价格成功收购赞比亚卢安夏铜业公司80%股权，同年12月22日实现复产，目前该项目市值超过数十亿美元。五是境外合作区开发项目取得成功，2007年2月，赞比亚政府批准中国有色集团建立当地第一个多功能经济区——赞比亚中国经济贸易合作区。目前，经贸合作区已完成基础设施投入近2亿美元，拥有48家入区企业或用户企业，累计实现营业收入近百亿美元，是我国在非洲建立的第一个境外经贸合作区。

中国有色集团业务遍布80多个国家和地区，涉及铜、铅、锌、镍、钽、铌、铍、金、银、稀土等40余个有色金属品种，在赞比亚、蒙古国、缅甸、泰国、刚果（金）、塔吉克斯坦等国家和地区投资经营着一批标志性的矿业开发项目。2014年位列世界500强第398名。

在"走出去"的过程中我们也深刻感受到，境外投资始终面临着巨大的挑战。一是环境复杂多变，政府的监管有松有紧，法律环境有好有差。二是投资难度增加，主要表现在资源越来越少，人工越来越贵。三是竞争日趋激烈，欧美国家几十年前、上百年前就已走出去，形成了各自的经济势力地盘。我们是在夹缝中求生存，在逆境中求发展。世界上没有任何投资是只有收益、没有风险的。在"走出去"的进程中，我们深刻感受到国资委大力推进中央企业法制工作的重要性，企业"走出去"，法律一定要先行。

下面结合"一带一路"这个大背景，结合中国有色集团在境外投资实践和大家共同探讨，如何做好中央企业境外投资法律服务的几个问题。

二、如何做好中央企业境外投资法律服务

（一）*如何做好战略决策阶段的法律服务*

2012 年国资委举办的一期中央企业法律顾问履职培训班中，当时授课的一位国家部委的司长直言不讳地指出：有的中央企业"走出去"总是过多地强调为党中央如何如何、为国家如何如何。实际上"走出去"是企业自身生存的需要，是企业自身发展的需要。"走出去"一定要结合自己的实际，一定要结合自己的战略。

令我印象深刻的是，"一带一路"为中央企业带来了新的机遇，但是如果我们脱离了实际，不进行正确的战略决策，为了"走出去"而"走出去"，那可能不但不会为"一带一路"添彩，反而会成为国家的政治包袱、经济包袱。为了保证中央企业在"一带一路"上稳步前行，我们企业法律工作如何为境外投资战略决策做好法律服务，我认为应该是从三个维度加强法律风险研判：

第一，加强东道国政治、法律环境宏观研究，提前预判是否适合中国企业"走出去"。

以"一带一路"为例，包括中国在内，"一带一路"共涉及 65 个国家，沿线各国政治体制、法律体系、投资政策各不相同。仅以各国法律体系做比较，就发现差别较大，其中，39 个国家为大陆法系，11 个国家为英美法系，6 个国家为伊斯兰法系，此外，还有 9 国为混合法系国家。我们设定经济基础、政治风险、投资政策、基础设施、对华关系等 5 个指标，开展国家风险评级，形成了《"一带一路"国家风险评级表》，从宏观层面来判断哪些国家适合中国企业投资。

同时，我们还不应忽视国内审批程序。2014 年 10 月 6 日实施的商务部令 2014 年第 3 号《境外投资管理办法》第六条规定，企业境外投资涉及敏感国家和地区、敏感行业的，实行核准管理。而未与我国建交的国家、受联合国制裁的国家属于"实行核准管理的国家"。其中，未

与中国建交的国家我们也应慎重投资，并及时履行国家发改委的核准程序。

第二，加强行业投资风险研究，提前预判是否适合本行业的企业"走出去"。

在对东道国政治、法律环境宏观研究的基础上，我们还必须关注东道国对各个行业投资的政策、法律。以中国有色集团为例，在"一带一路"65 个国家中，有色金属矿产资源比较丰富的有 23 个，不含中国。我们就以三个指标来衡量是否适合我们企业"走出去"。一个是有色行业的准入限制，一个是控股权的限制，一个是矿业权法定责任的限制。根据这个三个指标，我们对 23 个国家开展了行业风险评级，来判断哪些国家适合矿业投资，形成了《"一带一路"国家矿业投资风险评级表》。

第三，加强对国有企业市场准入风险的研究，提前预判是否适合国有企业"走出去"。

虽然东道国对外国投资者的基本态度是欢迎的，外国投资者享有同本国投资者相同的国民待遇。但是对具有国企背景的企业，外国投资委员会往往利用国家安全、反垄断、安全环保等政府贸易壁垒，设立严苛的审查标准或附加各种限制性条件。对此，我们设定了两个衡量指标，一个是对国有企业的特殊规定，另一个就是国家安全审查案例。通过评级，形成了《"一带一路"国有企业国民待遇风险评级表》。

综合上述三个方面，我们从国家风险评级、行业风险评级、国有企业国民待遇评级三个维度，编制了《"一带一路"境外矿业领域投资负面清单》。但这只是一个静态的对风险的评估，在实际操作中，我们还要从战略层面防范风险，不能为"走出去"而走出去。举个例子，在2009 年中国有色集团收购澳大利亚 Lynas 公司时，我们提交了收购申请，但是澳大利亚的外商投资审查委员会没有在法律规定的 30 天审查期内直接答复，而是让我方重新申请，还不断提出限制条件，同时要求我们不要控股。由于存在丧失控股权以及将来股权被稀释等法律风险，我方拒绝了澳方的要求，果断宣布放弃收购。

"一带一路"共 60 多个国家，企业是否投资、到哪里投资、如何投资，我们应从战略决策阶段就注重防范法律风险。

（二） 如何做好尽职调查阶段的法律服务

中国企业之所以在全球都受欢迎，主要因为中国企业是能拿出真金白银的投资者。我们对外投资如何做到物有所值、物超所值，实际上我们法律工作人员肩负着重要的责任。在进行境外投资项目中，企业首先要做的是对目标公司进行尽职调查。对于项目的尽职调查，各企业都有一套成熟的套路、模板，这里介绍一下模板之外的做法。

1. 尽职调查要纵向做。

什么叫纵向做？就是不能例行公事，不能浅尝辄止，要亲力亲为，要一查到底。我们有切身体会来支撑这个观点，尽职调查一定要纵向做。2009 年 5 月，中国有色集团收购赞比亚卢安夏铜矿。当时矿区有一座谁都没放在眼里的废弃的炉渣山。2011 年 1 月，收购不到两年的时候，当地环保局突然造访，手持原公司财务总监信函，要求收回炉渣山并进行拍卖。原因是在 2004 年 9 月的时候，这个公司的前财务总监，给当地税务局写了一封信，称以该炉渣山的所有权充抵环保基金。对于环保局的突然袭击，公司多数人员大吃一惊。但公司领导和法律人员由于尽职调查深入、早有准备，所以心中有数、从容应对。

一般而言，尽职调查重点关注矿业权证、矿山储量、矿区勘验等情况，对于废渣无人关注甚至视为负担。例如，家具制作过程中的锯末必然属于家具厂，对于炉渣的权属亦鲜有争议，一般也不在尽职调查范围内。当年西方公司开采时铜矿品位高达 5%，炉渣也被视为固体废物，谁也没当回事。但是，近 20 年全球范围铜矿品位由 4% ~5% 降至 1% ~2%，随着资源紧缺，炉渣的经济价值凸显。对于这一点，我们自己的法律人员在做尽职调查的时候亲力亲为、纵向到底，早已发现了这个炉渣堆真正的价值。这些炉渣平均品位约 1.02%，含铜 9.73 万吨，价值 5 亿美元。为使收购不留后患，尽职调查小组下了大工夫，重点确认了炉渣山的权属状况。

一是仔细收集档案信息。通过全面查找资料，我们确实发现了原公司财务总监给当地环保局写的信，2004 年 9 月，他从财务的角度出发，为了省钱，就写信给环保局用炉渣山的所有权充抵为数不多的环保基金。但是在 2005 年 5 月，原公司采矿总工程师发现了炉渣山的潜在价值，他又写了一封信给环保局，声明第一封信无效。通过深入的尽职调查，我们对炉渣的历史信息有了全面掌握。

二是开展债权申报。我们在收购当中进行债权申报的时候，也特别注意到这个问题，在 30 天的债权申报期间，没有任何政府企业对炉渣山申报债权。

三是补办土地证明。为谨慎起见，我方及时办理土地证，土地部通过测绘证明炉渣山在我公司土地证范围之内。

这个案例说明如果我们自己的人员不亲自参与尽职调查，不对炉渣的未来价值有充分认识，也不找到确凿的权属证据，那我们这 5 亿美元可能就没了。

再比如对矿权的核实：一定不能只看有无矿权证、是真证假证就万事大吉了，必须要纵向做、深入做。

一是要对方提供矿权证。

二是到国家矿业部门验证矿权证的真伪。

三是矿权证是否抵押需要核实。

四是矿区是否重叠需要核实。由于政府在矿权监管方面存在一定的漏洞，导致很多中国企业在涉足刚果（金）矿业投资领域时遭受了惨重的损失。目标公司持有的矿权证书本身是由政府颁发的、合法有效的证件，但可能与别人重叠。

五是矿山储量需要核实。对方打了多少孔，位置、数量需要验；每个孔的矿样品位需要验。

六是土地证面积是否与矿权证上下一致需要核实。

七是矿区勘验。矿权核实完毕，还有大量调查工作。一个矿区往往上百平方公里，上面有多少自行进入、居住生活的当地人。这些人必须要迁出矿区，否则影响矿山开采。但必须提出安置方案，否则环评通过不了，自然也无法开工。

2. 尽职调查要横向做。

横向做就是不能井水不犯河水，不能自扫门前雪；要发散思维，要互相补漏。

尽职调查小组需要"铁路警察各管一段"，专业分工明确，但防范风险不分你我，任何风险最终是以法律方式体现出来的。企业法律人员在尽职调查的工作中，不仅仅是要处理法律问题，同时还应当配合业务部门，做好连接法律和业务的桥梁。我们在全面了解目标公司的每一个具体点的同时，还要研究围绕每个具体点的法律法规。

例如，项目投资预算看似跟法律无关，但是仔细想想，仅人工成本一项就牵扯方方面面的法律问题，如果事前不充分了解清楚，会使项目投资陷入被动。新闻报道了有些中国企业境外投资失败的原因之一，就是对人工成本估计不足。我了解到一些境外项目人工成本达到全成本的30%甚至50%，企业不堪重负。

中央企业在境外股权收购中往往会带来接收原企业工人的问题。在尽职调查过程中，不能只是统计接收工人的数量，静态估算未来工人工资及人工成本，还要对岗位、司龄进行详细了解，其中重点关注司龄较长的人数比例问题。如果司龄长的工人多，人工成本就会偏高。同时，法律人员至少要了解三个方面的情况。

一要了解东道国员工工资的确定办法。是工会谈判还是企业制定。国内一般是企业效益好涨工资，效益差降工资。国外企业工人工资一般由工会谈判确定，每年要有一定幅度增长。企业人工成本向铜价一样是动态的，不同的是铜价1吨可能上到8000美元，也可能跌到4000美元，但工人工资总体是上升的，在赞比亚，矿工收入是首都白领的2~3倍。这是尽职调查中、在可行性报告中需特别关注的事项。如果处理不好薪酬问题，极可能引发罢工等劳动用工风险。

二要了解东道国退休政策。是55岁退休还是60岁退休，人工成本差距巨大。

三要了解东道国员工福利政策。赞比亚《矿业法》规定：矿业企业要负担员工本人及5个以内家庭成员的医疗费用。

总之，企业法律人员应结合东道国劳动用工法律法规及工会工资谈判的特点，提出投资中关于人工成本动态化和递增性测算的法律意见。

另外，在尽职调查过程中，还应了解东道国对外籍员工政策。这直接关系前期工程建设阶段的进度。如蒙古规定外籍员工不能超过10%，否则每超过一人支付最低工资十倍的罚款。

需要了解中方员工工作签证问题？看似不是法律风险，但签证的难易、快慢直接影响项目进度，可能直接导致我方违约。2014年我们在塔吉克斯坦一个金矿项目，就因签证问题影响了工程进度。2015年，刚果（金）也出现签证难现象，严重影响现场工作。如果在尽职调查阶段了解清楚，在合同中加以细化双方责任，要求对方解决签证问题或约定因签证问题造成工期延误免责，就可有效防范法律风险。

如果我说一块砖卖一美元，大家可能认为是开玩笑，但有的国家一块普通建筑用砖真卖到一美元，简单说是价格问题，但会带来什么样的法律问题，这些都应是企业法律人员需要主动思考和应对的现实问题。

3. 尽职调查要"反向做"。

"反向做"就是设立诚信基金，要求对方担责。有时，尽职调查是买卖双方斗智斗勇的一个博弈的过程。在尽职调查的过程中，目标公司的出售方，因自身利益考虑，不管是在一般性报价或约束性报价阶段，不管是分几次向收购方公布"黑匣子"信息，往往会在相关数据库中埋一些"地雷"。收购方无论在业务、财务、法律等各方面投入多少力量，无论花多少钱聘中介机构，由于信息的不对称往往不能挖掉所有的地雷。因此，尽职调查在"纵向做""横向做"的基础上，需要再加上反向做。正向的尽职调查是在努力证明对方说的是真话，反向的尽职调查是要他自我保证说的都是真话，否则受罚。

诚信问题自古有之。为解决诚信问题，春秋战国发明了"担保法"，互相质押王子。中国有色集团的做法是，在做好尽职调查工作的基础上，通过设立"诚信基金"、运用逆向思维，将举证责任倒置，即我们相信出售方所提供的每一个数据、每一项资产、每一份矿权证都是真实的，但是如果出售方所提供的信息不真实，则出售方将通过"诚信基金"受到相应的惩罚。

2009 年在收购赞比亚卢安夏铜矿项目中，中国有色集团在与出售方签署的《收购协议》中约定中国有色集团的收购是无债务的股权。同时，通过设立第三方托管账户，约定收购款的 40% 存放在第三方账户，若有债权人提起诉讼应把出售方列为第二被告，如造成收购方损失的，就从第三方账户收购款中扣除。

2009 年 8 月，我们刚刚接管卢安夏铜矿不到一个月，当地法院就突然查封了公司的所有通勤车辆。后来查明，出售方恩亚公司隐瞒了一起欠缴供电费用 19 万美元的诉讼案件，由于信息的不对称性，我方人员没有在尽职调查过程中查出这个隐瞒的诉讼案件。但是通过设立诚信基金，应缴的供电费用从"诚信基金"也就是第三方账户中扣除，有效地弥补了尽职调查中的漏洞，避免了我方的损失。

（三）如何做好项目交易阶段的法律服务

1. 项目投资要"联姻化"，从交易结构上防范项目夭折风险。

在 2006 年时，我们曾到驻蒙使馆经参处和蒙古华商会进行调研，当时有大约 3000 多家中国的国有和民营企业到蒙古国进行投资，其中绝大多数企业的投资方式是设立中资独资企业。这些独资企业有很多都最终遇到重大的经营困难，甚至很多企业在项目起步阶段即遇到困难和障碍。中国自改革开放以来，为了吸引外资，出台了大量的优惠政策。但是，从实践来看真正在中国获得良好发展的外国企业，很多是中外合资、携手共进、利益均沾的企业。"一带一路"其他的 64 个国家中，并没有任何一个国家在吸引外资、政策优惠方面的力度能同中国相比。因此，中国企业在这些国家，如果没有与当地成为利益共同体，必然会举步维艰。中国有色集团之所以在"走出去"的过程中取得成功，其中一个重要的经验就是注重利益共同体，秉持"共同发展、合作共赢"的理念与东道国政府及企业携手并进，以促进当地就业和经济发展为己任，充分借助当地优势，共同化解法律风险。简要介绍可以采取的合作方式，供大家在"一带一路"投资项目中借鉴：

第一种方式是与东道国政府通过协议形式合作。在缅甸达贡山镍矿项目中，经过长期谈判，我们最终选定产品分成模式，这是依据缅甸法律选择的投资方式。《缅甸外国投资法》第五章"投资形式"第九条规定，投资可以下列各种形式进行：①外国人对委员会批准的项目进行全额投资；②外国人与国人或有关政府部门、团体合资；③以双方同意的某种契约合同方式进行投资。2008年7月28日，中国有色集团与代表缅甸政府的缅甸矿业部第三矿业公司签署了《达贡山镍矿项目产品分成合同》。中方设立独资公司，由中方进行投资建设，缅方参与分成。在《分成合同》中，详细约定了双方享有的产品分成比例区间，镍价低，缅方分成比例则低；镍价走高，缅方分成比例才随之增高。缅甸矿业部第三矿业公司作为缅甸政府成立的从事矿产勘探和生产企业，给予我方在合同区内进行镍和镍铁生产的排他性权利，相当于以采矿权进行出资但不在企业中占有任何股份，待商业生产后，缅方以实物或现金方式取得产品分成。另外，中缅双方共同成立联合管理委员会，负责对生产经营方案的审查。

该种模式具有以下优势：

（1）避免股份模式导致股权比例稀释的风险。

（2）避免固定利润分成方式，在镍价低位运行时不能按期收回投资的风险。

（3）充分考虑有色金属的价格周期，优先保障了我方的生产成本和正常的利润预期。

第二种方式是与东道国国企合作，成立公司运作项目。1998年2月，中国有色集团通过国际竞标成功收购了赞比亚谦比希铜矿，当年3月注册成立中色非矿。2009年5月，中国有色集团通过国际招标成功收购了恩亚公司所持有的赞比亚卢安夏铜业公司80%的股权。在上述两家公司中，赞比亚联合铜业公司代表赞比亚政府分别持有15%、20%的股权。

该种模式具有以下优势：

（1）弱化了中国企业外来投资者的色彩，有效地降低和避免了在收购过程中的审批风险。

（2）赞比亚联合铜业公司的特殊身份，有助于协调处理企业与当地政府、反对党、社会民众等各方关系，营造了良好的社会环境。

第三种方式是与东道国"工程换资源"，成立公司运作项目。在蒙古图木尔廷敖包锌矿项目中，中国有色集团控股的中色股份担任该矿山开发项目工程总承包商，后经协商，蒙方以矿权支付工程款，双方成立合资公司。该项目总投资3.5亿元人民币。在还贷期间，鑫都矿业股份比例为中色股份持有股权51%，蒙方持有股权49%。我们以"工程换资源"模式低成本介入项目，采取以矿产品偿还工程款的补偿贸易的方式，中色股份负责项目的开发建设和生产经营提供建设资金，并取得了矿山的开采权，鑫都矿业用锌精矿销售收入偿还工程承包款。该项目在2005年就实现了当年投产当年盈利的显著经济效益。

该种模式具有以下优势：

（1）避免了工程承包方式下，蒙方因资金紧张导致的工程款结算风险。

（2）通过股权方式迅速进入蒙古国矿业领域，有效地降低和避免了在投资准入与政府审批风险。

（3）与当地有实力、有影响的企业合作，有助于获得政府的支持，政府持续履行《稳定状态合同》，避免了因法律变化蒙古政府强行入股的法律风险。

2. 政府承诺要"文字化"，从法律文件上防范项目履行风险。

央企对外投资有一个特点和优势，就是两国政府的支持，每一个重大签约，一般都有两国领导人的站脚助威。是好事，也不全是好事。从我们这方面看，两国领导人都大力支持，似乎这事成了。从东道国方面看，有的国家领导人更迭频繁，反对党盯紧了，上台后容易变卦。有的国家政府没改选，也是说变卦就变卦。因此，企业法律人员应当始终保持清醒的头脑，不能让东道国的优惠承诺停留在口头上，应当通过文字的形式进行固化。政治层面的支持只是中央企业拓展业务范围的东风，但真正能保护中央企业利益的，并不仅仅是政治层面的支持，更重要的还是在于企业与东道国项目主体的具体合作，而其基础则是双方最初的合作协议。

例如，1997 年 11 月，中国有色集团与蒙古冈巴特公司共同成立蒙古鑫都矿业公司，双方联合开发蒙古图木尔廷敖包锌矿。2005 年 8 月，鑫都矿业建设的图木尔廷敖包锌矿建成投产，该项目实现了当年投产、当年达产、当年收回投资，投产当年拉动蒙古国 GDP 增长。蒙古图木尔廷敖包锌矿项目是中蒙两国元首都给予高度关注的项目，时任国家主席胡锦涛提出该项目要做为中蒙合作典范工程，时任蒙古国总统恩赫巴亚尔出席了该项目投产仪式。尽管有两国元首的关系、支持，但是，考虑到蒙古国政策变化及法律修订比较频繁，为保障我方利益，1998 年 5 月 13 日，我方与蒙古国政府财政部签订了《稳定状态合同》，就税收优惠、稳定的投资环境等问题进行了规定。

2009 年 10 月，蒙古国税务局根据新修订的增值税法，要求鑫都矿业自当年 8 月以后的增值税不再减免。鑫都矿业立即致函蒙古国税务局及财政部，提出稳定状态合同 2.3 条明确规定，"如果鑫都矿业出口产品，则出口税和销售税为零税率"。鉴于鑫都矿业所有产品都出口，所以我们的增值税应为零税率。在白纸黑字的有力证据面前，蒙古国政府增加税收的目的最终没能实现。此外，基于《稳定状态合同》，鑫都矿业成功规避了政府持股风险。2007 年 2 月 6 日，为加强对境内资源的控制，蒙古国家大呼拉尔通过了"关于战略矿的决议"（蒙古国家大呼拉尔 2007 年第 27 号决议），将中色股份投资建设开发经营的图木尔廷敖包锌矿列为 15 个矿列为战略矿之一，矿山面临政府无偿持股的风险。由于《稳定状态合同》约定"5.1 部长负责保障公司按本合同规定的保证和条件长期稳定的投资环境"，图木尔廷敖包锌矿得以维持现有开发条件、股权结构不变。

可见，正是鑫都矿业与蒙古国政府订立的《稳定状态合同》使鑫都矿业规避了政府持股风险，为公司的运营和发展提供了稳定的经营环境。

3. 违约责任要"惩罚化"，从合同条款上防范对方解约风险。

从网上可以看到由于外国政府或合作方违约，至少有两家央企"煮熟的鸭子飞了"。对方之所以敢违约，原因很多，但关键之一是违约成本低。有的违约金仅约定合同额的1%，对方立马兑现。有的对方在违约后，还要求守约方忙前忙后、提供合理支出的证据，经其认可确认，才能赔偿实际损失。

西方有句法律谚语"偷一牛换四牛，偷一羊罚五羊"。痛定思痛，建议今后在合同里采用惩罚性赔偿。"在自愿交易成本很低而受到侵犯的案件中，有必要适用惩罚性赔偿以保证人们通过市场进行交易"①。实际上惩罚性赔偿在英美国家已有二百多年的历史了，实践证明其运行的也是比较好的，正在被越来越多的国家采用。惩罚性赔偿区别于补偿性赔偿，其主要目的不在于填补受害人的损失，而是在于惩罚违约行为。当违约带来的损失大于所带来的预期利益，行为人毫无疑问的会守约，因为其若是选择违约，会使其支出更多的赔偿金。

"一字值千金"。在前面的案例中，如果违约金提高到2%，就可多得到几亿美元。如果提高到10%，对方可能不敢违约。"一带一路"中，中央企业境外投资难免会遇到同样的问题，有的东道国政策多变，有的法律不健全，存在如政府征收、政府违约等风险。这方面中央企业还缺乏成功案例，建议尝试通过签订惩罚性条款，来保护我们的合法权益。

（四）如何做好项目运营阶段的法律服务

1. 合规经营。

"合规"通常包含以下两层含义：①遵守公司所在国和经营所在地的法律法规及监管规定；②遵守企业内部规章包括企业价值观、商业行为准则、职业操守准则等。与企业法律风险相比，合规风险有五个特点：

（1）人们对两种风险的认识有先有后，企业法律工作始于19世纪末，企业合规工作始于20世纪70年代，中央企业在金融危机开始提出依法合规经营。

---

①　在1996年的美国Kemezy诉Peters案中，波斯纳法官判决词。

（2）产生的方式不同，做生意赔钱使企业意识到要防范企业法律风险，而政府罚钱使企业意识到要防范企业合规风险。

（3）合规比守法的覆盖面更宽，合规风险可以来自法律法规、地方法规、行业规定、企业制度等任何一项企业的违规行为。

（4）合规风险比法律风险的后果更严重，不限于一单合同的经济损失，可能涉及一个时期的一类交易的损失，还要受到政府监管的巨额处罚。

（5）合规风险与企业发展的阶段性更为密切，企业规模越大、实力越强、名声越响，合规风险越大。合规风险可以理解为是一种树大招风型的风险。

如果把企业比作生意人，防范法律风险的目的是企业要成为能挣钱的生意人，防范合规风险的目的是企业要做守规矩的生意人。

"走出去"的中央企业要遵守本国法律的规定，要遵守东道国的规定，还要遵守国际上通行的规定。中央企业是最守规定的，关键是现在的规矩基本上是人家定的，中央企业"走出去"，就要按照人家的游戏规则来。打麻将就不能用打桥牌的规则，参加足球比赛就不能用篮球的规则。中央企业有一个学习规则、掌握规则的过程。

一是注意知识产权问题。有家中国企业与一家德国企业都是从事一种小品种有色金属方面的生产、销售，这家德国企业为了占据市场、打击对手，利用美国专利申请门槛低的特点，在美国申请了产品专利，然后以美国客户的名义与中国企业签合同，之后在美国立案，告中国企业专利侵权，一单5万美元的合同引起了大麻烦。

二是注意履行义务。境外中资企业普遍遇到在东道国是否需要缴纳社保基金的问题。有些国家社保制度不完善，只是为增加社保基金蓄水池，规定外籍员工只有到55岁才能由本人一次领取社保基金，如果55岁之前调回国内，就算白交了。同时，存在一个人在两个国家交纳双份社保基金的问题。作为企业，一是呼吁国家有关部门加快签订国际间社保基金互免协议力度，现已有中韩、中新少数国家签订。二是企业应与东道国社保机构积极对话，不能置之不理，不能公开拒绝。境外企业一定要注意与当地政府部门的文来文往，否则从礼节上是不尊重，从法律上是默认。除非两国政府有互免协议，境外企业中方员工按规定要在东道国缴纳社保，在华外籍员工同样要在中国缴纳。

三是注意反垄断问题。以中国企业涉及境外反垄断法的案例为例。为稳定产品出口市场、避免同行恶性竞争，国内某行业协会组织多家中国企业召开会议，达成稳定出口价格的协议。之后效果也很明显，在外的产品价格提高了，企业利润增加了。于是协会作为一大政绩在行业媒体上对如何应对价格下降问题做了报道。之后对方拿到了报纸、拿到了参会企业、人员签到表，以达成垄断协议为由，在境外立案，起诉参会的中国企业。这个案例告诫我们，原来认为没有问题的很可能就违规了。因此，赴海外投资企业尤其是建立联盟携手"走出去"的企业，应避免出现有限制竞争的行为，一旦被法律调查和启动惩罚程序，则企业将付出高昂的代价。

四是注意反商业贿赂。反商业贿赂始于美国20世纪70年代，美国从整治国内企业贿赂行为开始，继而又大力制裁涉嫌海外商业贿赂的企业包括国际足联，一方面有利于打击贿赂行为，另一方面也使美国企业参与国际竞争不处于人为的劣势。2015年，有12家中国企业因涉嫌参与"海外腐败"被列入了世界银行的"黑名单"。列入"黑名单"的企业将在一定时期内被禁止承接世界银行资助的项目，并且会在全球范围遭遇信用危机和市场危机。随着"一带一路"的深入，我们的企业要"走出去"、产能合作、经贸往来、并购重组等，都需要借助与境外的合作，一旦出现不诚信行为，信用方面的损失是不可弥补的。

2. 规范操作。

境外投资要高度关注劳动用工问题，相比国内员工来说，国外员工的维权意识非常强，而且越来越强。我们在境外的企业基本没有经济合同纠纷，都是劳动纠纷。

下面看在一个发展中的国家，我们的企业遭遇了当地工人怎样的过度维权。

2008年12月1日，中国有色集团在赞比亚企业铜冶炼公司与某当地人签订劳动合同。2013年上半年，该员工因病休假半年，铜冶炼公司严格按照赞比亚《雇用法》及当年与工会协商的病假期间薪资标准为该员工发放薪资，前3个月全薪、后3个月半薪，并承担员工医疗费用。赞比亚《雇用法》（Employment Act）第36条规定："当雇员由于伤病或事故无法履行书面服务合同，合同在注册行医人员提供相关报告时终止（Where owing to sickness or accident an employee is unable to fulfill a written contract of service, the contract may be terminated on the report of a registered medical practitioner）"。医院向企业出具诊断建议书，认定该员工因病不能胜任工作岗位，建议公司对该员工办理病退，解除劳动合同。2013年9月27日，铜冶炼公司根据赞比亚《雇用法》第36条的规定，和医院诊断建议书，与该员工终止劳动合同，同时严格履行终止劳动合同的程序，按标准对该员工离职前工资进行结算，并为该员工申请工伤保险国家赔偿。该员工在办理病退离职手续后，在最后领钱的时候改变主意，不满结算工资数额（中国是工作一年补偿一个月工资，赞比亚是补4个月），拒绝领取结算工资，开始了投诉和诉讼过程。

（1）到劳工部设在当地的办公室投诉，办公室了解情况后支持了公司决定。

（2）通过其母亲向国家劳工部副部长投诉，副部长亲自调解，仍支持公司决定，劝其领取结算工资。调解未果。

（3）以非法解除劳动合同为由，向劳资关系法院起诉，法官在了解事情经过后认为是浪费司法资源直接撤销了案件。

（4）以公司未提供劳保用品致其患病为由，诉至当地高等法院。

这个案例最后以我方胜诉结案，也给企业三点启示：

一是为避免劳动争议，妥善解决劳动用工问题，一定要依法合规。

二是重视程序和证据。企业听从法律部门建议，将劳保用品发放规范化，由班组长代领改为领用人本人签字存档，成为最终胜诉的关键证据。

三是在处理这起劳动争议的过程中，企业总法律顾问作用显著。境外企业深刻体会到建立总法律顾问制度、加强企业法律工作的必要性。

3. 敢于维权。

一是根据有效合同，积极维护合法权益。缅甸达贡山镍矿项目基本设计施工建设工期 30 个月。项目于 2009 年 1 月 15 日正式开工建设，计划于 2011 年 7 月建成投入生产。2011 年 6 月 14 日之前，所有试车投产准备正在热火朝天地进行中，天有不测风云，由于缅甸发生的武装冲突，瑞丽江水电站至达贡山镍矿项目的 140 千米 220 千伏高压专用输电线路被破坏，矿山建设被迫停产，直至 2012 年 10 月才正式投产，比《达贡山镍矿项目产品分成合同》的约定推迟了 15 个月。缅甸对外国投资项目的工期要求非常苛刻。《缅甸外国投资法实施细则》第十章"建设期的规定"第 56 条规定，"投资者在获得委员会的批准令后，必须从批准令下达之日起在规定的时间内完成建设工作。"据此要求我方承担工期延误的经济损失。面对缅方强大压力，我们依据《分成合同》据理力争，一是援引合同中"不可抗力"条款，将从 2011 年 6 月 14 日 ~ 2012 年 5 月 8 日输电线路受损停工的 11 个月定性为"不可抗力事件"，我方对此造成的后果不承担任何责任；二是援引试运营对"电力供应不足"的特别约定，指出缅方对不能按期试运营应承担共同责任。经过艰苦的谈判，受此事件影响导致工程延期、延长进口货物免税期、相关销售安排等事宜，基本按照我方要求达成了一系列有利的工作成果，避免了工期延误导致的违约风险。

二是深入了解政策法律，避免资金浪费。2012 年初，赞比亚矿山安全局在矿山的日常检查中，要求所有矿业企业必须为井下员工配备压缩氧自救器，且指定从某国外企业进口，单套价格为 4000 ~ 5000 美元，比中国价格高出几倍。但是，经我们研究认为，金属矿山与煤矿的井下条件差异很大，该类自救器通常只用于煤矿等非金属矿山，如果在通风条件良好的铜矿井下配备只会增加矿工体力消耗，还要额外增加几百万美元投资。但如果不按规定配备，又将会面临处罚。在仔细研究赞比亚法律规定后，认为法律对此并无强制性规定，纯属矿山安全局官员考察某煤矿后看到煤矿矿工身背"先进设备"后的"拍脑袋"决策。于是，我们企业联合其他矿山企业针对此项不合理规定进行申诉。最终，企业的意见被采纳，该项规定取消。

最后，和大家分享一下我在境外投资法律风险管控工作中的三点体会：

第一，"维法不唯法"——处理好法律工作与企业全局的关系。

第二，"助力不阻力"——处理好法律部门与业务部门的关系。

第三，"依靠不依赖"——处理好法律部门与外部律师的关系。

以上探讨了关于境外投资的四个法律问题，重点是如何做好战略决策阶段、尽职调查阶段、项目交易阶段和项目运营阶段的法律服务。

中国中铁参与"一带一路"
建设法律风险防范经验分享

中国铁路工程总公司党委常委、
董事会秘书、总法律顾问　　　　于腾群

一、"一带一路"遇到新的机遇和挑战

中国铁路工程总公司（以下简称中国中铁）是世界最大的基础设施建设承包商之一。2015 年世界 500 强当中排名第 71 位，也是中国高铁建设的主力军。目前，中国中铁的海外业务已经拓展到世界 92 个国家和地区，现在在境外的工程项目将近 500 个，在建的项目合同总额将近 300 亿美元，从事海外业务的员工有近万人，雇用当地的员工有近 5 万人。随着"一带一路"重大倡议的提出，给中国中铁带来了前所未有的机遇，我们这两年在"一带一路"的沿线国家也开展了很多的相关业务。"一带一路"涉及的沿线国家大约有 60 多个，涉及的人口有 44 亿，经济总量 21 万亿美元，分别占到全球的 63% 和 29%。据统计，截至目前，中国在"一带一路"的 64 个沿线国家有超过 900 个投资项目，投资额接近 9000 亿美元。据估算，每年亚洲基础设施投资的资金规模大约也在 8000 亿美元，这些都给中国企业提供了广阔的商业机会，同时"一带一路"重大倡议的提出，国家在政策和资金方面给予大力支持。"一带一路"为我们中国高铁技术的输出，中国的机车车辆走向世界，中国标准引领世界创造了前所未有的机遇。但也给我们带来了前所未有

的挑战。

（一）大国角力，对"一带一路"的重大倡议部署形成了挑战。俄罗斯提出了欧亚联盟，欧盟在积极地推动东部伙伴计划，美国也提出建设新丝绸之路和印泰走廊等设想。日本目前也是以举国之力来争夺高铁的建设项目。

（二）国内同行竞争使法律风险管控成为决定企业竞争力的关键因素。我们在"走出去"的过程当中，遇到了很多竞争对手，不仅是境外公司，还有国内的同行。在相互竞争中我们深深感到法律风险管控能力的高低已经成为企业能否赢得竞争，能否在竞争中立于不败之地的关键因素。

（三）复杂多变的社会、政治、经济和法律环境对项目的实施带来了挑战。刚才提到"一带一路"沿线涉及 64 个国家和地区，每个国家在社会、政治、经济、文化、法律等方面都有自身的特点，差异巨大，情况复杂，这些无疑对我们都是巨大的挑战。

（四）空前激烈的市场竞争使得建筑业企业海外业务的模式正在发生深刻的转变。根据中国中铁的经验，最早我们"走出去"是靠单纯的工程承包，到后来要协助融资，再后来积极探索了资源财政化的模式，从资源财政化模式现在又演变成目前以项目融资，比如 BOT、PPP 等形式直接参与项目的投资和运营这种复杂的业务模式。中国中铁最新的业务模式中既包括了建筑业企业传统的工程承包业务，又包含了项目的融资业务和投资业务。这种日趋复杂的业务模式带来了更为复杂多样的法律风险和问题，也对我们企业法律顾问的法律风险管控工作提出了前所未有的挑战。

二、"一带一路"的法律风险及应对

我们在海外经营的过程中，遇到的法律风险种类是非常繁多的，而且这些风险在很大程度上是因为我们对海外投资的环境了解不多而造成的。下面介绍建筑企业在"一带一路"中的法律风险和应对，按照最新的工程承包投资项目融资的业务模式,我把建筑业企业涉及的主要法律风险,按业务类型分成了以下三类。第一类是海外工程承包EPC模式下的法律风险。具体包括投标、合同谈判、付款、保函等方面的法律风险。第二类是项目融资模式下的法律风险。主要是特许经营授权许可、政府兜底、政府违约、融资安排、失败退出、争议解决等风险。第三类就是海外投资并购模式下的法律风险。主要涉及市场准入、股东关系、投资环境等风险。最后是建筑企业在"走出去"过程中面临的一些普遍性法律风险。不同业务的内容和特点决定了法律风险管理的侧重点和管理的内容也不尽相同。以下是中国中铁在日常项目实践中经常碰到的一些重点法律风险和应对措施。

(一)工程承包业务涉及的一些重点法律风险及其应对策略

一是投标风险。单位进行工程项目施工的前提是投标取得工程项目,因此在与同行业企业竞争的同时必须要做好招投标过程中的风险控制。所谓投标风险就是在投标过程中,或以后的项目实施过程中不期望发生的事件的客观不确定性。从法律的角度来讲,投标风险主要表现为谈判条件和合同条款所带来的风险。首先是谈判条件,在投标阶段除报价之外,谈判条件的接受与否及接受程度是影响中标可能性的另一主要因素,同时对整个投标战略的成败起着至关重要的作用。例如,一味全盘接受对方提出的条件可能中标,但最终也可能因为让步太多而损害了自身的利益,使之成为一次失败的项目承包。其次是合同条款。工程合同是工程实施的重要依据,是以法律形式确定的一种约束,工程合同的条款是投标中需要考虑的一个重要因素,在投标过程中需要仔细研究工程合同的条款。特别是对承包商不利的条款,例如工程付款的条款、工程进度的条款、保函、质量保证、验收标准,工程保留金的比例与期限等。

从风险应对来说,在积极争取中标的同时要坚守自己的原则,坚守自身的底线,不要被白热化的投标气氛所干扰,担心自己中不了标。对于工程合同，承包商在合同风险的防范上主要是要防止合同风险所带来的经济效益的减少，以及避免承担超出其控制范围的风险。

从风险管控措施和程序上，应当在招标前组织业务部门、财务部门、法律部门，以及相关的外部专家，包括外聘律师按照内控程序完成评审，对项目涉及的重大风险进行梳理，设定明确的投标底线和投标方案。最近我们在东南亚的一块土地开发竞标项目中就碰到了比较棘手的问题。在这个过程当中，我们反复跟业主方、招标方进行谈判。业主在他的招标文件当中明确说明这块地前景很好，要建设城市的交通枢纽和新的城市商业中心，但是是否能够按照规划实施是个未知数，所以他把这个风险转嫁给了我们投标方。如果投标方不承诺承担规划风险，连谈判的资格都没有，所以我们只能承诺，但是我们在后面的合同谈判当中又设置了很多对我们有利并可灵活控制的签约条款。

二是垫资风险。垫资风险是中国的工程施工企业在走出去的过程当中经常会遇到的一种风险。对中国中铁而言，在这方面的风险控制还是非常谨慎的。在海外工程承包中，承包商越来越多地为工程垫资，已经成为普遍现象。垫资时首当其冲的风险就是业主的违约风险，如果业主不具备还款能力，或者本身缺乏信用，会直接导致垫付的资金无法收回，使承包商蒙受重大的损失。垫资还有可能引起其他问题，从而带来其他风险。比如，在垫付资金后，承包商或者建设单位因其他原因出现歇业、破产或被撤销的情形，而已付资金短时间内又难以回收，因此造成了损失；因某一工程垫资过多，致使不能同时开展其他工程，从而可能丧失商业机会而受到损失；如果承包商垫资来源于银行贷款，银行贷款利息的变动会增加公司的风险。如果垫资最初的资金来源的币种与垫付给业主的币种不同，承包商还要承担汇率变动的风险。

从风险应对来说，作为承包商应事先全面考察垫资风险，不要随意为业主垫资。业主需要垫资，通常意味着其不具备从金融机构取得贷款的能力或者条件。在考虑垫资前，应当首先了解其无法取得贷款的具体原因。只有在无法取得贷款的原因，不会根本性地影响业主还款可行性的条件下才可以考虑垫资的可能；在考虑是否接受垫资的安排时，应当重点确定：第一，业主承担还款业务的商业可行性。例如，在很多项目中业主是凭借项目建成投产后产生的收入用于还款，那么就要考察项目本身是否合规，生产出的产品是否能够适销并产生充足的还款收入。在考察商业可行性时，还要留意业主在项目中的股权投入有多大。如果项目发生亏损，首先亏掉的是股权投入，其次才是贷款和工程款等债权。业主的股权投入是降低垫资风险的第一重保障，第二，还要考察业主的信用状况。在同意垫资安排之后，应当重点考虑：第一，要求业主提供适当足额的担保，作为承担风险的最后保障。在选取担保标的时，应选取有价值，变现能力强的担保物；第二，要确定适当的垫资形式。一般来说以贷款的方式予以垫资要优于工程延期付款，因为贷款是独立于工程的法律关系，不论工程项下是否存在纠纷，在贷款关系中业主均有还款义务；第三，在合同中建立止损机制。在明确业主没有能力支付或偿还工程款时，有权中止施工项目；第四，如垫资源于银行贷款，则需要与银行达成与垫资安排相匹配的融资安排。汇率风险较大的，还需要购买套期保值等金融产品来锁定汇率的风险。

从风险的管控措施和程序上，建议在决定承担垫资风险前，要组织相关的业务部门和专家论证业主还款方案的可行性，对项目和业主进行法律尽职调查、背景调查，并依据实际情况来制定相应的垫资方案和担保方案。

三是工程变更索赔的风险。不同于境内工程合同，境外工程合同不仅重实质，更注重程序。例如，如果在施工过程中发生工程变更，承包商有权提出延期和调整工程款。同时合同还会规定，发生变更时承包商必须在一定的时间内提出变更申请，并且完成工程变更的流程手续。如果承包商没有按照合同来完成变更手续，则不能构成变更，承包商也就无法取得延期和额外报酬。索赔的情况也类似，在业主违约或者发生某些超出承包商控制范围的事项时，承包商有权要求延长工期，并且有权要求业主补偿额外发生的成本和相应的利润损失。合同通常会规定，发生此类情形时，承包商需在一定的时间内，按照合同规定的程序来提交索赔，并且索赔文件也必须符合相关的要求。如果承包商没有能够按合同规定的程序提出索赔，则会丧失索赔权。这种情况似乎国内承包商不重视，但是"走出去"之后一定要按照合同约定的程序、要求、内容来进行索赔。

从风险应对来说，一要预测可能出现的风险，预防争议的出现。预测可能发生的风险和不确定事件，通过工程变更条款，价格调整条款等予以保护。一旦风险发生，严格根据合同条件提出变更或索赔。二要充分重视索赔程序，收集索赔资料。额外费用和工期延长索赔是由建设项目中的各种事件引起的，为增加索赔成功的机会，索赔者必须有足够的证据、相应的文件，确定额外的费用和工期的数量和原因。因此，必须以事件和文件为依据，辨别、记录可能发生或者已经发生的事件对工期施工费用的影响。三要按照索赔程序进行索赔。合同中规定了提出索赔的程序及时间要求，一定要及时地提交有关报告，如果没有按照合同要求及时出示书面索赔通知，则可能会导致失败。因此，必须意识到及时准确的通知和合理的文件证明对索赔成功是至关重要的。四要建立系统的合同执行管理和文件管理规程。这一点非常重要，要通过日常性的合同执行管理和文件管理，为成功提出变更或索赔打下坚实的基础。

从风险管控措施和程序上，应当在合同签署前对合同相关的内容组织评审，合同签署后对项目执行人员组织项目合同培训，强调项目执行文件管理要求，合同执行阶段一定要按工程节点对项目执行情况进行核查。

（二）在项目融资这个模式下涉及的几个重点法律风险及其应对策略

一是特许经营的有效性风险。对项目发起人而言，项目融资中最核心的事项是从政府取得特许经营权和签订相应的特许经营协议。从性质上，特许经营权的授予是一种行政许可，必须要有明确的法律依据，并且要经过严格的法律程序方可授予。如果法律依据不充分或者法律程序存在瑕疵，会导致整个项目因为不合法而无效。

从风险应对来说，事前对东道国相关的法律规定和法律程序进行深入了解，确定法律依据的存在，并要求东道国政府严格按照法律程序授予特许经营权。如果特许经营权可以通过总统令、国会议案、国会立法等多种形式赋予，则一定坚持要求东道国通过国会立法等最高级别的立法予以确定，以防止政府更迭撤销特许经营权。

从风险管控措施和程序上，应当在项目签约前，聘请专业律师对相关风险进行分析建议，签约过程中聘请当地律师对程序的合法有效性予以核实。

二是政府兜底风险。实行融资的项目绝大多数是提供公共产品，或者公共服务的项目。在这类项目中，服务的人群相对固定，产品或服务的价格又有政府定价等价格限制。特许经营权人既不能挑选用户，也不能自由调整价格，因此很多风险尤其是市场风险是无法承担的。这就要求在发生不应当由特许经营权人承担的风险时（如定价水平不足以支持项目成本和收益回收、法律变更、不可抗力、规划变更等），由政府通过补贴、回购等方式予以兜底。如果政府不做兜底承诺，或者兜底承诺不足，或者不履行承诺都会对项目造成致命打击。

从风险应对来说，一要在做项目前对政府的经济能力和信用状况进行评估；二要在特许经营协议及相关的立法文件中对政府的兜底承诺做出明确全面的约定。

从风险管控措施和程序上，建议在项目签约前组织相关部门对政府的经济能力、信用状况和项目的可行性进行充分的评估和分析，并对项目涉及的风险进行逐一的排查和梳理。同时要聘请专业的律师团队来形成完善的合同文件。

（三）投资模式下涉及的重点法律风险及其应对策略

一是市场准入方面的风险。"一带一路"上有不少国家有着类似的外商投资准入制度。除一般性的准入限制外，投资前可能还需要通过外商投资审查、反垄断审查、国家安全审查、工会咨询等一系列法律审批程序。如果违反东道国外商投资准入制度，或者未按照法律规定完成相关的法律审批程序，可能会导致投资的失败。

从风险应对来说，事前要对东道国相关的法律规定和法律程序进行深入了解，确认投资项目符合东道国的准入要求并依法完成所有相关的法律审批程序。

从风险管控措施和程序上，应当在项目投资前聘请专业的律师对相关问题提出咨询建议，在投资过程中聘请当地律师协助完成相关法律手续。

二是与合作伙伴的关系处理风险。"一带一路"上许多国家在政治和商业规则都无法达到完全的公开、透明和公平。加之中国企业对当地环境不够熟悉，往往需要通过和当地合作伙伴进行合资合作才能够顺利地实现投资。然而，当地合作伙伴往往是把"双刃剑"，他既可以利用自身的资源和优势帮助中国企业取得成功，也可以给中国企业制造麻烦，尤其在中外双方合作伙伴处于同一行业，具有竞争关系的情况下。如果与当地合作伙伴关系的处理不得当，往往会适得其反，导致项目失败。在与合作伙伴关系的处理中，投资各方最关心的问题通常有这样几种：主要是公司治理，在境外设立公司一定要高度关注公司治理的问题，公司治理当中涉及合资中投资双方的权限划分，以及相关程序的安排。还有关联交易、出资/融资义务、不正当竞争、僵局处理、股权转让、合资公司终止、解散等重要的问题。处理不好会造成与当地合作伙伴发生重大矛盾，导致项目的失败。

从风险应对来说，一要在做项目前对合作伙伴的资信状况，尤其是信用状况，进行认真的背景调查；二要在合资合同，也就是股东协议当中，对影响股东关系的核心事项进行事先明确、具体、合理的约定，让双方对未来出现问题时的后果都有一个明确的预期。

从风险管控措施和程序上，应在投资决策前，组织项目评审会，对合资伙伴的资信状况进行核实，对合作关系的关键风险点进行系统、客观的分析和处理。

我们在最近的一个合资项目当中也遇到了类似的问题，我们要和东道国政府下属的机构成立合资公司，他们提出了一些条件。比如，由一方向第三方转让股权时，另外一方享有优先购买权。这一条看起来是合理的，但对于我方来讲，约定这样的机制根本不具备可操作性。如果政府股东要转让股权，若我方行使优先购买权，就会丧失政府股东对本项目的支持，给项目带来风险；若我方不行使优先购买权，同意政府股东将其股权出售给第三方，则同样失去政府股东对本项目的支持。在这种情况下怎么办？即我们接受和不接受都将处于非常尴尬的局面。对此，我们在谈判的过程中，在合同条款中添加了随售权，即政府在出售其股权时，我方有权要求按照相同的条件和政府一起卖给第三方。

三是企业运营的风险。对外投资涉及跨国性的生产经营活动，需要在境外设立下属企业，并进行长期的运营管理。由于政治、社会、经济、法律等各方面普遍存在的差异，企业经营中必须面对许多日常性的法律风险。如公司治理合规性风险、税务风险、劳资风险、环保风险、知识产权风险、外汇风险、诉讼风险等。

从风险应对来说，第一，要在当地成立法务部门，或者设立法律专员来专门负责当地日常经营所涉及的法律问题处理；第二，要在当地聘请常年的法律顾问，就日常的经营问题提供相关的咨询和服务。

从风险管控措施和程序上，要建立健全当地的法务部门，健全决策程序。聘请当地的常年法律顾问。对于重大的经营事项，执行前要提交有关决策机构来进行决策。

（四）中国企业在"走出去"过程中面临的一些普遍性法律风险及其应对策略

一是法律差异的风险。"一带一路"跨越亚、欧、非三大洲，沿线各国法律体系、法律制度和法律文化差异显著，各国法律建设水平也极不平衡，企业在不同的国家将面临着不同的法律风险。有些国家法律制度相对比较健全和稳定，比如东南亚的新加坡、马来西亚等，大家都比较熟悉。而有些国家的法律法规受政治、经济的影响，存在着一些不同于普遍情形的规定或制度。另外，即便是在法律制度和环境比较接近的国家，对统一的法律问题也可能存在着不同的见解。在项目中一味地依赖中国法律的理解，或者对一般法理的理解而忽略当地法律的差异，经常会导致项目出现意料之外的问题和损失。比如我们公司在一个伊朗项目的合同谈判过程中，就碰到这样一个典型的例子。一般理解"经济制裁"是属于不可抗力的范畴，但是根据伊朗的法律规定，"经济制裁"不构成不可抗力。合同约定不能违反法律的规定，否则就无效。如果我们想当然地认为"经济制裁"属于不可抗力，简单地通过不可抗力条款来应对风险，就会出现重大问题。最后，我们在合同中创设了单独的"特殊事项"条款，把"经济制裁"作为特殊事项，并为特殊事项规定了与不可抗力相同的法律后果。

从风险应对来说，一要对于社会制度、法律制度与我国差异较大的国家，在做项目之前对东道国做一个总体法律环境的调研，法律环境是投资环境中非常重要的一个指标。投资环境的好坏，甚至比项目的好坏更重要。可以提早让律师或公司的法律顾问借助专业的力量来判断投资法律环境；二要合同条款尽量做的细一点。聘请东道国及相关法域的律师对合同内容的合法有效性和可执行性进行审查，以便更有针对性的发现问题和解决问题。

从风险管控措施和程序上，在做项目前，应当聘请境外的法律专家对项目合同内容进行审查，并进行一般性的法律风险提示。在项目执行阶段，遇到问题也要及时地聘请专家，听取专家的建议。

二是劳资风险。在海外工程承包和投资中，用工问题也是经常出现的重大问题。为保护当地就业，很多国家都有自己的劳工保护措施，要求施工人员中当地劳工不低于一定的比例，有些国家甚至严格控制境外人员的就业，规定境外人员只能担任当地人无法胜任的特殊岗位。而工程按时保质的完成，必须要有训练有素的工人，若无法使用国内的熟练工人，则直接会导致工程的违约。另外，劳动法问题也是中国企业海外并购遭遇的典型法律风险。境外很多国家都有很严格的劳动保护法律和措施，劳动力成本比较高昂，工作效率也相对低下，并且难以管理。对于投资项目的成本控制和运营提出了很大的挑战，收购完成以后我国企业也常常会根据业务需要对目标企业的员工进行调整或者裁减。此时，如果中国企业无视当地劳动法而盲目行事，对目标企业人员调整、裁减就有可能违法，轻则招致工会抗议或当地政府行政处罚，重则可能导致大面积的罢工。如果劳资矛盾达到不可调和的境地，还会直接导致项目的失败。根据一项调查分析显示，企业并购案例失败的十大原因当中有八项直接或间接地与劳工、人事或人力资源有关。

从风险应对来说，一要在工程承包项目中首先对工程所在国的劳动用工要求进行了解，制定相应的用工方案。同时在工程合同中要做到相应的合同安排，规定如果无法按时取得充足数量的工作许可或签证，承包商则可以延长工期并调整价格。二要在进行投资项目前，应特别地了解当地劳动法律的各项要求，充分预估当地的人力成本，并做相应的用工安排。同时，不可轻视境外国家的法律或劳工组织对劳动者的保护以及他们的劳动保护意识，如需采取解聘裁员等措施，必须聘请当地律师提供意见。例如，我们在国内为了赶工期，"白加黑""五加二"，这个在很多国家是行不通的，许多国家的工作时间为一天八小时，到点上班，到点就下班。所以用国内的一些管理理念和方法去管理国外的工程肯定是要出问题的。

从风险管控措施和程序上，项目签约前通过聘请专业顾问等渠道对当地劳动法律要求进行充分的调查和研究，提前做好用工方案，充分预估风险。对投资项目，需要聘请常年法律顾问对日常性劳动问题提出意见和建议。

三是政治风险。政治风险是境外项目，尤其是发展中国家项目所面临的最大风险之一，部分发展中国家容易发生政局动荡不稳、政府政策稳定性差、国家统治经验不足、国际势力干预、经济利益冲突等问题，相关政治风险包括政治事变的风险、内乱内战风险、国有化风险、汇兑转移风险、仇外排华风险、国家战争风险、国际干扰风险等关键风险点。在发生政府更迭时，政治风险最容易发生。随着中国企业境外直接投资的规模日益扩大，境外投资合作的方式从相对简单的加工贸易、工程服务向资源开发投资和全方位的股权投资并购发展，政治风险问题日益突出。

从风险应对来说，一要评估政治风险建立预警系统。企业在进行境外投资立项的过程中，就应该对东道国的政治、法律、社会环境进行系统的考察和评估。许多发达国家都设有对外国政治风险进行评估的专业机构。另外，企业也可以与我国政府驻外机构，以及在东道国已经设立投资项目的中资企业加强联系与沟通，充分利用这些资源来详细地了解东道国的情况；二要购买境外投资保险。境外投资企业可以通过投保将政治风险转嫁给保险机构；三要对于政治、政策不太稳定的国家的投资，尽量通过国会法案等稳定立法来确立项目权益，而非依赖总统令、内阁令等变数较大、缺乏延续性的形式。例如，我们在刚果（金）的一个大项目，政府当时也承诺给我们免税的待遇，但没有上升到法律层面，在项目实施的过程中我们不断地推动当地国的议会通过了免税法案，从而就从法律层面保障了该项目的免税待遇真正能够落实；四要在合同中加入终止条款等保护机制，如发生难以解决的重大政治风险时可以终止合同、从项目中撤资等等。

从风险管控措施和程序上，在项目签约前要召开项目评审会，充分预估风险，购买相应的政治险。

四是公共关系风险。随着国家"一带一路"重大倡议的推进，中国企业"走出去"的步伐不断加快，更多的中国企业在世界舞台崭露头角，知名度日益提升，西方主流媒体对中国企业的新闻报道也日益增多。但这也意味着中国企业正面临着诸如如何有效传播和塑造形象的多方面挑战。"走出去"的企业是国家的形象代表，稍有不慎，就会给国家的形象和企业自身带来负面影响，这就是公共关系风险所在。有时候我们很多企业只重视生产而忽视了与当地政府，特别是当地居民的沟通，就有可能引发公共关系风险。例如，当地的一些政客为了选举，或者为了一己私利往往会夸大中资企业对当地就业、生态环境以及国家安全造成不利的影响。有时，在外企业的工作人员也不重视自身的素质修养，违反了当地的法律法规、习俗风俗，从而造成恶劣的影响。

从风险应对来说，一要加强人员的管理，尤其是要加强纪律性和自身素质，减少与当地政府和居民发生冲突的可能性；二要建立危机处理预案，一旦发生公共关系危机，以最及时、最恰当的方式予以解决和应对，最大限度地降低负面影响。

从风险管控措施和程序上，应制定人员管理制度和危机管理预案，出现问题时启动预案及时处理。

五是安全风险。"一带一路"上有不少的国家和地区政治不稳、国内矛盾突出，存在重大的安全问题。国际上大国之间的角力日益激烈，增加了地区性的不稳定因素。另外，极端恐怖组织势力抬头，使得安全问题在政治、社会稳定的发达国家也时有发生。在"走出去"的过程中，海外人员在外国的安全风险是十分巨大的。

从风险应对来说，一要加强海外人员的管理，培养安全敏感性和集体性；二要与驻外使领馆配合，建立高效的预警机制和危机保护、撤离机制；三要在动乱国家要求东道国政府提供军事保护。我们现在在很多海外国家，确确实实都有部队在给我们提供有偿保护的服务。

从风险管控措施和程序上，在项目开始前进行安全风险评估，指定相应的安全处理预案和处理制度；在项目执行过程中，注意东道国的安全动向，与驻外使领馆建立长效的预警和保护机制，随时做好应急准备。

三、"一带一路"法律风险管控的几点体会

在这里，我想站在一名中央企业总法律顾问的角度来谈以下几点切身的体会：

一是知己知彼百战不殆。所谓"知彼"，就是要深入研究"一带一路"沿线国家的法律制度，要展开全面的尽职调查。所谓"知己"，就是要全面辨识、分析、评价我们自己的公司在海外业务的法律风险，制定相应的风险应对措施。特别要清晰地知道自己的短板，要从过往的损失中吸取风险管理的教训。

二是工欲善其事，必先利其器。首先，要建立完善的海外业务法律风险管理制度和体系；其次，要善于运用风险的识别、评价工具和分析方法；最后，以总法律顾问为主的法律顾问队伍要加快国际化，要具有宽广的国际视野，熟练掌握国际法、投资法、比较法、国际经济惯例等

等，成为懂法律、懂经济、懂管理、懂技术的复合型法律人才。

三是"君子生非异也，善假于物也"。也就是说要借力而行，增强与国家有关部门，比如国资委、发改委、商务部、外交部、交通运输部等政府部门的沟通，为我们的企业走出去获得更多支持和帮助。同时还要加强与法学研究机构、法律院校、律师事务所、会计事务所、保险机构、金融机构等组织的合作和交流，借助已有的研究成果和专业人才。

四是入其俗，从其令。首先要遵守东道国当地的法律，包括税法、反商业贿赂法、环保法、劳工法等法律法规；其次要积极地承担社会责任，在劳动用工和环境保护等方面，用较高的标准要求自己；最后要实施"本土化"经营，主动融入当地环境，融入当地经济发展，树立国际化公司良好的品牌形象。

中国海油构建境外法律风险
管理体系经验交流

原中国海洋石油总公司法律部总经理　徐玉高

一、中国海洋石油总公司简介

中国海洋石油总公司（以下简称中海油）是国务院国有资产监督管理委员会直属的特大型国有企业，是中国最大的海上油气生产商，成立于1982年，总部设在北京。中国海洋石油总公司是中国三大石油公司之一，负责在中国海域对外合作开采海洋石油及天然气资源，是中国最大的海上油气生产商和全球最大的独立油气勘探及生产集团之一，2015年公司在《财富》杂志"世界500强企业"排名中位列第72位。中国海洋石油总公司的业务板块包括油气勘探开发、炼油化工、天然气与发电、工程与专业技术服务以及金融服务五大业务板块，最主要的业务是勘探开发。按照国际上的分类，公司属于独立勘探开发公司，排名位于前列；油气勘探开发占海油整体利润最高时达到80%。

二、中国海油集团法律管理

2013年，我到法律部任职之初非常忐忑，没有法律教育的背景也没有这方面的从业经验，感觉企业的法律部门和其他综合管理部门最大的不同就是法律部门的能力很大程度上取决于法律人员的个人能力和经验，没有太多的规律、也没有太多的管理工具可以借鉴。但是一个经济组织和社会组织、政治组织一样，管理的理念是相通的。对于企业的法律部门而言，首先要解决几个问题：法律部的定位是什么？法律管理的内容主要是什么？法律部的企业内外部环境是什么？法律管理的未来发展方向是什么？对于这些问题的回答构成了企业法律管理的框架。

1. 企业法律部门的角色定位。

我们借助财务的成熟度模型对企业的法律部门角色发展历程进行分析，可以分为五个发展阶段，具体如下：

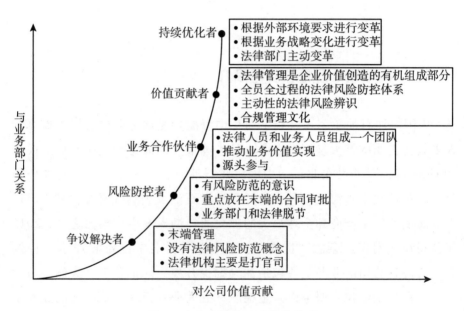

图1 企业法律管理成熟度模型

第一阶段，法律部为争议解决者，简而言之就是"打官司"，企业的法律人员一般较少。

第二阶段，法律部为风险防控者，主要职责是审查公司签订的各类合同，大家常听到领导说"这个事最后让法律部给把把关"，这种做法属于末端管理的典型做法，这应该是不少企业目前的管理现状，当然也包括央企。

第三阶段对法律部门的要求相对较高。法律部作为业务部门的合作伙伴，要为公司业务战略的实现提出合规合法的解决方案。法律部门和业务部门需要很好地组织团队，法律人员首先要对业务内容有较深的了解，站在业务部门的角度理解业务，利用法律专业知识在防控企业风险的同时为业务部门找到解决方案，这是法律部门应该做的最主要工作。但是在现实中，成为业务部门的合作伙伴并不容易，法律部门很容易与业务部门孤立开。

第四阶段，法律部成为价值贡献者。这是一个比较难以达到的阶段。在这个阶段，法律管理已成为企业价值创造的有机组成部分。国资委一直推行的全面建设法治央企也是一个非常高的目标。法律部门要想成为企业价值创造的有机组成部门，必须对公司的战略、公司业务的方方面面进行全流程的融入；同时，从企业的高层领导到业务部门的每一位员工都要有法律意识，这和第二阶段法律部只是到合同签订最后"把把关"是截然不同的。如果参与过重大商务谈判的企业人员都知道最大的风险实际在于如何能让领导人员和商务人员有法律意识，交易架构设计是风险最大的环节，如果这个基础环节出现了重大法律风险，仅靠在最后合同审查时去弥补是无济于事的。

当然，以上的四个阶段是处于不断的持续优化过程中，法律部门应该根据外部环境、公司业务战略变化不断进行主动变革，推动企业战略目标的实现，所以最后一个阶段是持续优化管理的过程。

我认为，中国海油总体的法律管理水平目前处于风险防控和业务伙伴两个阶段之间。但是与中国海油不同的二级单位的发展历程不完全一致、也处在不同阶段。所以法律部门要为公司的战略实现贡献价值就要不断地往更高的阶段去迈进。当然这个迈进的过程不仅仅是法律部门的事情，没有企业高层领导者的推动是无法实现的。中国海油法律部门的目标是一定要贡献价值，如果一个部门不贡献价值，就很难融入到公司发展当中；法律部门体现不了价值，只能是边缘化，因此，不可能成为一个核心的职能部门。

2. 中国海油"四型五化六能力"战略性法律管理框架（Legal Circle

Model）。

中国海油建立了"一个团队、一个目标、四型、五化、六能力的"战略性法律管理同心圆模型（如图2所示）。一个目标是法律部门要对公司战略目标的实现贡献价值，一个团队就是中国海油所有的法律人员，无论是总部法律部或者二级单位法律部人员，甚至是三级单位的法律人员都是围绕一个目标的一个团队。法律团队通过共同目标、年度计划、项目团队、工作交流、知识共享和年度述职进行打造。

一个团队、一个目标、四型、五化、六能力

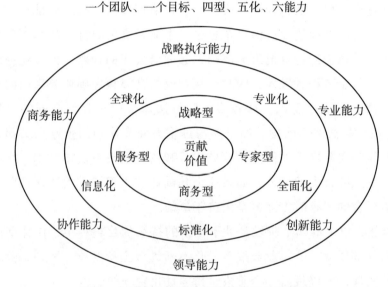

图2　中国海油战略性法律管理同心圆模型

战略型是指法律部门必须紧密关注公司的战略，如果不理解战略，法律人员不知道公司的战略发展方向和重大投资方向，谈何支持业务战略的实现并贡献法律服务价值。当然对于律师而言，大家日常工作中更多地关注合同审查、出具法律意见书、关注商务谈判中的法律条款等。当时我曾在总公司法律部作过调查，看看有多少法律人员能够说出公司的发展战略和发展规划，结果是能够准确表述出来的人并不多，这也充分说明法律人员缺乏战略视野，这在中国企业中是一个普遍现象。

　　专家型是指作为企业的法律顾问必须具备法律、商务等方面的专业能力，企业法律顾问要成为既懂法律知识，又具备某一业务领域专业知识的复合型人才。对于石油企业而言，随着环保问题、税务合规要求等商业环境的变化，我们需要培养专家型的税务律师、环境诉讼律师。现在律师专业分工越来越细，在许多情况下如果是纯粹靠外部律师介入，可能会错过危机处理的最佳时间。即使是找到专业能力很强的外部律师，如果对公司的业务和诉求不能很好地理解的话，也会影响到应对的效果。所以，中国海油法律部要根据个人兴趣、业务能力把内部法律顾问培养成不同领域的专家型人才。

　　商务型是指法律部门要成为业务部门的合作伙伴。要支持业务部门的工作，首先必须对业务流程和业务交易本质有深刻的理解，能够理解交易结构背后的逻辑和潜在的风险点。企业中大多数的法律工作者都是文科背景，对于与商务密切相关的财务逻辑和财务知识的理解相对缺乏，所以公司着重培养法律顾问在这些方面的能力。

　　服务型是指一般而言，法律部门是总部的后台部门，必须要有甘当无名英雄的奉献精神。商务律师与业务人员共同组成商务团队与对手斗智斗勇，当项目成功时，往往站在聚光灯下的都是业务人员；诉讼律师往往都是处理棘手的善后事项。随着全球一体化的加速和企业国际化水平的提高，法律风险防控能力已经成为企业核心竞争能力的重要组成部分。法律人员要主动靠近业务、了解业务、服务业务。

　　这个管理模型中的"五化"，其实是中国海油今后几年重要的工作方向。第一个方面"全球化"。目前中国海油已经有40%资产在境外，有些子公司甚至超过50%的资产在境外；如钻井服务公司中海油服作为香港 H 股上市公司，55%的资产在境外。作为一个业务已经全球化的企业法律人员，如果没有全球化的视野、全球化的管理理念去应对这一挑战，而是仅仅满足于坐在办公室内去管理世界，很难对公司发展过程中的法律风险有全面的判断和分析。第二个方面是"专业化"，与之前提到的专家化对应，就是既要具备法律专业能力，同时要具备某一领域的业务专业能力。第三个方面是"信息化"，法律部门的很多工作内容利用信息化手段很容易实现，比如文档管理和案件管理等。现代信息技术包括云技术、大数据技术、区块链技术等为法律部门提高管理效率、实现知识共享、挖掘潜在风险、打造全球虚拟团队提供了高效的管理工具。第四个方面是"标准化"，没有标准化的管理不能称为管理。小企业可以随意地管理，但只有标准化并形成工具化的东西才能复制推广，这才叫现代企业的管理。法律管理的标准化相对于财务工作的程序化、标准化而言比较困难。但即使是如此，法律部门也应该朝管理标准化方向去努力。第五个方面是"全面化"，与我们现在推动全面法制央企一样，法律风险防控是一个全员全过程的工作。中海油法律部门很重要的一项工作是培训非法律人员，包括公司管理层、中层和业务部门人员，让他们必须有法律认识。

"五化"体现在对法律队伍的要求方面是指企业法务人员应当具备的六种能力：战略执行能力，专业能力，创新能力，领导能力，商务能力和协作能力。依据上述定位，2014年中海油总公司法律部进行了职能优化和机构调整。第一，成立一个专门的合规管理处，其主要职责是应对反垄断、反不当竞争、反商业贿赂、资本市场合规披露等几方面工作；第二，将原来的海外并购处和咨询处进行整合，组建重大项目管理处，主要职责是对中国海油战略性的重大项目提供全流程的法律服务；第三，是传统的纠纷管理处，根据公司战略发展重点和风险点，提升境外法律风险防控能力和诉讼应对能力；第四，是合同管理处，我们将其职能从具体的合同审查转变为制定中国海油标准合同体系并提供相应培训，把具体的合同审查职能归于所属单位法律部；第五，法规处是中海油总公司法律部的传统职能，国家的很多立法都直接征求我们的意见，法律部通过举办专题研讨会、回复立法建议等方式把海油的立场在立法的源头表达出来，直接影响国家立法，体现一个国有企业的责任；第六，石油合同处是中国海油法律部前身条法部最主要的职能，也是我公司的特色。其主要职责是通过公开招标方式吸引国际石油公司投资我国海上开放区块，并具体与之进行产品分成合同的商务谈判和合同执行过程中的法律问题协调。

3. 中国海油集团法律管理的成效。

根据国资委的新五年规划，我们制定了三个阶段的工作目标，分别是法务建设年、全球行动年和价值创造年共五年的时间来实现新五年规划。通过三年的努力，中国海油法律管理工作取得了积极的成效：总法律顾问制度基本落实，全面覆盖、上下联动的法律管理制度体系已经形成；标准合同管理体系基本建成，合同管理信息系统初步建成，内部知识共享呈现多样化；与时俱进、开创对外合作新篇章；业务驱动，法律支持贯穿重大项目全流程；着眼全局、法律服务增值作用逐步显现，全力维权、公司形象得到有效保护；合规法律文化氛围初步形成，境外法律风险防控已经起步，普法宣传形式多样、内容丰富；法律机构体系基本完整，法律队伍素质逐步提升，法律培训方式务实有效。

三、中国海油集团海外法律管理

1. 海外法律管理概述。

中国海油是较早实施国际化战略的中央企业，1994 年就购买了美国阿科公司出售的一个印度尼西亚区块。经过二十多年的发展，公司在境外的实际投资超过 300 亿美元，既要买股权的交易，也要直接购买公司。目前，中国海油以中国海域的渤海、南海西部、南海东部和东海为核心区域，资产分布遍及亚洲、非洲、北美洲、南美洲、大洋洲和欧洲等 40 多个国家和地区，截至 2015 年底，公司总资产达 11642 亿元，海外资产占总资产的 37.2%。

就境外法律事务管理而言，法律管理必须跟随业务战略进行支持和转变管理理念。一个公司的国际化大体可以分三个阶段：第一阶段是开展进出口贸易，国内加工之后卖出去，或者是进口产品在国内市场销售，这个阶段的业务相对简单，主要是买卖合同，公司依靠国内法律事务机构就能够满足管理需要。第二阶段是做股权性投资，股权性投资对中海油来讲是指购买油田权益。一般情况下，在这个阶段我公司不是作业者，不需要负责项目的具体运作，只要对合作伙伴按照合同进行监督即可，所以基本上依靠本国法律部机构也能够满足管理需要。第三阶段是在当地投资建厂,对油气行业而言是指公司担任作业者,这种情况下,必须在当地建立完整的法律机构。假如在当地没有法律机构的话,尤其是东道国是发展中国家,书面上的法律条款和实际上的法律执行有不少偏差,而且总部和投资目的地物理距离很远,对业务的了解不可能是生动具体的,知识肯定是有滞后的、有偏差的,那么提出的解决思路就会有较大的风险。

2. 中国海油法律管理模式现状。

法律管理一定是随着业务战略的转变而转变的。2004 年之前,中国海油只有印度尼西亚有独立的法律机构。2001 年,我公司从西班牙 Repsol 公司并购了五个区块,当时是以收购公司的形式进行交易的,从而使中国海油成为印尼最大的海上石油生产商。因为并购了一个完整的公司,所以海油主要通过委派包括总裁和财务总监的管理层去管理,其他雇员包括一部分的管理层均是当地雇员,现在也依然如此,这使得印度尼西亚公司的本地化程度很高,较好地融入了印尼当地的经济社会环境。这五个区块的财务资产回报非常好,不仅仅回收了当时的投资,而且现在依然成为公司现金流的一个重要贡献者。随后,为了适应海外的发展,公司在总部设立了并购处和咨询处,并购处派出法律顾问直接加入并购项目组的法律团队参与交易的法律工作,咨询处主要是应对所属公司日常提出的一些公司注册、商务等问题的支持。2010 年,公司以风险技术服务合同形式进入伊拉克,成为米桑油田的作业者。在伊拉克公司成立了法律机构。2011 年,公司进入乌干达并担任其中一个区块的作业者,因此建立了独立法律机构。2012 年,为统筹管理国际业务,强化对国际业务的风险控制和提高资源配置能力,中国海油充实了中海油国际公司的总部机构,并成立了独立的法律机构,作为境外法律事务牵头管理的部门。我公司目前境外是两大类管理模式,针对在当地担任作业者并有独立法律机构的区域公司,它作为上级法律管理部门进行业务指导;对于仅持有股权的项目,比如勘探区块,其涉及商务谈判、合同审查、纠纷管理等法律事务均由国际公司法律部直接组织实施。并购尼克森之后,尼克森法律团队直接对总部法律部负责。

3. 跨国石油公司法律管理模式介绍。

跨国石油公司的法律管理模式并不是一成不变的，其随着业务的发展和公司管理模式的调整不断进行动态调整，以更好地支持公司战略的实施。目前，跨国石油公司的法律管理模式大致分为三大类。

第一类是区域一体化，目前大多数的央企都是按照区域进行分级管理的。该模式最典型的特点是公司管理架构以业务为主导，法律人员和法律部门都对当地的业务部门领导负责，总部仅提供业务指导，并不对当地所在公司法律部门的人员招聘、薪酬考核负责，我公司法律部门和整个集团的管理都是如此。

区域一体化模式中最具代表性的是康菲公司，它的法律管理在全球分三个大区，分别是北美、英国和亚太区。亚太区又可细分为各个国家区域。比如，康菲在中国有三个律师，他们的考核和聘任基本上以区域（中国）为主，亚太区的法律负责人只对中国区的法务人员进行业务的监督指导和协调。当地法律部门总经理对该地区业务机构的总经理（总裁）负责。这种结构是典型的平行负责，而不是对上负责结构，法律人员的晋升考核、绩效兑现由当地的区域总经理决定。中国海油目前的法律管理模式可以归为此类模式。二级单位法律部门总经理的任用和考核均由二级单位的总经理决定，总部法律部仅是负责业务指导。具体情况如图3、图4所示。

第二类是垂直一体化，这是跨国公司进行人力资源管理、财务管理和法务管理的最新发展趋势。垂直管理可以实现该领域全球资源、预算、人员调配和考核的统一管理和统一配置。为了应对越来越多的合规要求和内控风险，领先的跨国公司法务管理大多采用垂直管理模式。近年来世界上许多国家出台了反腐败法案和财务内控法案，其中以美国的《海外反腐败法》和萨班斯—奥克雷法案最具代表性。

油气行业中的优秀公司壳牌的法务管理则是典型的垂直一体化管理模式。壳牌在全球有将近一千名律师，其中包括700名律师和300名助手，基本上是两个律师配备一个助手，助手负责文档管理、整理案卷、订会议室、安排出差等辅助性工作。主要原因是律师在国际公司中薪酬

法律机构与人员–区域一体化

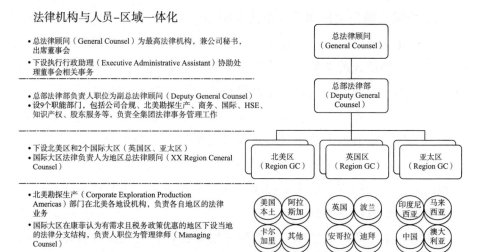

- 总法律顾问（General Counsel）为最高法律机构，兼公司秘书，出席董事会
- 下设执行行政助理（Executive Administrative Assistant）协助处理董事会相关事务

- 总部法律部负责人职位为副总法律顾问（Deputy General Counsel）
- 设9个职能部门，包括公司合规、北美勘探生产、商务、国际、HSE、知识产权、股东服务等，负责全集团法律事务管理工作

- 下设北美区和2个国际大区（英国区、亚太区）
- 国际大区法律负责人为地区总法律顾问（XX Region General Counsel）

- 北美勘探生产（Corporate Exploration Production Americas）部门在北美各地设机构，负责各自地区的法律业务
- 国际大区在康菲认为有需求且税务政策优惠的地区下设当地的法律分支结构，负责人职位为管理律师（Managing Counsel）

全球专职公司律师约130人，其中北美区75人，专职法律助理上百人，共计200余人

图3　康菲公司（上游）法律管理架构

工作流程与评估机制　　　　　全球法律资源配置

- 地区机构法律总监向所在分支机构总裁汇报，同时向大区总法律顾问汇报，诉讼/仲裁案件还需向总部的诉讼/仲裁部负责人汇报
- 地区法律机构可直接向总部法律部咨询业务问题
- 每季度、半年和年底均进行工作评估。分支结构的总裁主要负责对地区机构的法律总监的工作评估，但同时需征求大区总法律顾问意见

- 总部法律部和HR提出各地区人员招聘预算，招聘人选可由地区法律总监提供，或总部法律部、HR提供
- 全球流动工作体系，法律人员可在工作2~3年后到总部工作，美国外法律人员由公司提供费用培训并考取美国律师资格，此后根据公司需求和个人意愿，选择在美国、原工作地区或其他地区工作
- 总部HR部门人才管理团队（Talent Management Team，TMT）每年5月与各级法律负责人面谈，了解法律人员情况。在某些项目需要法律人员时，TMT会通盘考虑可调配人员；在地方机构需要缩编时，地方机构法律总监会联系TMT推荐优秀员工

图4　康菲公司法律机构工作流程及评价机制

非常高，如果聘用律师做一些打杂的事，就浪费了。而我们现在央企的律师都是多面手，订票、订会议室、装订复印等都能做。壳牌的总法律顾问（Legal Director）是七人管理委员会（类似央企的党组）的成员之一，其有权决定全系统所有法律人员的任命、调配、考核和预算。业务

部门包括当地的公司总经理均无权决定法律人员的预算、考核招聘等。比如对于中国区的30位律师，他们的招聘都由中国区总法决定，人力资源部门配合。总法律顾问决定招聘的人员标准、人员考核和晋升，人力资源部负责保持薪酬政策的合理性和一致性。具体情况如图5所示。

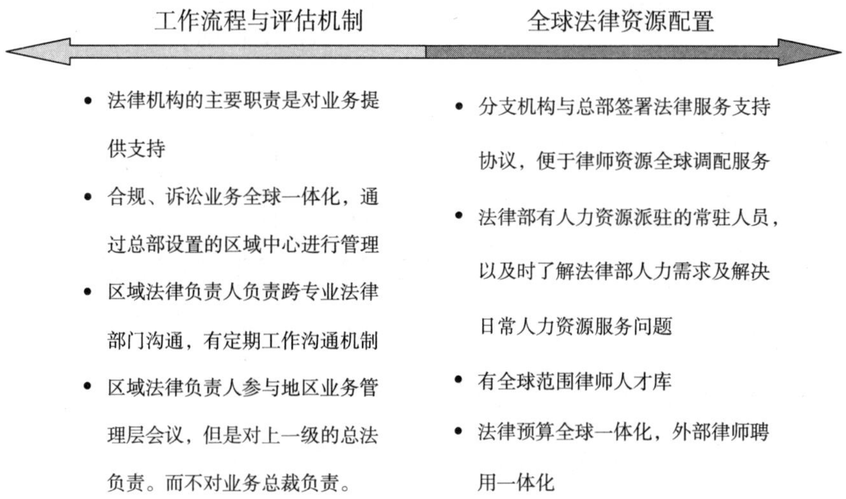

工作流程与评估机制　　　　　　全球法律资源配置

- 法律机构的主要职责是对业务提供支持
- 合规、诉讼业务全球一体化，通过总部设置的区域中心进行管理
- 区域法律负责人负责跨专业法律部门沟通，有定期工作沟通机制
- 区域法律负责人参与地区业务管理层会议，但是对上一级的总法负责。而不对业务总裁负责。

- 分支机构与总部签署法律服务支持协议，便于律师资源全球调配服务
- 法律部有人力资源派驻的常驻人员，以及时了解法律部人力需求及解决日常人力资源服务问题
- 有全球范围律师人才库
- 法律预算全球一体化，外部律师聘用一体化

图5　壳牌公司法律管理工作流程及评价机制

第三类管理模式是混合型，既有一定的垂直化管理，也有区域性结合。法国的道达尔公司上游业务的法务管理是这种类型的典型代表。比如对于印度尼西亚道达尔公司当地的法律部门总经理，就是由当地的国家总裁负责招聘、晋升、考核或解雇；在尼日利亚，道达尔公司的法律团队大约有二十名律师，均是由当地的人力资源部门负责招聘，其尼日利亚法律部门负责人对尼日利亚公司总裁负责，但同时总部法律部门从法国直接派了两个人到尼日利亚工作，该两人直接对总部法律部门负责，对尼日利亚法律重大事项进行指导和总部之间的协调。所以道达尔的法律管理是一种垂直管理和区域管理混合的模式。道达尔全集团的法务人员非常精干，只有300人，对于10万人的跨国公司而言是相对比较少的。具体情况如图6、图7所示。道达尔和央企一样，是一家具有国企背景的企业，其采用的这种混合型模式值得我们借鉴。混合型模式

一般对于合规、纠纷类事项采用垂直管理，对于业务支持事项采用区域管理，这种模式比较有效地平衡了风险控制和业务支持效率的要求。

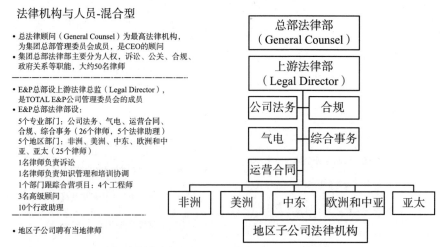

法律机构与人员-混合型

- 总法律顾问（General Counsel）为最高法律机构，为集团总部管理委员会成员，是CEO的顾问
- 集团总部法律部主要分为人权、诉讼、公关、合规、政府关系等职能，大约50名律师
- E&P总部设上游法律总监（Legal Director），是TOTAL E&P公司管理委员会的成员
- E&P总部法律部设：
  5个专业部门：公司法务、气电、运营合同、合规、综合事务（26个律师，5个法律助理）
  5个地区部门：非洲、美洲、中东、欧洲和中亚、亚太（25个律师）
  1名律师负责诉讼
  1名律师负责知识管理和培训协调
  1个部门跟踪合营项目：4个工程师
  3名高级顾问
  10个行政助理
- 地区子公司聘有当地律师

TOTAL S.A.全集团律师约320名，E&P总部律师60余人，E&P总部之外律师共80名，为E&P总部律师提供服务的律师助理10名左右

图6　道达尔（上游）法律管理架构

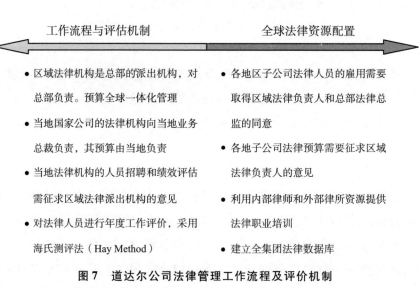

工作流程与评估机制

- 区域法律机构是总部的派出机构，对总部负责。预算全球一体化管理
- 当地国家公司的法律机构向当地业务总裁负责，其预算由当地负责
- 当地法律机构的人员招聘和绩效评估需征求区域法律派出机构的意见
- 对法律人员进行年度工作评价，采用海氏测评法（Hay Method）

全球法律资源配置

- 各地区子公司法律人员的雇用需要取得区域法律负责人和总部法律总监的同意
- 各地子公司法律预算需要征求区域法律负责人的意见
- 利用内部律师和外部律所资源提供法律职业培训
- 建立全集团法律数据库

图7　道达尔公司法律管理工作流程及评价机制

4. 构建中海油集团法律管理体系。

中国海油要建立与业务国际化相适宜的法务管理体系，目前最重要

的是做到"三统一、四完善"。"三统一"是指：建设统一的法务信息管理平台、统一法律队伍建设和完善统一法律沟通报告机制。"四完善"是指完善法律机构、完善风险管控、完善制度建设和完善业务支持。

一个统一构建的全集团法务信息管理平台可以大大提高法律事务处理的效率和强化法律机构之间的知识共享，但是根据前期的调研，即使是尼克森公司目前也没有一个有效的信息平台。如前所述，目前中国海油是按照业务分层管理的，法律队伍由二级单位负责招聘、考核和使用，所以统一法律队伍管理要首先从国际业务开始试点，通过将国际法务人员统一管理，提升总部法律部对国际业务法律风险的防控能力。国际公司基本上会有定期的内部沟通机制，但是海油目前的内部沟通机制并没有制度化，因人因事进行沟通。今后需要建立统一的法律内部沟通机制。在境外制度体系方面，我们已经建立了相对比较完善的管理体系，比如说境外纠纷管理体系，境外项目运营的管理体系，境外并购的法律知识体系等等。但是在境外法律机构建设、有效支持业务发展和防控风险方面还需要大量的工作要做。

四、尼克森的并购与整合

1. 并购尼克森公司情况概述。

尼克森公司成立于 1971 年，总部位于加拿大卡尔加里，在美国纽约和加拿大多伦多两地上市，是一家传统油气勘探生产公司，2011 年底拥有员工 3067 人；其资产主要分布在加拿大西部、英国北海、美国墨西哥湾和尼日利亚海上等，资产类型包含常规油气、油砂以及页岩气等。其位于英国北海的巴扎德油田（Buzzard）在布伦特原油一揽子定价基准中占据重要的地位。

2012 年 7 月 23 日，中海油与尼克森签署"安排协议"，中海油分别以每股 27.50 美元和 26 加元的价格全现金收购尼克森公司所有普通股和优先股，收购总价约 151 亿美元，尼克森公司现有 43 亿美元债务予以承接；2013 年 2 月 26 日，交易完成交割，尼克森公司成为中海油全资子公司。

2. 并购尼克森公司的目的和意义。

从战略来讲，并购尼克森公司对于中国海油至少有三个方面的意义：第一，有助于推动公司的国际化进程。中海油之前的并购都主要集中于发展中国家，进入这些国家的门槛相对较低，但是由于这些国家的政治经济社会状况并不稳定，所以后期发展的不确定性较大。比如，我公司现在境外的纠纷主要集中在尼日利亚、印度尼西亚、也门等国，其中占据较大比例的是与各国政府之间的税务纠纷。因此，为分散投资风险，中国海油需要把一部分投资投向政治经济环境比较稳定的国家，这些国家可能前期进入成本比较高，但后期的发展风险较低。

第二，可以大大提高中国海油的储量资源。尼克森公司拥有21亿桶的常规储量，50多亿桶的油砂的资源，交易完成之后使海油的储量增加了30%，产量增加了20%。

第三，寻求业务的协同。尼克森拥有近24万亿立方英尺页岩气资源量。而中国目前超过30%的天然气需要进口，考虑到未来能源清洁化需求，根据"十三五"规划，到2020年中国天然气占一次能源的比重要达到10%，而目前这一比例还不到6%。所以海油计划在加拿大西海岸建立液化厂将尼克森的天然气出口到中国本土市场。另外，尼克森公司在英国北海拥有显著的作业者地位、自有的油砂改质专利技术、页岩气开发经验、近100亿美元税金池和尼日利亚的协同效应都是当时并购的考量因素。并购完成后，通过注入资金可望实现尼克森公司资产的固有价值，改变尼克森公司的财务和管理实力无法支撑其长远发展的困境。

3. 并购尼克森公司交易的外部环境。

中海油2005年收购尤尼科公司失败之后一直没有放弃努力，仍然继续寻找合适的并购目标，历经八年的时间找到了尼克森这家目标公司。公司组建的并购团队包括商务、技术、法律和财务人员，开展了大量艰苦和卓有成效的评价筛选工作。

当时的政治经济环境对于这桩并购交易既存在有利因素，也有不少不利的方面，可以归结为（如图8所示）：

	利	弊
政治	<li>欧洲自顾不暇、美国影响力减弱<li>符合加拿大能源市场多元化既定国策<li>测试加拿大政府对华政策的试金石	<li>新一轮"中国威胁论"炒作和"妖魔化"国企<li>本土对手复制"尤尼科"故事,冲击两国关系<li>敏感时期,重要骨干国企重大经济行动的政治考量
经济	<li>世界经济复苏乏力,发达国家步履艰难,缺乏竞争对手<li>加拿大经济稳定,适宜长期投资<li>现金换资源对抗汇率风险	<li>高油价、低气价并非收购的最佳时间段<li>结束"北美能源孤岛"效应因素众多,不利于释放目标公司资源潜力<li>美国实体经济恢复和发展导致美元升值
社会	<li>首宗中国国企对加上市企业的大型兼并案的"先发优势"<li>加社会对美国政府延缓批准Keystone管线的不满情绪	<li>媒体、学界对国企大型海外兼并活动的质疑<li>加拿大人力资源短缺影响并购后整合和安全生产<li>拥有油砂矿采资产对公司形象的冲击

图8 尼克森并购的交易环境分析

从加拿大的具体情况而言,加拿大政府下定决心推动石油贸易多元化,从而降低对美国市场的依存度。时任加拿大总理哈珀访华期间明确表示"加拿大的能源出口市场更多元化"为既定国策,哈珀所属保守党在加议会拥有绝对多数,有助于处于4年任期早期的哈珀政府顺利实施其"鼓励外国投资"和"能源市场多元化"的政策。这种国际关系格局为中国企业进入加拿大、并购加拿大公司创造了良好的政治环境和时间窗。

4. 并购尼克森公司交易协议重要条款。

并购尼克森公司采用了承债式收购交易模式,包括股票收购总金额151亿美元,承接债务43亿美元。主要先决条件为:尼克森股东大会审批(代表2/3以上股份表决权的股东同意)和政府审批。在对该交易的实际表决中,尼克森90%以上股东支持本项目,超过2/3的优先股股东支持这个项目。中海油最终收购尼克森公司100%的股份并将其下市,实现了私有化,从而尼克森公司成为中海油有限公司的全资子公司。

交易重要条款之一为"分手费",是指项目破裂后,违约方应支付给交易对手的费用。对尼克森而言,如果其与更高的报价方达成协议或故意违反协议中约定的义务，需向我公司支付"分手费"4.25亿美元；对中海油而言，如果我公司未获得中国政府审批时，需向尼克森支付"分手费"，同样为4.25亿美元。该数额仅占交易对价的2.8%，处于行业惯例"分手费"区间的低限。我们曾对中国企业"分手费"数额进行过统计分析，基本上在4%～10%之间。当然，"分手费"的数额是由双方的谈判实力决定的。另外，中海油支付"分手费"的先决条件中仅包括中国政府不批准该交易，而不包括其他国家。这一点在实际谈判中的难度非常大。目前很多中国企业进行并购时支付"分手费"的条件都是涉及交易的资产所在国的任何一个政府不批准时都需要支付的。

另外一个重要条款是"匹配权"，也就是说如果第三方有更高的报价，我公司享有优先权，可以匹配这个价格优先购买。关于交易的最终完成日，在条款上我们进行了一些技术上的保护，约定交割日为1月31日，可以延期5次，每次15天，总计不超过75天，最终必须在2013年3月16日前完成交割。从最后交易完成的时间来看，这一技术性保护条款起到了有效的保护作用。

5. 并购尼克森公司交易涉及的政府审批。

能否获得资产所在国家政府审批，是交易能否交割的核心先决条件。公司需在短时间内获得5个国家（加、美、英、欧盟、中国）的政府审批，其中获得加、美、英三国的审批是工作的重中之重。政府审批工作有以下特点：审批过程受到不同政治制度、社会文化、公众舆论的影响，各国政府对待审批心态不一，导致不同审批之间相互制约，加、美、英等政府对该交易的"关切"各有不同，双边政、经关系决定相关国家政府对交易的根本态度。本次并购尼克森公司涉及的政府审批及获得批准时间如图9所示，各国政府的审批主要集中在反垄断和外商投资审查方面，历时一般在1～4个月，美国审查的时间最久，将近半年。

政府审批	申报时间	批准时间
加拿大反垄断审查	2012年8月20日	2012年9月20日
加拿大外商投资审查	2012年8月27日	2012年12月7日
美国反垄断审查	2012年8月23日	2012年9月5日
美国CFIUS审查	2012年9月5日	2013年2月11日
欧盟反垄断	2012年8月17日启动	2012年12月7日
英国DECC安慰函	2012年8月24日	2012年12月10日
中国发改委核准	2012年8月17日	2012年12月14日

图9　各国政府审批时间

　　美国政府的安全审查是目前中国企业完成并购交易的最大风险，这一审查由财政部牵头，11家内阁部门参加，同时还有5家观察员部门，审查委员会由11个部的内阁部长和5个观察员部门的部长组成，包括国防部、国土安全部、能源部，等等。安全审查采取自愿申报原则，不申报将面临交割完成后被撤销并被要求恢复原状的风险。审查的核心内容包括：交易是否涉及先进技术、国防工业或军用、邻近军事基地、基础设施和能源、美国禁止出口技术的研发敏感信息、政府合同、外国政府控制实体进行的并购等。对中国国有企业审查则更为严格。因为媒体报导的原因，大家可能觉得被否决的案例比较多，但实际上没有这么严重，每年自愿申报的交易有200～400件，否决的案例一般在十件左右，比例并不高。对于进行并购的公司而言，可以通过聘用有经验的外部顾问、与美国政府相关部门直接沟通、考虑剥离涉及国家安全利益的相关资产等方式减轻政府对国家安全风险的担忧。具体而言，我公司在并购尼克森时所做的工作主要包括：一是承诺针对尼克森原来在墨西哥湾担任作业者的项目，我公司不再担任作业者；二是在信息交流方面建立防火墙，尼克森和我公司在休斯敦均有常设机构，但它们之间不能直接进行信息交换，必须通过尼克森总部进行沟通。另外，在美国的安全审查过程中，美国经常会将所有的中央企业作为一家企业来对待，这是最新发展的趋势，有些情况甚至把所有中国国有企业作为一家企业来进行安全审查，这一情况需要大家在准备文件时予以注意。

加拿大外商投资审查的核心则在于能否为加拿大当地的政府和人民带来净利益。就我们应对而言，当时做了以下三个方面的承诺：首先承诺在并购完成后，把尼克森位于加拿大的总部作为海油整个北美资产的管理总部，把海油当时在美国、加拿大原有的页岩气、油砂等资产（将近80多亿美元）在整合之后交由尼克森公司管理；其次是承诺挽留现有的管理层和雇员，增加包括研发投入的投资力度；第三是承诺以 ADR 方式在加拿大多伦多股票交易市场上市。实际上，2013 年 2 月 26 日交割，当年 9 月 18 日中国海洋石油有限公司就在多伦多挂牌上市了。为实现上述承诺，每年我公司都要向加拿大工业部做一次承诺遵守（Compliance）报告，迄今为止，加拿大工业部均比较满意。

成功并购加拿大公司应注意以下几个方面：一是选择适当的目标公司，长时间跟踪，关注目标公司是否符合自身发展战略并带来协同效应。二是选择合适的并购方式，如果采用要约收购方式，应直接在市场公开向目标公司的股东报价；如果采用协议安排方式，买方应与目标公司签署并购协议，并取得多数股东的批准和法院的批准；如果采用合并的方式，买方应设立特殊目的公司，在取得目标公司多数股东同意后，与目标公司合并。三是加拿大政府着重于交易的"净利益"，要事先与外部顾问准备充分，证明交易能够带来"净利益"的依据。四是从目标公司董事和管理层股东获得投票支持，要求持有股票的董事和管理层签署支持协议。五是应对涉及美国资产的国家安全审批，交易涉及美国资产时谨慎考虑是否申报审查，事先制定降低美国政府顾虑的措施。

6. 并购尼克森公司后的整合情况。

针对境外并购而言，整合在有些情况下比并购本身挑战更大，失败的风险也更高。对于并购而言如果有很好的交易团队，估值比较准确，交易设计比较合理，政府审批方面做一些很好的安排，花一年左右的时间，就可以完成一次比较成功的并购。但是真正困难的是并购之后的整合工作，如何保证在有效管控风险的同时将目标公司有效地融入母公司的文化、业务、制度、系统。

完成尼克森并购后，我公司确立的整合目标为：确保尼克森公司在交易完成后有序融入中国海洋石油有限公司，其业务完全融合到中海油的核心业务，保证尼克森公司的整体运作业务战略要服从于中海油的总体战略，两家优势互补，实现协同价值；以"一年稳定，两年生根，三年见效"的三年整合策略和"稳中求进，控而不死，放而不乱，诚信为本"和"五个基本不变"为原则做好平稳过渡。五个不变是指：管理架构基本不变，尼克森公司作为中海油的大型全资子公司保持相对独立运作，维持尼克森现存管理体制、机制、组织机构和管理文化；管理授权基本不变，尼克森公司成为中海油运作中、北美资产的总部，继续管理其现有国际资产，并负责管理中海油在加拿大、美国、特立尼达和多巴哥等地约 80 亿美元资产，中海油管理层通过新董事会对管理层的授权基本维持原有权限；管理团队基本不变，在自愿原则基础上，最大限度保留尼克森管理团队和员工队伍；员工薪酬待遇基本不变，在不违背市场规律前提下，保持尼克森管理层薪酬待遇基本不变，员工薪酬待遇不低于原有水平；名称基本不变，仅换了标志（Logo），在公司名称后面加了后缀"A CNOOC Limited Company"。

具体而言，整合措施主要包括：一是文化的整合，加强相互了解，促进双方人才交流及企业文化的融合；举办关于海油核心价值观的培训，加深理解与认同；更换尼克森公司标志，融合海油元素。比如尼克森的管理团队在其内部提出了"Best in Class"，即争创一流的活动，在各个领域争先创优。二是管理的整合，明确各项事务在尼克森及中海油的管理权限；用协议（Protocol）方式对尼克森首席执行官进行管理授权，授权事项涵盖公司战略与计划、工作流程及预算、投资、资金管理、采办、HSE（Health，Safety，Environment）、人力资源管理、合规、社会责任及公共关系、销售等。三是业务的整合，统一业务发展战略，融合管理理念，制订有效计划。业务的整合又可细分为以下几个部分：勘探业务的整合包括统一勘探评价的技术标准、方法和流程，建立海外勘探技术评价体系，建立海外勘探资产评估、排序和投资组合管理体系，优化海外勘探管理办法，从而促使公司海外勘探由被动的机会驱动向主动的战略驱动方向转变；税务管理的整合包括日常税务管理流程对接，建立定期税务报告机制，海外资产涉税事项合作交流，探索全球税务管理最佳模式，统一全球的税务管理和税务报告，全球税务资源整合等；HSE 管理的整合包括针对以往事故加强管理、编制发布 HSE 管理桥接文件、提出考核指标、建立长效沟通机制、联合应急演练（每年演练两次）、融合 HSE 理念和管理要求；法律管理的整合包括强化合规管理，应对三地上市、政府承诺及环保安全事件，加强纠纷管理整合，整合尼克森法律力量提升纠纷处理能力，整合优化现有资源提升危机处理能力，逐步实现全球法律资源统一调配；人力资源管理的整合包括调整完善尼克森原有绩效体系、薪酬、福利政策及长期激励计划，统筹梳理精简岗位编制，实行领导力测评，对不认同公司发展战略的管理人员进行调整等；信息化管理的整合包括明确"业务引领、立足运用"的战略，明确"业务洞察、业务与 IT 的桥梁、卓越运营中心"的定位，建立首席信息官（CIO）沟通机制，项目管理方法升级；业务拓展管理的整合包括业务拓展团队整合为一个团队，全球寻找项目机会，并购与资产处置"两条腿走路"等。

通过上述措施，我公司对尼克森的整合取得了积极的进展。在法律方面，注重同尼克森公司法律部的交流、学习与合作，推动成立境外区域法律支持中心，促进法律人员本地化，务实有效开展法律工作；有序推进全球法律体系构建，逐步打造全球知识管理平台；逐步实现多地联合应对跨境纠纷，节省诉讼成本，有效保护公司利益。人力资源方面，实现了平稳过渡，根据低油价下企业战略发展要求和市场惯例，2015年 4 月和 2016 年 3 月两次对尼克森精简机构和人员，2013～2015 年共计节约行政费用约 2 亿加元；在税收方面，有序推进全球税务筹划，优化全球税务架构，截至 2015 年实现税务收益超过 4 亿美元；勘探方面，通过优化整合勘探技术，2015 年共获得 16 个新发现，成功评价了 23 个含油气构造、多个世界级发现，探明储量达 43.2 亿桶油当量；HSE 方面，尼克森公司的管理制度与中海油的制度实行了有效对接，尼克森事故率显著下降；信息化方面，通过整合现有 IT 资源，启动采办、销售等系统平台建设，尼克森和中海油总部实现了资源互补。①

---

① 数据来源：作者根据相关资料整理。

招商局集团"走出去"
投资风险防范措施

原招商局集团有限公司总法律顾问　王春阁

一、招商局集团"一带一路"投资概况

招商局集团通过完善海外网络布局，推进海外重点项目，提升海外发展组织保障等举措，努力加快海外拓展，构建海外布局。集团已经成立了实施"一带一路"倡议领导工作小组，并建立了驻斯里兰卡代表处，驻非洲代表处、驻中亚及波罗的海代表处等海外机构。因为招商局集团是一个境外企业，"走出去"可能比其他央企早一些。从 2007 年开始我们就有了这方面的规划，2009 年在斯里兰卡科伦坡发展了第一个港口项目，2010 年进入非洲的尼日利亚，收购了一个码头，此外还收购了路凯公司的股权。2012 年收购了吉布提港口，2013 年又在澳大利亚收购了一个港口，2015 年入主了白俄罗斯中白工业园，同时还与中远集团联合收购了土耳其的一个港口，最近我们又投资了吉布提港自贸区开发项目，并拟投资斯里兰卡汉班港综合开发项目。

截至 2016 年 6 月 30 日，招商局集团（含中外运和招商银行）各级境外投资实体控股企业共 171 户，五大洲 47 个国家和地区。形成了遍布于东南亚、南亚、非洲、欧洲、大洋洲等的产业网络。集团境外国有资产，总计 5391 亿元。境外企业的主营业务涉及港口、航运、物流、金融、房地产等。其中港口业务已经在 16 个国家拥有 29 个港口，58 个

码头，与国家"一带一路"的战略布局高度契合。

在港口业务方面，我国在吉布提港口，斯里兰卡港口，还有在非洲东岸的港口都有为我们国家护航舰队提供服务的功能。我们的军舰现在靠港补给就是靠我们自己的码头，这也是我们国家首次有这样的待遇。去年从也门撤侨的时候，我国侨民就是先到了吉布提，在招商局的港口休息了一段时间，然后国家派飞机把他们接回来的。我们国家在非洲沿岸，在印度洋沿岸的港口已经发挥了巨大的作用。

招商局集团在海外的发展模式，基本上都采取了我们在国内成功的园区开发的模式，大家都知道深圳的蛇口工业区，还有漳州开发区，都是几十平方公里的开发区，基本模式都是前港、中区、后城。前港就是港口基础设施，我们在港口从事海运业务。中区就是在港口的后边建立临港物流园区、自贸区、保税区、产业园区，还有疏港公路等相关基础配套设施。后城就是综合的城市开发，在港口的后面发展出一个城市，相当于深圳的蛇口工业区，一个十几平方公里的城市发展起来，在漳州也是这样的。这是基本的开发模式，现在我们在吉布提开发的港口园区也是用这个模式来开发的。

二、中白工业园的概况

白俄罗斯是丝绸之路经济带上欧洲和独联体国家之间的交通要道，也是一个经济贸易走廊。中白工业园就位于它的首都明斯克，是国家"一带一路"倡议的重要投资项目，也是目前中国在海外投资开发的最大的工业园区，规划面积是91.5平方公里。产业定位是电子信息、生物医药、精密化工、高端制造、仓储物流等。

根据"一带一路"国家战略，招商局集团提出了以子公司招商局港口为主体发展海上丝绸之路，以招商物流为主体打通路上丝绸之路经济带的"一带一路"物流大通道的发展战略。2015年3月中央决定由招商局集团参与中白工业园的建设，2015年5月在习近平主席的见证下，招商局集团与白俄罗斯经济部，中白工业园开发股份有限公司三方签署了《关于投资中国白俄罗斯工业园区的战略合作协议》，同时三方还签订了一个关于在中白工业园建设招商局中白商贸物流园的合作协议，就是由招商局物流率先进驻这个工业园，首先是起到带头作用，其次白俄罗斯也急切地希望我们快点把物流通道建设起来。所以招商局入股中白工业园的同时，我们也开工建设了招商局商贸物流园，这个商贸物流园已经于2015年6月动工，一期项目将于今年年底投产。总建筑面积是35万平方米，总投资5亿美元，我们拟在那里建设包括保税物流园区、成品物流区、联运区、物流研发区、展示区等七个区。国务院副总理张高丽同志非常关心该项目，每隔一两个月就会听取一次进度汇报。

同时，招商局集团还入股了立陶宛的克莱佩达港，并和立陶宛国家铁路公司合作设立铁路物流公司，以打通中白工业园到波罗的海的海上通道。白俄罗斯是没有海岸线的，其货物出海最近的路线是经过立陶宛的克莱佩达港，我们拟修建一条300多公里的高速公路，由中白工业园直达克莱佩达港。同时也扩大克莱佩达港的产能，准备把它建成一个欧亚大陆桥的桥头堡，以后进入欧洲的货物，可以通过克莱佩达港到达德国以及其他国家。

三、"一带一路"投资风险分析

因为"一带一路"国家均为发展中国家，这些国家经济发展滞后，政局不稳定，法律制度尚不健全，我们在"走出去"的过程中，除了遇到大家都遇到的共性的汇率风险，还有东道国的政局和政策、法律不稳定，以及地缘政治风险等共性问题外，也遇到了许多特殊的问题，需要引起"走出去"企业的关注。

（一）投资政策过度依赖于东道国国家领导人或两国关系

以白俄罗斯为例，该国实行总统制，根据白俄罗斯《宪法》第85条的规定，总统可以根据《宪法》颁布在白俄罗斯全国范围内具有法律约束力的命令和指示。白俄罗斯目前正是广泛采用总统令的形式对国家的社会和经济生活进行直接的管理。总统令具有比普通法律更高的效力，中白工业园的管理体制还有所有的优惠政策都是以总统令的形式规定的。白俄罗斯的现任总统卢卡申科 1994 年以来一直是白俄罗斯的最高领导人，去年 11 月总统大选时又获连任，中白工业园获得了多方面特别优惠政策，与卢卡申科总统个人有很大的关系。因此，该项目在白俄罗斯也具有浓厚的总统色彩，白俄罗斯国内的人都知道这个项目是卢卡申科总统邀请我们中国企业去做的。

但从法治的角度来看，总统令毕竟缺乏法律应有的稳定性和相关程序的保障。中白工业园开展以来，白俄罗斯发布了两份总统令，第一份于 2012 年 6 月 5 日颁布，第二份于 2014 年 6 月 30 日颁布。第二份总统令是对第一份总统令的修改和补充，两份总统令均关系着中白工业园投资环境的主要政策性文件。中白工业园的总统令颁布后已进行过两次修改，招商局入股后又应我方请求针对前一阶段开发中的问题进行再次修改，我方股东招商局集团和国机集团都充分地提出了修改意见。白俄方面能够听取中方股东的意见对总统令进行修改，对我们争取规则制定权是有利的，但同时也使我们深深地感到其欠缺稳定性，因为这与总统个人的关系太大了。

（二）独联体国家经济管理仍然有较浓厚的计划经济的色彩

虽然中亚五国及白俄罗斯在苏联解体后都在进行休克性经济体制改革，有的国家也宣布了实行资本主义的经济体制，但是苏联时期计划经济的惯性依然存在，改革进展不大，我们在白俄罗斯的同事感受很深。就是政府看不见的手依然随处可见，不但对价格进行干预，对企业的经营也进行干预。所以他的经济丧失活力，改革措施难以落实，汇率疯狂下跌，税基及政府的财政收入也不断减少，财政赤字不断扩大。去年我们刚进去的时候，白俄罗斯的汇率是 12000 卢布换 1 美元，到了今年就是 24000 卢布换 1 美元，最近还在贬值。政府的干预也是我们切身体会到的，连普通商品的价格都是政府制定的，我们国家也有政府制定的价格，但有很多是放开的，而白俄罗斯几乎所有的价格都是政府制定，连企业进口多少、出口多少，销售多少啤酒，销售多少烟，都是政府制定计划、价格，所以其计划经济的色彩很浓厚。同时，我们也担心将来对中白工业园企业的经营会带来一定的影响，一期土地开发完成后，在土地转让定价上双方已产生分歧，目前我们正在协调。

在这种体制下即使给外国投资者一些优惠政策，实行了一些政策突破，也必然会受到其内部的制约。现在给中白工业园的优惠政策就有些来自白俄罗斯政界的反对声，这客观上也给中白工业园的开发带来诸多不稳定的因素。第三次修改总统令的程序已经进行了半年多，到目前为止还没有颁布，据说就是因为遭到来自内部的争议。

（三）国家标准不一致带来的风险

在境外投资能否适用我们的国家标准，对于我们争取规则的话语权非常重要，同时也带来极大的投资便利。在多数情况下，东道国都会同意适用我们的国家标准进行施工和安装，但是许多国家都不愿意放弃海关监管，还有工程验收、检验环节，因为这是政府的权力。在白俄罗斯我们也同样遇到了这个问题，根据白俄罗斯的总统令，中白工业园内的项目建设和装备可以适用中国标准，但是海关监管及竣工验收等权力仍归当地政府和园区管委会。因为海关权力是国家权力，涉及国家主权，这个没有问题，但是竣工验收的权利被园区管委会牢牢地握在手里，它是政府派出的机构，在标准的适用上就可能带来一些问题。

一方面要适用中国标准，另一方面竣工验收的权力在政府手里，因中白之间的标准是不统一的，各项标准又很复杂，所以在竣工验收环节当中，将来可能存在着难以衔接，难以协调，甚至有发生争议的风险。我们集团也正在就这个问题跟白俄罗斯之间进行协商，在第三次修改总统令时我们也提出来这个问题，就是争取获得竣工验收等方面的主动权，现在能不能落实还不知道。

（四）在海外进行大规模开发，缺乏国家间的政策协调

这个主要是讲在园区开发模式方面遇到的问题，如果单纯投资一个

项目，不是像我们这样进行大规模园区开发，可能不会遇到这个问题。例如，我们所投资的吉布提港，还有白俄罗斯的中白工业园、斯里兰卡汉班港等几个项目，都是采取招商局特有的前港、中区、后城开发模式，我们想把在国内已经成熟的园区开发模式推广出去，并尝试在海外有所创新。但是这个模式往往会遇到许多意想不到的困难。因为园区综合配套开发涉及很多当地政府的权力，如建设规划权、外国人雇用，还有出入境管理、海关监管、土地使用、价格管理，还有各种优惠政策、各类行政许可等，都涉及多方面的改革和政策突破，涉及面太广。所以很多时候都要突破当地既有的法律规定，需要当地政策、法律、管理体制等多方面的支持。但是我们感觉到以企业的身份跟所在国政府进行相关的谈判很难达到预期的目的，需要由国家出面进行政府间的高层协调，协助企业解决这个难题。其实就是我们希望在我们开发的区域突破当地政策的限制和法律限制，给我们特别的授权让我们来管。这需要当地进行重大的改革才能行，否则就会遇到冲突和阻力，很难成功。现在有进展的就是斯里兰卡和吉布提两个项目，已经有了初步成果。今年上半年，我们以招商局集团的名义跟吉布提政府之间签订了相关的协议，就园区内开发一些特别政策达成了协议。这也是我们国家历史上第一次以企业为签约主体，与一个国家之间签订协议。

与白俄罗斯的谈判虽然有进展，但因为政策上突破原来管理体制的地方太多，其政府内部有的官员或议会的议员提出了反对意见，感觉给招商局的权力太大了，给中白工业园的优惠政策太多了，这一次总统令修改能不能最终获得通过还是未知数。

（五）当地政府的配套建设难以配合项目的开发进度

"一带一路"投资项目所在地基本都是处于未开发状态，需要综合考虑配套工程的解决方案。包括公路、铁路连接工程、电力供应、给排水配套、通信工程等项目，这些配套工程项目在投资协议中基本都是约定了由当地政府负责，其建设进度需要与主体项目相匹配。在我们国家一般也是这样，建设一个开发区，然后企业再进入。在经济发展比较滞后的国家，虽然合同规定了由当地政府提供，但是往往是跟不上的。部分沿线国家，一个是政府的工作效率低下，再一个是缺乏建设资金，很多时候就是拖，我们这边投入建设了，但需要的公路还没有。我们没有办法就得自己去修一条，自己修就得垫资，这个垫资以后是否能够收回很难说，所以这也是遇到的一个现实的问题。我们在白俄罗斯、斯里兰卡、吉布提，还有其他的非洲国家都遇到了这个问题。特别是在非洲的那些国家，当地政府没有钱修，就说先让我们垫上，以后靠项目自身的利润、税收来还给我们，这存在着很大的资金不能回收的风险。

（六）国家的融资服务尚不能适应海外长期投融资的需求

海外的港口园区等基础设施建设，具有重要的战略意义和价值。但是这类项目往往投资规模巨大，回收周期很长，对于企业而言，资金压力较大。国家现在虽然设立了亚投行，还有"丝路基金"这样的机构，但是对长期投资怎么予以支持还没有具体的细则性的措施，政府对境外投资企业的融资支持力度还不够，还没有建立完善的融资渠道以及便利化的融资服务体系，再加上国家外汇管理体制不配套，大多数"走出去"的企业，特别是民营企业还是靠普通银行贷款，或自筹基金进行投资。这不但影响企业在海外长期项目的投资，也影响像中白工业园这类园区在国内招商引资。中白工业园的招商引资主要是靠我方，最近中白工业园有个招商引资团正在深圳，给深圳市的企业介绍中白工业园的情况，我们希望越来越多的企业到这个园区来。

2015 年 11 月，已经有七家企业进驻。某国内民营汽车企业，我们非常希望他能进驻，但是它就是贷不到钱，筹资很困难。在白俄罗斯大街上我们看到很多该企业汽车，很高兴，但是这些汽车都是船运过去的，它在白俄罗斯有一个组装厂，把配件运过去在那里组装。如果把零件制造工厂也设到中白工业园的话，不但对我们的汽车出口更加有利，同时也解决了我们招商引资的很大问题。民营企业贷不出钱，这是一个瓶颈问题。亚投行和"丝路基金"我们招商局跟该企业都有接触，丝路基金可能会投一些中白工业园的项目。但毕竟亚投行和"丝路基金"都是刚成立的机构，下一步怎么做，怎么支持进入"一带一路"的企业的融资问题，现在还没有细节性的措施。我们建议国家应该加快利用这两个渠道来解决"走出去"企业的资金问题，不能让这些企业靠着自筹基金在外边打拼。

（七）政府对海外投资的保护还有所欠缺

我也查了一个资料，就是我们国家现在已与130多个国家有了投资保护安排，但是这些国家中有许多是相关国际公约的成员国，并且都是比较发达的国家，"一带一路"沿线的国家还有些少，我们期望国家跟"一带一路"沿线国家全面签订双边投资保护协定。我国与白俄罗斯1993年签订了协议，即《中白两国政府关于鼓励和相互保护投资协定》，这样的相互保护投资的协定，是国家间的双边协定，是有很大的法律效力的。有这个协定的保护，企业就可以放心大胆地在国外投资。现在我们对海外投资的管理，主要还是靠商务部、发改委、国资委等政府部门审批，"走出去"的项目超过1亿美元，超过5亿美元如何审批，我们都规定了审批的程序。对于企业"走出去"以后怎么样为它服务，怎么样保护它，这方面还是欠缺。当然我们招商局"走出去"受到了很优厚的待遇，我国驻白俄罗斯的大使馆，驻立陶宛的大使馆都给了我们很大的支持，帮我们协调了很多关系，但是从整体来讲，保护措施还是有点落后。我们集团是央企，如果是民营企业在外边可能就享受不到这样的待遇。

四、境外投资风险防范的应对措施及建议

针对上述海外投资存在的政治及法律风险，以及我们在"一带一路"投资过程中发现的其他问题，招商局集团采取了一些有效的措施予以防范，可以作为对"一带一路"投资风险防范的建议。

（一）必须对投资所在国和投资项目进行全面风险评估和实时监控

针对一些企业出现的境外投资盲目决策的情况，以及实施过程中缺乏监督和控制程序，从而造成重大损失的问题，我们感觉对于投资企业而言，建立专门的机构进行风险管理十分有必要。境外投资项目应受企业统一的风险防范管理体制的管理，并将其贯穿到投融资、建设、运营的全部过程。为了防范风险，招商局集团涉及"一带一路"的企业都建立了风险管理体制，集团总部建立了专门的风险管理委员会，我们董事长亲自担任组长，将战略规划、资本运营、风险管理、法律合规等几个部门融为一体，协同进行海外投资风险管理。风险管理是国资委正在推动的一项工作，正好我们借国资委推动风险管理的机会，把海外投资作为重点的监控方面，放在风险管理委员会，全过程实施风险管控。

在决策前，必须对投资所在国的政治环境、法律环境、社会环境和投资项目本身进行全面的风险评估。应该聘请权威的中介机构出具投资地区政治法律风险评估报告和项目的可研报告，需特别关注拟投资项目与我方企业管理、企业文化无法成功对接的风险，并提出应对的措施。为什么要强调企业文化的对接？是因为我们在美国和澳洲收购的项目，在管理过程中都遇到了企业文化的对接问题。毕竟是西方人在管理公司，我们收购过来以后，基本上都是靠原来的经营班子在经营，在这种情况下，企业文化的对接是非常重要的，有的几年以后也对接不好。企业管理的融合，企业文化的融合，这个是我们比较关注的一个问题。

在决策阶段，所有的海外投资及并购项目，都需经过我们集团投资审核委员会的审核，通过以后再上报集团总经理办公会审议批准。投资额度在40亿元人民币以上的项目，还需要集团董事会的批准，需要集团党委决策的"三重一大"项目，还要经过集团党委的决策程序。

在建设运营期间还要及时监督，就是必须将海外项目纳入公司的风险管理体系，受到公司的风控、内控、合规管理体系的日常监控。定期接受投资主体的内部审计，并持续对海外项目的财务、法律风险进行评估，以及时发现问题，提早解决，避免重大风险事故的发生。

在项目投入运营一定时期之后，要对所投资项目的效益进行后评估，以便评价投资效果，总结经验教训。这个后评估是非常重要的，因为收购该企业时，将来其发展前景还有经营效果怎么样，当时是不知道的。最近我们也在对几个项目进行后评估，如果发现有的项目是不行的，就应该采取果断的措施把它处理掉。

（二）要购买项目保险，防止发生不可抗性系统风险

在条件许可的情况下，应该针对具体项目的风险情况购买保险机构提供的海外投资风险保险，避免因为战争、政治等因素带来的不可抗的系统性风险。我们的港口项目就购买了中信财险承保的政治战争险。作为航运物流企业，《海商法》规定的船舶险、货物险、集装箱险，以及油污险我们都是按照惯例购买。特别是油污险，是很重要的一个危险险种。油污险现在各大保险公司都不愿意承保，因为这个险种一旦出了险赔偿额太大。保险公司不担保，该怎么办？我们有船东互保协会，招商局集团、中远集团、中海集团等几个大的航运公司，还有几家金融租赁公司，大家各出一部分资金投入到船东互保协会作为基金，一旦发生问题则由这个基金来理赔。

（三）通过员工和股权的本地化来降低风险

外商在我国投资更注重经验。他们与我国股东合作，或者聘用我们一些人脉圈较广的员工在公司里工作，便于跟当地政府沟通。反过来讲，这种方法同样适用于我国就是尽量的采取跟当地有实力的合作伙伴进行合资的方式，还有就是尽量使用当地的员工。通过多年的运营，我们感觉通过联合当地有实力的投资者形成利益共同体，能够确保利用当地股东、员工与政府有关方面的良好关系来减少风险，起码是能做到沟通便利。招商局集团投资的吉布提港，斯里兰卡科伦坡港，以及中白工业园等项目，都有当地政府或当地企业入股，并且大量的使用当地员工。在开展中白工业园项目时，我们还吸收了几位当地政府的公务员加

入，这些公务员开始是帮助我们来工作的，在我们项目工作了一段时间之后觉得这个项目不错，于是就辞职到我们这里来工作了，这样便于我们跟当地政府的沟通。明斯克市政府还有中央的有关机构也鼓励他们的公务员到我们这里来工作。

（四）中资企业在海外应注意协同性，避免内部恶性竞争

中资企业往往在外边相互压价，或为了竞购一个项目，把标的价提得很高，这实际上会导致我们自己吃亏。我们的体会就是应该联合出海，重视与国内同行的合作。在同一项目的竞争中，更多采用中方联合体的方式，说服我们国内的竞争对手合作竞投，形成集群的竞争力，避免内部无序竞争造成损失。比如我们在收购土耳其港口的过程中，事先得知中国远洋集团也想竞投，如果不跟他们沟通的话，我们两家竞标时就可能把价格抬高。我们就找到中远集团两家联合，另外还有一个基金公司，三家成立了一个合资公司去竞投，避免了恶性竞争，这是一个很成功的案例。在斯里兰卡我们也采取了同样的措施，与中国交建集团也有不少合作。

（五）注重国际化人才的培养

现在"走出去"的企业很多，我国仍然缺乏国际化的人才，应该重视国际化人才的培养工作，逐步建立起一支规模匹配、结构合理、素质优良、有较强竞争力的海外人力资源队伍。为了满足国际化业务增长的需求，招商局集团一方面在国内和投资所在国招聘选拔有良好教育背景和海外工作经历的留学人员，到海外需要的关键工作岗位上去工作，同时也定期地对派往海外项目的员工进行管理知识、技能方面的培训，打造能适应海外工作的人才队伍。此外，还积极培养外国员工为我们所用，以适应更多海外人力资源的需求。我们前几天刚举行了"公司日"活动，有一个叫"趣味运动会"的项目，我发现参加运动会的有不少是我们海外项目的外籍员工，"公司日"把他们召集回来，让他们感受一下招商局的企业文化，感受一下我们这个大家庭的温暖。这些外籍员工

有来自非洲的，有来自澳大利亚的，还有来自斯里兰卡的。我们还邀请了一些外籍员工在会场上发表感言，效果还是不错的。

（六）要依法、依规经营，注重承担起应有的社会责任

在海外市场经营，因不熟悉当地法律和风俗文化很容易发生不应该有的违法、违规行为，或造成纠纷。因为我们的员工素质毕竟是参差不齐，对东道国的了解程度也不深，有时候按我们国家的习惯性思维行事，就容易引起纠纷。所以我们教育员工一定要重视当地的风俗习惯，要熟悉当地的法律。有一个经验就是要聘请当地的法律顾问，对员工进行依法合规教育培训，我们也请当地的员工讲解所在国家的文化和风俗习惯，尤其是要熟悉当地的宗教文化，最容易产生问题的就是宗教方面，所以熟悉当地的宗教文化很重要。

还有要遵守所在国家的市场秩序，避免不诚信，违法违规经营、无序竞争等行为，要在国际市场上树立良好的信誉。另外还要处理好与当地政府和议会的关系，处理好与企业工会的关系，密切联系当地居民，学会和当地执法人员打交道，学会和当地媒体打交道。这些事虽然小，但都是我们在国外应该注意的问题。

我再讲讲社会责任的问题，在境外投资除了达到商业目标之外，我们还应该按照我国"一带一路"的战略构想，承担起用中华文明影响东道国的责任。这就需要企业像在国内一样，承担起应有的社会责任，如依法保护生态环境，解决当地员工的福祉等。我在党校学习的时候，听过外交部王毅部长讲课，他提到了"一带一路"的功能之一，就是传播中华文明和文化，用中华文明来影响我们所投资的东道国。

例如，我们在吉布提创办了一个培训班，一开始是为了培训我们当地员工创办的。业余的时候，我们把当地的居民找来，办了一个扫盲班。那个地方很多人都不识字，我们把他们召集在一起，教他们文化知识，在当地获得了很高的评价。我们还利用我们的慈善基金，在当地做一些慈善，帮助一些小学，帮助当地的贫困居民改善生活，救济灾民，获得了很高的评价。

另外，我们还定期的选调一些在海外的员工到我们国内的企业来工作一段时间，让他们感受一下我们的企业文化，也起到培训的作用。

（七）争议解决方面的建议

争议解决是我们防范"走出去"投资的法律风险的最后一道防线。尤其是对中白工业园这样的通过政府间协定设立的项目，更不能因为有政府因素，而忽略了争议解决条款的约定。我们体会，在"一带一路"沿线国家投资，在这些国家法治尚不健全，甚至存在政治专制的情况下，为了避免出现东道国法院地方保护的情况，解决争议的最佳方式是国际仲裁。通过国际仲裁既可以得到相对公正的裁决结果，又便于裁决的执行。仲裁具有便利性，一裁终局，全世界的仲裁规则基本上都是一样的，适用法律可以自由约定，仲裁员也可以在全世界挑选，所以仲裁对我们是最有利的。如果在当地法院，就可能会遇到地方保护的问题。以白俄罗斯为例，其法院包括基层法院的法官都是由总统卢卡申科一个人任命的，虽然还没有在那儿打过官司，地方保护的情况现在还没遇到，但可能将来会遇到这种问题。还有就是诉讼费用太高，程序太复杂，律师费用也很高。所以我建议应尽量避免通过法院来诉讼，还是用仲裁的方式来解决争议。

仲裁也要注意仲裁条款怎么写，最初，我们在境外的企业没有考虑到这个问题，后来我们就发文件要求境外投资对争议的解决必须有合同条款来规定，就是对投资合同所适用的法律、仲裁机构的选择应作为必须的条款写明。在选择仲裁机构，选择适用法律的问题上，我们的体会就是无论与外国政府之间，还是与外国合资伙伴之间签订投资协议，必须详尽地约定仲裁条款，包括仲裁机构、仲裁地还有适用法律，应尽量做到明确的选择，以免产生程序上的争议。因为仲裁条款如果选择不明确，是无效的，到时还得经过法院来诉讼。央企的法律工作人员在这方面都很有经验，所有合同经过法律人员审核，相信在这个方面会把好关。

关于仲裁地的选择，肯定双方都不会同意在对方的国家进行仲裁。我们提到适用中国法律，应当在中国仲裁，对方肯定不同意。他们说适用他们国家的法律，在他们的仲裁机构来仲裁，我们也不会同意。所以最好是选择一个大家都能接受的中间地带。从谈判的经验来看，可以先说适用我们中国法律，他也会说适用他们的法律，这是一个谈判的步骤，慢慢地就会在讨价还价的过程中落到一个中间点上。这个中间点一定要有几个条件，一是我们出庭要方便，要节约成本；二是对我们选择适用法律有利；对我们选择律师方便，这两方面都要考虑到。如此一来，仲裁地就有可能定在新加坡或中国香港，有时，对方会认为香港是中国的特区因而不愿选择香港。最后可能就会选在新加坡或马来西亚这些国家。

我们遇到最多的问题，就是我们的一线员工在这方面不知道争取。特别是有些合同是由对方提供的，条款是由对方主导的，对方先把仲裁地和适用法律都选择了，如果合同不经过法律人员审查，签订了之后就要到欧洲去仲裁，这样一来浪费很多钱，最后还不一定能赢。因此，一定要引起我们法律工作人员的注意。

东航集团法治工作经验与做法

中国东方航空集团公司总法律顾问　郭俊秀

　　中国东方航空集团公司（以下简称东航）在贯彻党的十八届三中、四中、五中全会精神，全面推进依法治国，深化国企改革的形势下，提升依法治企能力，建设法治东航的一些做法和一些探讨，主要包括以下几个方面：东航集团着力提升企业领导的法治思维与法治能力，企业法律部门重点保障企业的改革和转型发展依法合规进行。在拓展企业法律工作的领域，主要是在企业的合规管理和法律监督方面的一些探讨，以及如何加强企业法律队伍建设几个方面。

一、东航的法律机构设置和法律队伍的概况

　　航空运输企业行业特点是实行高度的集中管控，东航集团和东航股份及其主要的子企业，都设有独立的法律部，专职的总法律顾问。法律部有国际事务室、诉讼仲裁室、规章制度室、综合法律室，合同审核室。从2010年开始在原来合同审核室的基础上成立了东航集团的合同管理中心。合同管理中心下设合规审查室、合同审核室和履约监控室，全面负责管理集团公司各辅业公司以及股份公司范围内的合同管理工作。

二、法治东航新举措

第一，东航的法治建设，是以落实中央企业法治工作的"三个三年目标"和"新五年规划"实施方案为抓手，通过建立完备的规章制度体系、高效的法人治理体系、严密的风险管控体系。积极指导推动依法治企、守法经营、合法发展、积极实现经济效应、社会效应和国家利益三位一体的协调发展。

第二，东航集团在建立法治东航，推行法治五年规划过程中，做的一些工作，主要有五个方面。第一方面就是提升企业领导的法治思维和法治能力。能否做到依法治企，关键是领导干部有没有法治意识和法治能力，能否充分认识法治的重要性。国务院国资委颁发的关于推进法治央企建设的意见明确指出要牢牢抓住领导干部这个关键少数，大力提升领导干部的法治思维和依法办事的能力。如何提高各级企业领导人员的法治思维和法治能力，东航集团主要是通过去年为期半年多的主要领导讲法律课的活动，来提高企业管理人员的法治思维和法律能力。

2015 年 7 月，东航集团法律工作座谈会暨东航集团党组中心组扩大的专题学习会上，集团公司总经理刘绍勇率先开讲，结合东航依法治企工作的现状，对依法治企的重要意义的认识，领导干部在依法治企中的责任和如何落实建设法治东航战略做了讲座。明确提出法治东航建设是一把手工程，各级领导干部要全面推进自己单位的法治建设，为东航改革发展依法治企建设奠定坚实的基础。

在会上，刘绍勇总经理提出，要求各单位一是要做好依法治企的规划，二是要建立法治建设的考核制度，三是要抓好队伍的法治能力建设。党组书记马须伦同志主持专题讲座，马须伦书记提出要从落实国家依法治国战略的高度，从东航改革发展的战略高度和东航参与市场竞争的内在需求，深刻认识依法治企的意义。通过建设法治东航，提高企业参与国内外竞争的软实力。

为了开展好这项活动，东航集团要求各投资公司，股份公司，各分子公司，以及上海地区的各大单位，主要领导都要围绕依法治企建设法治东航做专题讲座，这项活动从 2015 年 7 月开始到 12 月结束，共有 34 家单位开讲。讲课的内容均按照东航集团的要求，对照分析自己单位存在的与法治要求、合规要求不相适应的问题和原因，提出改进方向和措施。集团公司对讲稿进行了评审，选择优秀讲稿在东航报刊上刊发，以扩大法治学习宣传的效果。

通过举办这次活动，提高了东航各级企业领导的法治意识，也发现了各单位法治建设中存在的一些问题，并且针对这些问题进行了整改。主要领导讲法治课这项活动，在社会上也引起了较大的反响。《法制日报》《中国民航报》等多家新闻媒体对活动进行了报道，司法部官网、人民网、凤凰网、新浪网和新华网等 20 多家主流媒体对活动报道进行了转载。

一方面就是我们把法治东航建设，纳入了东航集团"十三五整体规划"，使法治东航建设，成为了全面覆盖、全员参与的一项全局性、战略性工作，东航集团根据国资委政策法规局要求，编制下发了《东航集团 2015～2019 年法治工作五年规划的实施方案》。根据民航局《加强民航法治若干意见》制定了实施方案。在集团公司的"十三五规划"中也纳入了法治保障的内容，目前正在积极研究制定法治东航的建设规划，以明确法治东航建设具体的目标和任务。

第二部分是我们做的进一步夯实法律风险防范基础，在加强规章制度建设、提高合同审核率、应对诉讼仲裁案件所做的一些基础性的工作。

第一方面是完善规章制度体系，使各项决策行为于法有据。行之有效的规章制度是依法治企的基础，是企业实行法治化管理的重要手段。2015 年东航集团制定、修订规章制度共有 11 项。其中几项比较重要的规章制度的制定和修订，也是根据东航去年进行的审计和巡视整改的要求同步进行的。去年制定修订的规章制度，有集团公司的合同备案和归档管理的规定，东航集团建设工程招标、投标管理规定，东航集团授权管理规定和东航集团签署合同职务授权实施办法。另外，把近十五年以来的规章制度进行了汇编完善，共有 161 件。同时，督促各二级投资企业完善规章制度的流程，保证公司运行有法可依，有规可循。

第二方面，加强法律风险防范基础性工作，就是加强合同流程管理，防范交易风险。

第三方面通过妥善应对诉讼仲裁案件，依法维护公司的权益。目前航空公司在应对诉讼案件的特点，就是绝大多数案件是劳动纠纷案件中特殊的专业技术人员，也就是涉及飞行员的劳动纠纷占的比例较大。除了劳动纠纷案件以外，占的数量比较大的就是客运纠纷和货运的合同纠纷。

2015 年度，通过法律工作人员妥善应对诉讼仲裁案件，为公司避免和挽回的经济损失合计超过 1.23 亿元人民币。在处理各类案件过程中，公司针对不同案件的特点，在诉讼方案的应对，律师使用方面采取了有针对性的措施。在维护公司利益的同时，完善了法律风险的控制体系。

三、东航集团法律工作人员，如何保障公司国企的深化改革和转型发展

第一是航空公司在开展国际合作过程中，法律工作人员所做的一些工作。第二是适应民航局在广州机场和浦东机场进行的航班时刻分配改革，法律人员提出的一些法律分析意见。第三是在维护公司核心竞争力，就是维护核心技术人员稳定这方面，法律部所做的一些工作。目前中国的航空公司，正在大踏步地走向国际。在国际化的过程中，我们除了和国际的航空公司要开展竞争之外，在一些情形下，也需要进行合作。在近几年，我们在欧洲航线上主要是开展了和法航的合作。在澳大利亚航线上，主要开展了和澳航的合作。在太平洋航线、北美航线上，主要是和美国达美航空的合作。在这些合作项目中，东航的法律工作人员，都全程参与了项目的谈判，全面审核了所签订的这些合作协议。通过依法保障这些国际项目的顺利开展，大大提升了东航的国际竞争力。

东航和达美航空进行了深度的股权合作，美国的达美航空投资 4.5

亿美元，取得了东航 3.55% 的股份，成为了东航最大的境外单一股东。东航和达美航空缔结全球战略合作伙伴关系，迈出了东航国际化和国企混合所有制改革的重要一步，大大提升了东航在北美航线上的国际竞争力。在东航和达美整个股权交易和商业合作项目中，东航股份法律部全程参与了谈判，对相关协议进行了法律审核。

在这方面我们做的另一个工作，就是参与《上海市推进国际航运中心建设条例》，以及立法工作。中央在 2009 年明确上海市的定位是国际金融中心、贸易中心、航运中心和经济中心。航运中心地方立法就遇到一个很大问题，就是航运中心包括不包括航空。传统的法律观点，航运就是指海运、水运。从上海社会经济发展的现实需求出发，从服务全中国和提高中国在整个国际市场的经济竞争力的大局出发，我们认为上海的航运中心建设应当包括航空。这个观点为上海市的地方立法所采纳。

同时在这个地方立法里，明确了主基地航空公司在建设上海国际航运中心中的地位和作用。这个是在整个世界范围内，在立法层面第一次明确了国际航运中心包括航空。这是第一次在立法上使用了基地航空公司和主基地航空公司的概念。

在保障公司的转型发展和深化改革第三方面就是我们参与了中国航空运输协会发起签署的航空公司飞行员有序流动公约。飞行员是航空公司的核心技术资源，在中国民航高速发展的市场环境下，也是制约各家航空公司发展的关键资源。为了促进民航飞行员的有序流动和人才培养，既维护航空公司的利益，也要维护飞行员合法的权益，同时更要有利于保障民航的飞行安全，中国航空运输协会组织会员航空公司制定并签署了航空公司有序流动的公约。

在这个公约的签署过程中，我们三大航空公司的法律部门都积极参与。特别是通过中国航空运输协会法律委员会，积极表达公司的意见。这个公约明确了飞行员的流动一定要坚持安全第一，同时要有序流动。这个公约对于稳定国有大型航空公司的飞行人才队伍起到了一定的作用。

四、如何拓展法律工作的领域

在过去三个"三年计划"期间，央企法律部门所做的工作主要是加强法律风险防范，传统的工作就是管理规章制度，审核合同，依法参与决策，应对诉讼。新的央企法治五年规划和国资委加强法治央企建设指导意见提出，应当拓宽法律工作的领域，除了法律风险防范这方面工作以外，还要开拓公司的合规管理和法律监督。在这方面，东航集团也是正在按照国务院国资委要求作探索。

以下是东航以往的经验，主要有四个方面：

（1）就是股份公司海外经营的一些合规管理，这几年股份公司在海外经营的合规管理方面主要是两方面。一方面就是股份公司在海外开展联营的过程中，合资经营的过程中，反垄断的合规管理，是由东航股份的法律部来牵头做的。另一方面就是我们近几年股份公司在建设海外的网站，方便我们在海外购票，登录东航网站，我们在海外建设了海外的一些官网。海外的这些官网按照有些国家的电子商务方面法律的规定，他们对航空公司的官网应当包括哪些内容有规定。比如美国交通运输部，它的部门规章对航空公司的官网应当包括哪些内容，例如在航班延误的时候要有什么后续的措施，必须在官网以上登载出来。这方面的合规的审核是由法律部牵头做的。

（2）在境内，我们在合同审核前，就是在审核合同的条款前，要审核是否履行了公司内部的审批决策流程，内部的审批决策流程是否合规。比如这个项目应该是由经营层审批决定，还是要上董事会，还是要上股东会，这个是法律部的人员在审核合同前时，就要对前置的流程进行审核。如果前置的审批流程不合规就要将这个合同退回，对这个合同不予审核。

（3）东航所有的供应商在和东航签订合同的时候，供应商必须出具无行贿犯罪的证明。目前我们法律部审核每一份合同，都要求境内供应商要提供无行贿犯罪证明。

（4）在基本建设方面，根据集团的基本建设管理规定，招投标管理规定，在基建合同提交法律部审核的时候，法律部都要先审核是否履行了招投标程序，审查合格的才对基本建设合同的条款再进行审核，这是我们在合规管理方面目前所做的一些工作。

（5）如何加强法治队伍建设，东航集团的领导，特别是主要领导刘绍勇总经理和马须伦书记，高度重视法律工作人员在公司的作用，在2009年东航集团召开法律工作会的时候，我们法律部曾经为刘绍勇总经理先起草了法律工作会的发言稿，这个发言稿把法律工作人员，形象地比喻为是公司的消防员，监理师和设计师。刘绍勇总经理在讲话的时候就把这个秩序改过来了。他认为企业的法律工作人员的职能，定位，应当是设计师、监理师、消防员，首先要帮助公司把这个项目合同、协议都要签订好，这个是避免风险，维护公司权益的最主要、最基础的工作。所以他要求大家首先要当好设计师，然后就是在这些重要的协议、合同履行过程中要加以监督，就是监理师。最后仍然发生纠纷了，妥善处理纠纷，维护权利，这个是消防员。从这个职能定位可以看出来，东航集团的领导对公司的法律人员、法律机构是高度重视的。按照上述三项定位的要求，我们在法律事务机构的设置、法律队伍的建设，以及法律工作人员、法律工作能力三个方面提出了一些要求。在最近两年也做了一些探索。

另一个就是结合东航"十三五"发展规划，加快完善法律事务机构，主要有三个层次。一个就是总法律顾问制度，我们从过去国资委三个三年规划，就是要求集团公司和集团公司的重要子企业要设立总法律顾问。东航金融、东航投资、东航实业和东航航食都要设立总法律顾问。

同时明确了东航金融、东航投资和东航航食的总法律顾问，我们要实行委派制。

原来我们国资委的三个三年计划，要求集团公司和重要子企业都要设立独立的法律事务机构，我们现在根据三级企业，主要是股份公司的一些子公司合同审核、制度管理和诉讼应对工作的需求，目前有四家子公司提出来，要设立独立的法律部。从而实现独立的法律部这个设置，从二级企业向三级企业的延伸。

三级企业不具有独立法人资格的分公司是都在总经理办公室设立独立的专职分管法律工作的副主任。

下一步我们考虑机构的设置从境内向境外延伸，要在海外销售大区设专职的法务经理。目前我们只是实现了法律部向东航市场营销委派驻专职的法务经理，下一步我们计划在北美营销大区和欧洲营销大区，派驻专职的法务经理。目前东航股份所有的海外营业部法律费用的预算已经实现了由法律部统一管理。法律经费的预算由法律部纳入统一管理，这是我们在机构建设方面做的一些工作。

在队伍能力建设方面，我们在2012年时就制定了法律人员能力提升指导意见，通过开展各科室为主题的每月一次的专题法务内部培训讲座来提升项目和合同的审核能力。通过承担民航局的课题和撰写中国民航法律案例精解，来提升案例分析的能力，这是在提升队伍能力方面做的工作。这七项能力是合同审核能力、项目谈判能力、纠纷诉讼处理能力、开拓创新能力、沟通交流能力、文书分析能力和写作研究能力。

在队伍培养方面，2015年5月法规局郭祥玉局长带队在上海召开在沪央企座谈会时，郭祥玉局长在归纳大家在座谈会上反映问题的时候，把如何吸引优秀人才，如何留住人才列为那次会议归纳的第二项问题，也就是可以说咱们很多央企都遇到这个问题。就是优秀的法律毕业生来到我们法律部了，但是往往在工作五年或六年之后就跳槽离开了。这个问题也是困扰我们东航法律部，特别是困扰我们国际事务室的一个很大问题。我们国际事务室的经理连续四届都流失，所以在去年，我们连续两次向公司呈报关于建议公司建立紧缺优秀法律人才激励机制，我们起名字叫"护航计划"。公司领导原则同意之后，我们又打了一份关于引进并激励公司紧缺的优秀法律人才的请示。东航非常重视，召开了专题会议研究，最终确定在法律部实行一部两制。就是在法律部的国际事务室实行市场化薪酬，我们希望通过一部两制，国际事务室实行市场化薪酬这个方式来引进人才、留住人才、培养人才，增强我们的核心竞争力。这是第五部分关于队伍建设方面我们的一些做法。

通过提升依法治企能力，东航的管理也取得了进步，2014 年国资委评价局发布的世界一流企业对标研究里边，我们东航有些指标进入世界一流企业前五的行列。有综合评价指标，企业经营增长指标，财务绩效评价盈利能力。综合实力增强，特别是通过法律风险防范机制建设，这几年没有发生因为东航违法违规所引发的重大法律纠纷案件。

但是我们的法律工作目前还存在三方面不足，一是法治工作发展的不均衡，总体水平还有待提升。

二是管理队伍依法治企的能力还有待提升，特别是境外法律风险防范的能力仍然是我们的短板，难以适应企业不断加快走出去的步伐。

三是各个单位规章制度的执行能力还需要加强。

五、体会和建议

介绍一下我的一点体会和两点小的建议。一点体会就是我们感觉当前是国资委对法治央企建设的顶层设计和各级企业对法治的内在需求结合的最好的时期。前几年我们感觉好多工作就是我们通过国资委的要求我们集团层面在往下开展，开展的成效有好有坏，这几年特别是中央依法治国文件发布之后，我们感觉到很多二级三级企业提出来加强法治工作呼声就很高了，很多是二级、三级企业自发的、主动的，和国资委顶层设计往往是不谋而合。特别是国资委去年底印发了关于全面推进法治央企建设的意见，我们认为这个文件为我们央企的法治工作明确了方向和工作重点，也极大鼓舞了广大央企法律顾问的士气，坚定了我们进一步做好央企法治工作的信心。以下是两点建议：

第一，建议在央企改革试点中，增加法治央企建设的试点，例如，深化总法律顾问制度建设，合规管理、法律监督。

第二，建议尽快设立中国企业法律顾问协会，充分发挥协会在制定行业标准，维护行业利益方面的作用。

中国建筑法律管理发展历程

中国建筑工程总公司总法律顾问　秦玉秀

一、中国建筑工程总公司概况

中国建筑工程总公司（以下简称中国建筑）作为我国专业化发展最久、市场化经营最早、一体化程度最高、全球排名第一的投资建设集团，目前主要有五大业务板块，分别是房屋建筑工程、国际工程承包、房地产开发与投资、基础设施建设与投资、设计勘察。目前，经营区域已经覆盖27个国家和地区。

中国建筑经过了十年的发展，从2006年初次进入世界500强位列第486位，到2015年已排在第37位，并且连续十年被国资委评为年度综合业绩考核A级企业。去年，标普、穆迪和惠誉三个国际顶级的信用评级公司均给出A2和A的评价，这是2015年行业内全球最高的信用评级。

二、中国建筑工程总公司法律管理概况

（一）中国建筑法律管理的历程

中国建筑的法律管理经过多年发展，历经了四个阶段：

第一阶段（2002年以前），法律队伍不到200人，整个工作业务主要是诉讼管理、合同评审和授权。

第二阶段（2002～2010 年），法律队伍发展到了 560 多人，工作内容除了诉讼管理、合同评审和授权以外，还有合同归口管理、项目法律服务和人才队伍建设，同时诉讼管理也从案件处理提升到案件管理层面。

第三阶段（2011～2015 年），法律人员发展到了 1000 人以上，除前面所提到的业务之外，主要是加强了投资、海外和知识产权的工作。

第四阶段（2016～2020 年），"十三五"规划阶段，按照欧美国家跨国公司法律人员占员工总数的比例，中国建筑的法律人员占比将达到 7‰，即按照中国建筑 20 多万管理人员计算，法律人员要达到 1500 人。我们的工作重心将按照国务院国资委的要求，重点做法人治理、合规经营和法律监督。

以上是中国建筑法律管理体系大概的历程。

（二）中国建筑法律管理的现状

1. "三个三年目标"完成情况。

中国建筑的法律管理目前正处于一个快速发展的阶段，已全面完成国资委的各项指标要求。"三个三年目标"的百分率写起来简单，但为了完全达到国资委的要求，我们做了大量工作，付出了大量努力。

2. 总法律顾问实施情况。

中国建筑总法律顾问制度除在集团总部实施以外，还在 19 家二级企业、122 家三级企业推行实施。目前，中国建筑共有 142 家企业设置了总法律顾问，实施率为 93.4%。我们现在推行子企业层面总法律顾问统一调配机制，即二级单位总法律顾问（以下简称总法）是集团总部在调配，三级单位总法是各二级单位在调配，这样能保证总法到位、解决总法专职率的问题。

3. 机构设置情况。

中国建筑各级子企业所设置的法律机构，名称并不完全一样，大体分为两类，一类叫法律事务部，一类叫法务合约部。但其法律职责都统一，分别是体系建设、合同管理、法律服务、授权管理、纠纷案件管理、知识产权管理六大管理职能。所有法律机构的工作流程，也都要按照我们发布的四本工作手册的要求和标准进行统一。

4. 法律管理工作体系结构。

中国建筑总部的总法律顾问主要在做两方面的工作，一方面是建立从上到下的体系建设，另一方面是处理各业务板块的具体事务。体系建设方面，一个是二级、三级单位的总法设置，其设置率是93.4%；另一个是法律机构设置，包括法律机构职能、人员和队伍建设。职责业务方面，共六项业务，对具体业务工作进行处理和管理。另外，下属单位法律人员的配置也比较统一，二级单位为4~8人，三级单位为4~6人。

中国建筑最基本的工作界面和单位是项目。我们现在有6000多个项目在同时运作，所以中国建筑法律管理的触角一直延伸到项目。我们通过项目法律顾问制度的推行、项目法务岗位的设置，以及项目法律文书、项目履约策划的管理，来对整个中国建筑的项目进行法律服务和监控。

以上就是中国建筑法律管理的现状。

（三）中国建筑法律管理的回顾

2002年以前，中国建筑的法律部门是办公厅下设的一个处，全系统人员不到200人，主要处理各种诉讼案件、合同评审和一些突发事件。现在有很多企业也在做这样的工作。这些工作做好了，能体现法律人员的价值，并能得到各方的认可。

首先是案件处理，能够通过自己的努力，不管是外聘律师还是自己代理，把案件做得很好，为企业避免损失或获得效益，就会得到各方认可。其次是合同评审，这是一个常规性工作，我们法务人员在企业内都在做。再次就是授权归口管理，20世纪90年代我们授权相对比较混乱，可能任何一个人都能拿授权书来代表公司。后来我们实行了授权归口管理，情况初步得到改善。

以上是我们2002年之前做的三方面的工作。我们在处理以上三方面工作时，发现有一些案件怎么努力都会输。不是能力达不到，也不是专业水平不够，更多是因为证据问题。而证据问题，很多时候是前期合同签约的问题或者是履约当中资料管理的问题。通过处理这些案件，尤其是处理败诉案件，我们就反思公司管理的问题。这也是为什么我们2002年开始在国资委（原国家经贸委）强力推动下，能作为第一批总法的试点单位。

（四）中国建筑法律管理的发展

1. 法律业务逐步开展。

2002年，我们按照要求设置了总法，设置了独立的法律部，之后我们就一直在反思工作要怎么抓、怎么做。在这个过程中，一些败诉案件就提醒我们反思在签约和履约当中的问题。

2003年，我们开始狠抓施工合同。从合同制度、施工履约，再到检查考核等，包括从2005年开始委派项目法律顾问，都是基于一个共同的目的，就是解决败诉案件所反映出的经营管理中的问题。

2006年，我们开始抓案件管理体系。但当时对案件管理并没有完整的体系，比如案件是否要打、案件统计、案件进展、是否委托外部律师等都没有清晰地管理。这就促使我们要建立案件考核体系。截至目前，我们1000万以上标的案件，集团总部全部要进行考核。年初签责任状，年底考核，然后按照考核结果进行奖惩兑现。

2006～2007年，我们按照国资委的要求，在子企业推行总法律顾问制度。

2008年，我们注重授权管理，并且开始推广项目法律服务。

2009年，中国建筑整体上市，成为当时A股市场最大的IPO。中国建筑从仅有中海地产（中国建筑下属的三级子企业，隶属二级企业中海集团）做投资，发展到所有二级企业（包括集团总部）都做投资。我们也相应强化了投资法律服务。

2010年，推行项目法律顾问一段时间后，我们又开始做项目法务考核。

以上可以看出，2002～2010年，我公司法律业务从公司现状、公司业务出发，逐步加强各项法律管理，实现了法律业务的跨越式发展。

2. 法务业务探索创新发展。

（1）诉讼案件管理。

案件策划是要解决很多案件"打到哪儿算哪儿"的问题。我们案件策划起源于2003年在新加坡处理的一个国际仲裁案件。当时面临着不同的方案选择，而不同的选择对应着完全不同的结果。很庆幸最终我们选了一个很好的方向，结果也就很好。如果当时选择另外一条路，仲裁请求被支持的概率就是零。就是通过这样一个国际仲裁案件，我们开始注重案件前期分析和策划管理，做到每一个案件都有策划。该赢的，就把策划做好，赢得一个非常好的结果；该输的，比如说证据清晰的债权债务，也要确定方案，尽可能地和解或减少损失。

结案管理也一样，我们要求每一个案件结束后都要有一个结案报告，尤其是败诉的案件，它能反映出我们管理当中的问题。比如授权问题、印章管理问题、签字人混乱问题等，这些结案报告最后要交给公司主要领导审阅，以此来修正公司的一些管理问题。

历史遗留案件管理，因为这些案件已经处理了很长时间，我们有特殊的积案管理办法，包括律师选聘、代理方式的选择等。

内部争议管理，因为中国建筑确实比较大，单位也比较多，相互之间也会有合同关系，也就不可避免会有一些纠纷和争议的。我们建立了内部争议解决制度，模拟仲裁过程来解决各方争议。

外聘律师管理，我们建立了中国建筑外部律师库，由各单位推荐入库，包括律师所在城市、律所、律师专长等，供各单位选择使用。集团总部也会定期约入库律师见面。本人每到一个地方出差，都会约几家律所的律师进行交流，以加强我们对他们的认识和判断，加强他们对我们工作的支持力度。

中国建筑的案件管理效果非常明显，从2009～2015年，中国建筑营业收入上涨了300%，但案件总标的却下降了35%。

（2）合同全生命周期管理。

中国建筑的合同管理，从之前的一般性合同审查发展到了合同全生命周期管理。

前期资信调查，都是法律部来做，包括国内和海外项目。海外项目经常是业务营销人员跟总法一起去，总法在当地聘请律师来做业主的尽调。从签约谈判到合同评审，再到签订用印，法律人员全程参与。施工合同的特点就是履约期限非常长，一两年都算很短，一般要四五年。所以我们会对合同内容、履约风险点以及签约的特殊考虑等向项目经理部交底，提醒他们在过程中要防范哪些风险。合同履约过程持续时间会很长，不知道会发生怎样的意外。在 2007~2008 年，国际材料价格暴涨，比如钢材暴涨 70%，对我们影响特别大，我们就会及时提示整个系统的几千个项目关注涨价风险。有时经济形势不好导致地产商销售情况不好，像前几年大面积的地产项目停工，我们要提示该怎样应对、怎样停工、手续怎么做，进而来完善我们停工的这些手续。如果出现结算办完了，但款项收不回来，我们还会做清欠管理。我们合同管理是按照贯穿整个合同的全生命周期来进行管理的。

因为时间关系，仅就个别业务说明几点：

一是资信调查。我们要从营业资质、业绩经历、财务状况以及诉讼情况，来进行合同相对方的调查。针对业主、分包商、材料商，都要做资信调查。

二是设计合同主要风险。中国建筑有 7 个设计院，我们也会关注设计合同的主要风险。业主方要我们提供设计进行签约评审的时候，我们会关注计价方式是否可调、变更、索赔，审查时限等一些约定，对于风险问题进行提示和应对建议。因为这中间可能会涉及双方所无法预料到的情况。

三是施工合同主要风险。中国建筑有八个工程局和新疆建工，在中海集团下面也有建筑公司，以及 14 个专业公司，所以工程合同风险不容忽视。比如被认定为违法分包、转包风险，它会影响到合同效力，进而导致合同的权利义务受到影响，甚至会受到相应的处罚。尤其是建设部的两年治理行动，对违法分包和转包的查处非常严厉，我们就针对性地做了非常多的工作，来规范管理、完善合同，有效地解决问题。比如防范显失公平条款，很多时候甲乙双方地位有些不公平，我们作为施工方有时候会签一些显失公平的条款，包括高额度违约金，要通过后面的诉讼、仲裁来化解；比如市场政策风险，比如 2009 年的材料涨价，要通过国家政策来化解一部分风险；比如工期延误和费用增加，一定要明确是否属于气候、不可抗力、图纸提供不及时、场地交接滞后等原因，划清责任；比如发包人逾期付款，会影响工期，也会影响到我们对下游分包分供单位的合同履行；再比如设计变更，它会导致工期延误或者费用增加，我们会特别提示项目一定不能擅自变更，一定要设计院来做变更。这些风险，在很长的施工履约过程中很容易发生。我们就通过项目法律顾问、通过各层级的法律部来提示项目在签约和履约过程中如何防范风险、化解风险。很多时候风险对甲乙双方是共存的，我们化解风险也是帮助业主更合法、合规地把项目建设完成。

（3）授权管理制度。

我们的授权管理是分级分类的授权体系，非常健全。我们每一个公司领导、每一个层级的驻外机构、每一个分支机构，分别有多大权限，有一张大的分级分类授权表，每个人都有不同的权限。这个权限是根据管理职责、经营能力、管理半径给出的，非常清晰。法律授权，不管是综合授权还是单项授权，全部要经过法律部审核、编号并备案。合同签署或内部文件签署要进行 A、B 角联签，一条流程线是董事长、总经理或副总签批，另一条流程线是总会计师、总法律顾问或总经理签批。我们的财务资金部和法律部也会根据不同的业务类型进行 A、B 角联签。

（4）项目法务制度。

从 2005 年开始，我们开始探索在项目上委派法律人员，让他们去了解整个项目的运转流程，了解法律人员可以在哪个节点上做工作。在此基础上，我们编了相应的一些文件，并选取全系统 110 个项目进行试点推行。推行后，我们就有了更多的实践经验。自 2009 年开始，项目法务制度在全系统推广，到 2010 年开始建立考核体系，2011 年推广到全部的投资项目，再到 2014 年推广到部分海外项目。我们的项目法务工作经过了十年的历程，现在做到了函件管理、纠纷处理、普法培训等各方面都比较到位。我认为项目法务要与企业整体的经营管控模式相吻合，跟整个项目管理体系也要相吻合，法律人员在项目上要对其业务内容、工作节点非常清晰。只有这样，项目法务才能有效果；效果出来了，项目经理及各级领导才能认可法律在项目中的价值。

我们通过十年的探索，项目法务制度已经非常完善。2015年，我们全系统审核函件近四万份，审核合同三万多份，合同交底3万份等。我们在施的6582个项目里面，合同金额是3.4万亿元，项目法务工作考核覆盖率和兑现率均为95%，去年一年兑现奖金近500万元。这是我们项目法务人员通过自己的工作、自己的价值体现，得到的肯定和回报。

3. 加强法律队伍建设。

我们制定"十二五"规划的时候，就提到"十二五"时期法律人员要达到一千人。我们制订了相应措施，包括人才规划、新生引进、社会招聘等，都设置了相应指标。人员招聘是人力资源部在做，但最终决定权在法律部。我们通过5年的努力，到去年年底全系统法律人员已达1034人。

对于人才培养，我们全系统采取导师带徒、基层锻炼、业务培训等方式，促使人员尽快成长。一方面在一线进行基层锻炼，另一方面要回到机关进行管理锻炼，这样新进人员成长就特别快。原来新员工进入公司后三四年才能独立工作，现在大概一两年就能做得非常好。

4. 法律业务为公司发展保驾护航。

截至2009年，我公司作为上市公司一方面是经营发展的非常好，另一方面是风险防范做得比较到位。现在中国建筑工程总公司和中国建筑股份有限公司是在一体化运作。法律管理人员在上市过程中及上市后，一直提供业务咨询、文件评审、意见出具等法律服务，为公司的发展运营保驾护航。

（五）中国建筑法律管理的提升

1. 加强投资业务法律管理。

2010～2015年，是法律管理跨越提升的阶段。由于公司转型升级，投资业务占比增大，所以我们法律系统在对投资业务的支撑上就花了很多精力。以我本人为例，大概有一多半以上精力在投资上。2010年以前，我的主要精力都在施工领域的法律管理工作，包括项目法律顾问、施工合同管理等，从2010年开始我就在投资、海外、知识产权这三块业务上下的工夫比较多。

中国建筑的投资业务，前些年除了因资质的需求并购一些企业外，更多的是在做投资项目。其中建设移交（以下简称BT）项目做的比较多。当时我们做的所有BT项目都是有法律法规文件支撑，相对比较规范，所以后期回购都很顺畅。从2014年开始，因为国家政策原因，转做PPP项目，所以近两年在PPP项目上花的工夫比较多。我们把PPP项目进行梳理，做出各类指引，包括前期项目谈判指引、融资指引等，在整个中国建筑投资系统都反映很好。这种指引人手一册，大家戏称"红宝书"，可以拿这个直接去谈投资项目，这可以算作是加强投资业务法律的引领工作。

我们做的比较多的PPP项目，一类是使用者付费项目，就是大家通常所知道的BOT经营性项目；一类是政府采购项目，更类似于原来的BT非经营项目，它由政府部门进行付费，包括可用性付费、使用量付费、绩效付费，然后来实现项目的价值创造；再有就是可行性缺口补助项目，有经营，但经营不足以达到固定的回报，那么政府会给可行性的缺口补贴，这种准经营项目现在我们也做得很多。

2. 探索推进海外法律管理。

（1）建立海外法律管理体系。

海外法律管理体系，就是集团总部、海外事业部和海外机构这样一条线纵贯管理。抓海外法律管理体系，也是从制度建设开始，包括颁布管理办法、印发风险指引。风险指引从谈判签约，到履约，再到诉讼仲裁，贯穿海外项目的全过程。我们在海外机构设置法律部门现在还不是特别多，目前有两家公司设立了独立的法律部门。其他很多单位是有法律人员但没有相应部门，还有一些是连法律人员都没有。在比较发达和法律完善的国家或地区，例如美国、新加坡，我们更多的是依托当地的律师在做。海外法律服务更多的是在做前期信用调查、签约和履约管理、劳务管理和争议处理。

（2）编写《海外风险防范指引》。

《海外风险防范指引》是从市场进入，到市场营销，到合同签署，到履约，到争议解决的一个全过程的法律风险指引。该指引在全中国建筑系统做了多场培训，其中很多是在海外机构来做的。

（3）增强海外法律风险管控能力。

市场进入风险，包括政治风险、经济环境风险、军事动乱和战争风险、法律环境风险（法规体系、法规内容）、商业注册风险，这些我们都遇到过。

项目跟踪阶段其实非常重要。很多时候在国内特别简单的事情，在国外可能都会出问题。比如分包资源，我们在国内的分包资源特别丰富，但在海外可能会成为制约整个项目进展的关键。所以我们在跟踪阶段，会对当地的分包资源做特别详细的调查，包括施工环境（包括雨季、寒冬），这些对工期报价都有特别大的影响。

合同的条款风险也同样不容忽视。我们对海外工程合同，包括投资项目，对合同条款都要有非常细致的审查。比如说保函，要明确它到底是否可转让的、是否见索即付，保函如何开、如何中止等。

合同的争议解决，我们基本上都会选择在比较大的国际仲裁机构。记得中国国际贸易仲裁委员会给我们这些仲裁员开会时强调，希望把这些合同争议纠纷都约定到贸仲来解决。但实际上，我们的纠纷案件如果能跳出所在国的诉讼管辖就已经算是胜利了。在东南亚，我们一般会选择在新加坡仲裁，在非洲我们可能会选择在欧洲仲裁。

履约当中的风险会特别多，比如劳务，我们在很多殖民地国家，看着很落后，但是他们的法律意识都特别健全，因为它在殖民统治期间有很多法律意识对他们的熏陶。之前我们在管理劳务的时候，尤其是没有设法律部的一些机构，劳务问题特别多，输的官司也特别多。因为我们很多时候对劳务的管理没有按照当地的法律法规来做。自从设立了法律部，法律部人员经常会被当地的项目请去讲课，讲劳务合同如何签约、如何解约、如何管理等，进而来规避相应的风险。在项目履约中，如果出了问题，我们就会做案件策划，并且要有争议解决小组（争议小组一般都是项目经理牵头，由法律、合约、工程、质量等管理人员组成），做争议过程管理、重视证人管理。

例如一个案子在新加坡开庭的时候，我们一个证人当场被对方律师盘问。因为我们没见过交叉盘问，证人被对方盘问"用中文开庭还是用英文开庭"，他说他希望能拿中文开庭，说他英文不太好。但是人家拿出一份备忘录，上面写着英语翻译就是他，想要借此指责他的诚信问题。不过还好证人反应快，说他的英语还可以，但只限于工程英语，法律英语不太懂，就怕听的不准确，所以希望有翻译。这个例子就说明特别简单的一件事情，在法律完备的国家，任何事情都有可能被对方抓住，然后成为攻击你的内容。因此就需要我们做好自身的管理和应对工作。

我们在国外仲裁机构处理的仲裁案中，有赢有输。赢了就很高兴，当然输的有时也觉得特别委屈。比如表见代理，俄罗斯有环境授权概念，即没有严格的授权书，就不能代表公司。类似于这样的问题，可能就会颠覆项目仲裁的结果。在处理过程中，通过仲裁案件，我们总结了非常多的管理当中需要规避和注意的问题，都写入了我们的指引。我们每年都会做非常多的培训，来让大家树立法律意识。

3. 建立知识产权法律管理。

知识产权做得比较晚，2013～2014年才开始做。我们也是做规划、做制度、建体系。在知识产权的责任部门里面，专利是在科技部，商业秘密是在办公厅，著作权是在企业文化部。我们是牵头在做顶层设计、统筹管理，并具体负责商标工作，包括商标注册、商标许可、申请驰名、知识产权纠纷处理等。

4. 法律管理实现标准化和信息化。

中国建筑的法律管理已经实现了标准化和信息化。我们的标准化就是四本手册，从上到下都是按手册在工作，里面所有的流程、节点、内容都非常清晰。法律与合同的信息化管理，包含有非常多的内容，比如所有的法律人员信息和工作内容都及时录入到系统里，在调配人员、配置资源的时候，一千多法律人员的情况都能随时了解到。另外就是我们的合同系统，中国建筑的每一份合同都通过系统动态管理，公司领导很依赖我们每年所做的合同分析。我们的合同系统，包括投资合同、海外合同、施工合同，可以通过系统分析合同增减、合同条件变化来反映目前的经济形势怎么样。同时，包括知识产权管理、授权管理等工作，都被整合在我们的信息管理系统中。

5. 总法述职及座谈，提升总法履职能力。

各单位的总法律顾问是我们这支队伍里最重要的、最骨干的力量。所以我们的总法管理体系做的多一点，包括每年总法的述职、座谈会。我们把所有三级单位的总法都集中起来开座谈会，看他们自己存在什么问题、要怎么解决。有的时候三级企业评价二级企业的意见还挺尖锐，这就证明可能存在的问题比较多，我们再来考虑怎么改进。

6. 召开区域座谈，搭建交流平台。

我们法律人员虽然有1000多人，但实际上分散在全国、全球各地，当然主要还是国内居多。我们从2014年开始做各区域的法律人员座谈，截至目前已经在北京、上海、广东、四川、广西、贵州、河南七个区域召开了座谈会。座谈会涉及面广，高到二级单位的总法，低到刚刚参加工作的法律人员，大家在一起进行交流，每个人都有发言的机会。很多年轻人，80后、尤其90后，刚参加工作一两年，可能有很多困惑，我们就会给他讲企业法律管理的历程，让他们知道我们现在的体系是怎么一点点摸索起来的，让他们从入职就有机构、有领导、有制度，所有的流程、体系都是完整的、健全的，进而让他们增强对企业法务工作的荣誉感，明晰对未来的职业生涯追求。目前，将近70%的法律人员都参加过这种座谈会，这实际上也是一种老带新的方式。

7. 营造法律人才发展的良好环境。

除了精神上的交流以外，我们还是要做很多扎实的工作才能留住这些人才。我每次参加咱们国资委会议的时候，都会感受到大家都在困惑法律人员该怎么留住。我们中国建筑也是有人员流失的，但是流失的不多，因为我们有很多的保障措施和做法。

一是取证津贴。考过后首先有一次性奖励，并且之后每个月都有津贴。

二是考核激励。刚才说到过每年的案件考核，考核以后都是有兑现的，我们对二级企业领导考核，二级企业领导有奖励了，法律人员也随之是有激励的。

三是拓展职业发展空间。中国建筑系统除了有行政职务晋升以外，还有专业职务晋升，部分专业职务能相当于局级、处级。

四是荣誉奖励。我们全系统每年都评选先进工作者，再有国资委评选的荣誉，其实法律人员对这些还是非常珍惜的，这是对他们的荣誉奖励。

五是搭建交流平台。我们经常会给法律人员搭建一些交流平台，包括到地方国资委到很多央企去对标，给他们多一些交流和学习的机会。

我们法律管理是通过多年的工作以后，形成一个非常贯通的工作机制，目前六大核心业务做得相对比较到位，过程中遇到问题，会有交流、座谈，包括重大疑难案例的研讨等。我们对公司业务的支撑，也相对比较到位，十多年前领导是有纠纷了才会想起法律，现在董事长、总经理、副总经理是只要有业务就少不了法律，不管是并购、投资，还是海外，都会第一个会想到业务部门，第二个就会想到法律部。我们有一个数字，2006年至今，我们创造的效益是102亿元，回收资金是43亿元，避免损失是23亿元，确认债权是66亿元，这些数字就显示出法律人员的价值，因为有价值，领导才会更重视。

三、感悟

说到感悟，首先要说专业。我认为专业是我们的看家本领，专业要很精。现在我们的法律人员，有的在施工方面非常专业，有的在PPP投资、BT投资方面专业，有的在海外方面专业，还有的在知识产权方面专业。每个人员都会有相应的专业能力，有了专业能力，才能处理好企业中的一些事情。不管是很棘手的问题，还是正常的管理问题，或者是一些突发事件，专业性强就能处理得很好。

其次要说团队。在企业里做法律，团队很重要。因为我们有一些单位的法律人员，越往基层人越少，遇到事情时，哪怕是讨论一个合同、讨论一个案件，连个沟通交流的人都没有。所以对于三级单位，我更多的提倡他们采用纵向管理，用三级单位的法律团队来凝聚基层的法律人员，让他有团队感，产生一种工作的激情，进而是业务能力的提升和管理能力的提升。

最后要说管理。我们的管理是自上而下按照国资委要求来做的，就是"借上面的力，做我们的事"。我们是在借国资委的力，二级、三级单位同样是在借上级的力，然后来把自己的事情做的更好。在这些方面，除了要有专业能力以外，更多的是要有管理能力，要提升管理素质。

以上这些是企业法律人员未来的职业发展定位和职责所在，也是我们法律系统坚持"价值创造、深度融入企业生产经营"的一些感受。

下篇 政策文件

关于推行法律顾问制度和公职律师公司律师制度的意见

中办发〔2016〕30 号

为贯彻落实党的十八大和十八届三中、四中、五中全会精神，积极推行法律顾问制度和公职律师、公司律师制度，充分发挥法律顾问、公职律师、公司律师作用，现提出以下意见。

一、指导思想、基本原则和目标任务

（一）指导思想。认真贯彻落实党的十八大和十八届三中、四中、五中全会精神，以邓小平理论、"三个代表"重要思想、科学发展观为指导，深入学习贯彻习近平总书记系列重要讲话精神，坚定不移走中国特色社会主义法治道路，从我国国情出发，遵循法治建设规律和法律顾问、律师工作特点，积极推行法律顾问制度和公职律师、公司律师制度，提高依法执政、依法行政、依法经营、依法管理的能力水平，促进依法办事，为协调推进"四个全面"战略布局提供法治保障。

（二）基本原则。坚持正确政治方向。坚持党的领导，选拔政治素质高、拥护党的理论和路线方针政策的法律专业人才进入法律顾问和公职律师、公司律师队伍。

坚持分类规范实施。从实际出发，在党政机关、人民团体、国有企事业单位分类推行法律顾问制度和公职律师、公司律师制度，明确政策导向和基本要求，鼓励各地区各部门各单位综合考虑机构、人员情况和工作需要，选择符合实际的组织形式、工作模式和管理方式，积极稳妥实施。

坚持统筹衔接推进。着眼于社会主义法治工作队伍建设大局，处理好法律顾问与公职律师、公司律师之间的衔接，畅通公职律师、公司律师与社会律师、法官、检察官之间的交流渠道。实行老人老办法、新人新办法，国家统一法律职业资格制度实施后，党政机关、人民团体、国有企事业单位拟担任法律顾问的人员应当具有法律职业资格或者律师资格。

（三）目标任务。2017 年底前，中央和国家机关各部委，县级以上地方各级党政机关普遍设立法律顾问、公职律师，乡镇党委和政府根据需要设立法律顾问、公职律师，国有企业深入推进法律顾问、公司律师制度，事业单位探索建立法律顾问制度，到 2020 年全面形成与经济社会发展和法律服务需求相适应的中国特色法律顾问、公职律师、公司律师制度体系。

二、建立健全党政机关法律顾问、公职律师制度

（四）积极推行党政机关法律顾问制度，建立以党内法规工作机构、政府法制机构人员为主体，吸收法学专家和律师参加的法律顾问队伍。

党政机关内部专门从事法律事务的工作人员和机关外聘的法学专家、律师，可以担任法律顾问。党内法规工作机构、政府法制机构以集体名义发挥法律顾问作用。

（五）在党政机关已担任法律顾问但未取得法律职业资格或者律师资格的人员，可以继续履行法律顾问职责。国家统一法律职业资格制度实施后，党政机关拟担任法律顾问的人员应当具有法律职业资格或者律师资格。

（六）县级以上地方党委和政府以及法律事务较多的工作部门应当配备与工作任务相适应的专职人员担任法律顾问；法律事务较少的县级以上地方党委和政府工作部门可以配备兼职人员履行法律顾问职责。乡

镇党委和政府可以根据工作需要，配备专职或者兼职人员履行法律顾问职责。

（七）党政机关法律顾问履行下列职责：

1. 为重大决策、重大行政行为提供法律意见；

2. 参与法律法规规章草案、党内法规草案和规范性文件送审稿的起草、论证；

3. 参与合作项目的洽谈，协助起草、修改重要的法律文书或者以党政机关为一方当事人的重大合同；

4. 为处置涉法涉诉案件、信访案件和重大突发事件等提供法律服务；

5. 参与处理行政复议、诉讼、仲裁等法律事务；

6. 所在党政机关规定的其他职责。

（八）外聘法律顾问应当具备下列条件：

1. 政治素质高，拥护党的理论和路线方针政策，一般应当是中国共产党党员；

2. 具有良好职业道德和社会责任感；

3. 在所从事的法学教学、法学研究、法律实践等领域具有一定影响和经验的法学专家，或者具有 5 年以上执业经验、专业能力较强的律师；

4. 严格遵纪守法，未受过刑事处罚，受聘担任法律顾问的律师还应当未受过司法行政部门的行政处罚或者律师协会的行业处分；

5. 聘任机关规定的其他条件。

（九）外聘法律顾问应当通过公开、公平、公正的方式遴选。被聘为法律顾问的，由聘任机关发放聘书。

（十）外聘法律顾问在履行法律顾问职责期间享有下列权利：

1. 依据事实和法律，提出法律意见；

2. 获得与履行职责相关的信息资料、文件和其他必需的工作条件；

3. 获得约定的工作报酬和待遇；

4. 与聘任机关约定的其他权利。

（十一）外聘法律顾问在履行法律顾问职责期间承担下列义务：

1. 遵守保密制度，不得泄漏党和国家的秘密、工作秘密、商业秘密以及其他不应公开的信息，不得擅自对外透露所承担的工作内容；

2. 不得利用在工作期间获得的非公开信息或者便利条件，为本人及所在单位或者他人牟取利益；

3. 不得以法律顾问的身份从事商业活动以及与法律顾问职责无关的活动；

4. 不得接受其他当事人委托，办理与聘任单位有利益冲突的法律事务，法律顾问与所承办的业务有利害关系、可能影响公正履行职责的，应当回避；

5. 与聘任机关约定的其他义务。

（十二）市、县、乡同级党委和政府可以联合外聘法律顾问，为党政机关提供服务；党委和政府可以分别统一外聘法律顾问，为党委和政府及其工作部门提供服务。

（十三）各级党政机关根据本意见设立公职律师。公职律师是依照本意见第二十五条、第二十六条规定取得公职律师证书的党政机关公职人员。

（十四）公职律师履行党政机关法律顾问承担的职责，可以受所在单位委托，代表所在单位从事律师法律服务。公职律师在执业活动中享有律师法等规定的会见、阅卷、调查取证和发问、质证、辩论等方面的律师执业权利，以及律师法规定的其他权利。

（十五）公职律师不得从事有偿法律服务，不得在律师事务所等法律服务机构兼职，不得以律师身份办理所在单位以外的诉讼或者非诉讼法律事务。

（十六）党政机关法律顾问、公职律师玩忽职守、徇私舞弊的，依法依纪处理；属于外聘法律顾问的，予以解聘，并记入法律顾问工作档案和个人诚信档案，通报律师协会或者所在单位，依法追究责任。

三、建立健全国有企业法律顾问、公司律师制度

（十七）工商、金融、文化等行业的国有独资或者控股企业（以下简称国有企业）内部专门从事企业法律事务的工作人员和企业外聘的律师，可以担任法律顾问。

在国有企业已担任法律顾问但未取得法律职业资格或者律师资格的人员，可以继续履行法律顾问职责。国家统一法律职业资格制度实施后，国有企业拟担任法律顾问的工作人员或者外聘的其他人员，应当具有法律职业资格或者律师资格，但外聘其他国有企业现任法律顾问的除外。少数偏远地方国有企业难以聘任到具有法律职业资格或者律师资格的法律顾问的，可以沿用现行聘任法律顾问的做法。

法律顾问的辅助人员可不具有法律职业资格或者律师资格。

国有企业外聘法律顾问参照本意见第八条、第九条、第十条、第十一条规定办理。

（十八）国有企业可以根据企业规模和业务需要设立法律事务机构或者配备、聘请一定数量的法律顾问。

国有大中型企业可以设立总法律顾问，发挥总法律顾问对经营管理活动的法律审核把关作用，推进企业依法经营、合规管理。

（十九）国有企业法律顾问履行下列职责：

1. 参与企业章程、董事会运行规则的制定；

2. 对企业重要经营决策、规章制度、合同进行法律审核；

3. 为企业改制重组、并购上市、产权转让、破产重整、和解及清算等重大事项提出法律意见；

4. 组织开展合规管理、风险管理、知识产权管理、外聘律师管理、法治宣传教育培训、法律咨询；

5. 组织处理诉讼、仲裁案件；

6. 所在企业规定的其他职责。

（二十）国有企业法律顾问对企业经营管理行为的合法合规性负有

监督职责，对企业违法违规行为提出意见，督促整改。法律顾问明知企业存在违法违规行为，不警示、不制止的，承担相应责任。

（二十一）国有企业根据需要设立公司律师。公司律师是与企业依法签订劳动合同，依照本意见第二十五条、第二十六条规定取得公司律师证书的员工。

（二十二）公司律师履行国有企业法律顾问承担的职责，可以受所在单位委托，代表所在单位从事律师法律服务。公司律师在执业活动中享有律师法等规定的会见、阅卷、调查取证和发问、质证、辩论等方面的律师执业权利，以及律师法规定的其他权利。

（二十三）公司律师不得从事有偿法律服务，不得在律师事务所等法律服务机构兼职，不得以律师身份办理所在单位以外的诉讼或者非诉讼法律事务。

四、完善管理体制

（二十四）党内法规工作机构、政府法制机构和国有企业法律事务部门，分别承担本单位法律顾问办公室职责，负责本单位法律顾问、公职律师、公司律师的日常业务管理，协助组织人事部门对法律顾问、公职律师、公司律师进行遴选、聘任、培训、考核、奖惩，以及对本单位申请公职律师、公司律师证书的工作人员进行审核等。

（二十五）在党政机关专门从事法律事务工作或者担任法律顾问、在国有企业担任法律顾问，并具有法律职业资格或者律师资格的人员，经所在单位同意可以向司法行政部门申请颁发公职律师、公司律师证书。经审查，申请人具有法律职业资格或者律师资格的，司法行政部门应当向其颁发公职律师、公司律师证书。

（二十六）国家统一法律职业资格制度实施前已担任法律顾问、未取得法律职业资格或者律师资格的人员具备下列条件，经国务院司法行政部门考核合格的，由国务院司法行政部门向其颁发公职律师、公司律师证书：

1. 在党政机关、国有企业担任法律顾问满 15 年；

2. 具有高等学校法学类本科学历并获得学士及以上学位，或者高等学校非法学类本科及以上学历并获得法律硕士、法学硕士及以上学位或者获得其他相应学位；

3. 具有高级职称或者同等专业水平。

（二十七）公职律师、公司律师脱离原单位，可以申请转为社会律师，其担任公职律师、公司律师的经历计入社会律师执业年限。依照本意见第二十六条规定担任公职律师、公司律师，申请转为社会律师的，应当符合国家统一法律职业资格制度的相关规定。公职律师、公司律师依照有关程序遴选为法官、检察官的，确定法官、检察官等级应当考虑其从事公职律师、公司律师工作的年限、经历。

（二十八）律师协会承担公职律师、公司律师的业务交流指导、律师权益维护、行业自律等工作。

五、加强组织领导

（二十九）党政机关主要负责同志作为推进法治建设第一责任人，要认真抓好本地区本部门本单位法律顾问、公职律师、公司律师制度的实施。

（三十）党政机关要按照以下要求充分发挥法律顾问、公职律师的作用：

1. 讨论、决定重大事项之前，应当听取法律顾问、公职律师的法律意见；

2. 起草、论证有关法律法规规章草案、党内法规草案和规范性文件送审稿，应当请法律顾问、公职律师参加，或者听取其法律意见；

3. 依照有关规定应当听取法律顾问、公职律师的法律意见而未听取的事项，或者法律顾问、公职律师认为不合法不合规的事项，不得提交讨论、作出决定。

对应当听取法律顾问、公职律师的法律意见而未听取，应当请法律顾问、公职律师参加而未落实，应当采纳法律顾问、公职律师的法律意见而未采纳，造成重大损失或者严重不良影响的，依法依规追究党政机关主要负责人、负有责任的其他领导人员和相关责任人员的责任。

（三十一）国有企业要按照以下要求充分发挥法律顾问、公司律师的作用：

1. 讨论、决定企业经营管理重大事项之前，应当听取法律顾问、公司律师的法律意见；

2. 起草企业章程、董事会运行规则等，应当请法律顾问、公司律师参加，或者听取其法律意见；

3. 依照有关规定应当听取法律顾问、公司律师的法律意见而未听取的事项，或者法律顾问、公司律师认为不合法不合规的事项，不得提交讨论、作出决定。

对应当听取法律顾问、公司律师的法律意见而未听取，应当交由法律顾问、公司律师进行法律审核而未落实，应当采纳法律顾问、公司律师的法律意见而未采纳，造成重大损失或者严重不良影响的，依法依规追究国有企业主要负责人、负有责任的其他领导人员和相关责任人员的责任。

（三十二）各级党政机关要将法律顾问、公职律师、公司律师工作纳入党政机关、国有企业目标责任制考核。推动法律顾问、公职律师、公司律师力量建设，完善日常管理、业务培训、考评奖惩等工作机制和管理办法，促进有关工作科学化、规范化。

（三十三）党政机关要将法律顾问、公职律师经费列入财政预算，采取政府购买或者财政补贴的方式，根据工作量和工作绩效合理确定外聘法律顾问报酬，为法律顾问、公职律师开展工作提供必要保障。

（三十四）县级以上地方各级党委和政府以及教育、卫生等行政主管部门要加强指导、分类施策、重点推进、鼓励探索，有步骤地推进事业单位法律顾问制度建设。

（三十五）人民团体参照本意见建立法律顾问、公职律师制度。

（三十六）各地区各部门可结合实际，按照本意见制定具体办法。

国有企业法律顾问管理办法

国资委令第 6 号

第一章 总 则

第一条 为进一步建立健全国有企业法律风险防范机制，规范企业法律顾问工作，保障企业法律顾问依法执业，促进企业依法经营，进一步加强企业国有资产的监督管理，依法维护企业国有资产所有者和企业的合法权益，根据《企业国有资产监督管理暂行条例》和国家有关规定，制定本办法。

第二条 国有及国有控股企业（以下简称企业）法律顾问管理工作适用本办法。

第三条 本办法所称所出资企业，是指国务院，省、自治区、直辖市人民政府，设区的市、自治州人民政府授权国有资产监督管理机构依法履行出资人职责的企业。

第四条 国有资产监督管理机构负责指导企业法律顾问管理工作。

上级政府国有资产监督管理机构依照本办法对下级政府国有资产监督管理机构负责的企业法律顾问管理工作进行指导和监督。

第五条 国有资产监督管理机构和企业应当建立防范风险的法律机制，建立健全企业法律顾问制度。

第六条 国有资产监督管理机构和企业应当建立健全企业法律顾问工作激励、约束机制。

第二章　企业法律顾问

第七条　本办法所称企业法律顾问，是指取得企业法律顾问执业资格，由企业聘任，专门从事企业法律事务工作的企业内部专业人员。

第八条　企业法律顾问执业，应当遵守国家有关规定，取得企业法律顾问执业资格证书。

企业法律顾问执业资格证书须通过全国企业法律顾问执业资格统一考试，成绩合格后取得。

企业法律顾问执业资格管理由国务院国有资产监督管理机构和省级国有资产监督管理机构按照国家有关规定统一负责。条件成熟的，应当委托企业法律顾问的协会组织具体办理。

第九条　企业应当支持职工学习和掌握与本职工作有关的法律知识，鼓励具备条件的人员参加全国企业法律顾问执业资格考试。

企业应当建立企业法律顾问业务培训制度，提高企业法律顾问的业务素质和执业水平。

第十条　企业法律顾问应当遵循以下工作原则：

（一）依据国家法律法规和有关规定执业；

（二）依法维护企业的合法权益；

（三）依法维护企业国有资产所有者和其他出资人的合法权益；

（四）以事前防范法律风险和事中法律控制为主、事后法律补救为辅。

第十一条　企业法律顾问享有下列权利：

（一）负责处理企业经营、管理和决策中的法律事务；

（二）对损害企业合法权益、损害出资人合法权益和违反法律法规的行为，提出意见和建议；

（三）根据工作需要查阅企业有关文件、资料，询问企业有关人员；

（四）法律、法规、规章和企业授予的其他权利。

企业对企业法律顾问就前款第（二）项提出的意见和建议不予采纳，造成重大经济损失，严重损害出资人合法权益的，所出资企业的子企业的法律顾问可以向所出资企业反映，所出资企业的法律顾问可以向国有资产监督管理机构反映。

第十二条　企业法律顾问应当履行下列义务：

（一）遵守国家法律法规和有关规定以及企业规章制度，恪守职业道德和执业纪律；

（二）依法履行企业法律顾问职责；

（三）对所提出的法律意见、起草的法律文书以及办理的其他法律事务的合法性负责；

（四）保守国家秘密和企业商业秘密；

（五）法律、法规、规章和企业规定的应当履行的其他义务。

第十三条　企业应当建立科学、规范的企业法律顾问工作制度和工作流程，规定企业法律顾问处理企业法律事务的权限、程序和工作时限等内容，确保企业法律顾问顺利开展工作。

第十四条　企业应当建立企业法律顾问专业技术等级制度。

企业法律顾问分为企业一级法律顾问、企业二级法律顾问和企业三级法律顾问。评定办法另行制定。

第十五条　企业法律事务机构可以配备企业法律顾问助理，协助企业法律顾问开展工作。

第三章　企业总法律顾问

第十六条　本办法所称企业总法律顾问，是指具有企业法律顾问执业资格，由企业聘任，全面负责企业法律事务工作的高级管理人员。企业总法律顾问对企业法定代表人或者总经理负责。

第十七条　大型企业设置企业总法律顾问。

第十八条　企业总法律顾问应当同时具备下列条件：

（一）拥护、执行党和国家的基本路线、方针和政策，秉公尽责，严守法纪；

（二）熟悉企业经营管理，具有较高的政策水平和较强的组织协调能力；

（三）精通法律业务，具有处理复杂或者疑难法律事务的工作经验和能力；

（四）具有企业法律顾问执业资格，在企业中层以上管理部门担任主要负责人满3年的；或者被聘任为企业一级法律顾问，并担任过企业法律事务机构负责人的。

第十九条 企业总法律顾问可以从社会上招聘产生。招聘办法另行制定。

第二十条 企业总法律顾问的任职实行备案制度。所出资企业按照企业负责人任免程序将所选聘的企业总法律顾问报送国有资产监督管理机构备案；所出资企业的子企业将所选聘的企业总法律顾问报送所出资企业备案。

第二十一条 企业总法律顾问履行下列职责：

（一）全面负责企业法律事务工作，统一协调处理企业决策、经营和管理中的法律事务；

（二）参与企业重大经营决策，保证决策的合法性，并对相关法律风险提出防范意见；

（三）参与企业重要规章制度的制定和实施，建立健全企业法律事务机构；

（四）负责企业的法制宣传教育和培训工作，组织建立企业法律顾问业务培训制度；

（五）对企业及下属单位违反法律、法规的行为提出纠正意见，监督或者协助有关部门予以整改；

（六）指导下属单位法律事务工作，对下属单位法律事务负责人的任免提出建议；

（七）其他应当由企业总法律顾问履行的职责。

第四章　企业法律事务机构

第二十二条 本办法所称的企业法律事务机构，是指企业设置的专门承担企业法律事务工作的职能部门，是企业法律顾问的执业机构。

第二十三条 大型企业设置专门的法律事务机构，其他企业可以根据需要设置法律事务机构。

企业应当根据工作需要为法律事务机构配备企业法律顾问。

第二十四条 企业法律事务机构履行下列职责：

（一）正确执行国家法律、法规，对企业重大经营决策提出法律意见；

（二）起草或者参与起草、审核企业重要规章制度；

（三）管理、审核企业合同，参加重大合同的谈判和起草工作；

（四）参与企业的分立、合并、破产、解散、投融资、担保、租赁、产权转让、招投标及改制、重组、公司上市等重大经济活动，处理有关法律事务；

（五）办理企业工商登记以及商标、专利、商业秘密保护、公证、鉴证等有关法律事务，做好企业商标、专利、商业秘密等知识产权保护工作；

（六）负责或者配合企业有关部门对职工进行法制宣传教育；

（七）提供与企业生产经营有关的法律咨询；

（八）受企业法定代表人的委托，参加企业的诉讼、仲裁、行政复议和听证等活动；

（九）负责选聘律师，并对其工作进行监督和评价；

（十）办理企业负责人交办的其他法律事务。

第二十五条 法律事务机构应当加强与企业财务、审计和监察等部门的协调和配合，建立健全企业内部各项监督机制。

第二十六条 企业应当支持企业法律事务机构及企业法律顾问依法履行职责，为开展法律事务工作提供必要的组织、制度和物质等保障。

第五章 监 督 检 查

第二十七条 国有资产监督管理机构应当加强对所出资企业法制建设情况的监督和检查。

第二十八条 国有资产监督管理机构应当督促所出资企业依法决

策、依法经营管理、依法维护自身合法权益。

第二十九条　所出资企业依据有关规定报送国有资产监督管理机构批准的分立、合并、破产、解散、增减资本、重大投融资等重大事项，应当由企业法律顾问出具法律意见书，分析相关的法律风险，明确法律责任。

第三十条　所出资企业发生涉及出资人重大权益的法律纠纷，应当在法律纠纷发生之日起一个月内向国有资产监督管理机构备案，并接受有关法律指导和监督。

第三十一条　所出资企业对其子企业法制建设情况的监督和检查参照本章规定执行。

第六章　奖励和处罚

第三十二条　国有资产监督管理机构和企业应当对在促进企业依法经营，避免或者挽回企业重大经济损失，实现国有资产保值增值等方面作出重大贡献的企业法律事务机构和企业法律顾问给予表彰和奖励。

第三十三条　企业法律顾问和总法律顾问玩忽职守、滥用职权、谋取私利，给企业造成较大损失的，应当依法追究其法律责任，并可同时依照有关规定，由其所在企业报请管理机关暂停执业或者吊销其企业法律顾问执业资格证书；有犯罪嫌疑的，依法移送司法机关处理。

第三十四条　企业未按照国家有关规定建立健全法律监督机制，发生重大经营决策失误的，由国有资产监督管理机构或者所出资企业予以通报批评或者警告；情节严重或者造成企业国有资产重大损失的，对直接负责的主管人员和其他直接责任人员依法给予纪律处分；有犯罪嫌疑的，依法移送司法机关处理。

第三十五条　企业有关负责人对企业法律顾问依法履行职责打击报复的，由国有资产监督管理机构或者所出资企业予以通报批评或者警告；情节严重的，依法给予纪律处分；有犯罪嫌疑的，依法移送司法机关处理。

第三十六条　国有资产监督管理机构的工作人员违法干预企业法律

顾问工作，侵犯所出资企业和企业法律顾问合法权益的，对直接负责的主管人员和其他直接责任人员依法给予行政处分；有犯罪嫌疑的，依法移送司法机关处理。

第七章　附　　则

第三十七条　企业和企业法律顾问可以依法加入企业法律顾问的协会组织，参加协会组织活动。

第三十八条　地方国有资产监督管理机构可以依据本办法制定实施细则。

第三十九条　本办法自 2004 年 6 月 1 日起施行。

中央企业重大法律纠纷案件管理暂行办法

国资委令第 11 号

第一章 总 则

第一条 为加强企业国有资产的监督管理，维护出资人和中央企业的合法权益，保障国有资产安全，防止国有资产流失，促进中央企业建立健全企业法律顾问制度和法律风险防范机制，规范中央企业重大法律纠纷案件的管理，根据《企业国有资产监督管理暂行条例》制定本办法。

第二条 本办法所称中央企业，是指根据国务院授权由国务院国有资产监督管理委员会（以下简称国务院国资委）依法履行出资人职责的企业。

第三条 本办法所称重大法律纠纷案件，是指具有下列情形之一的诉讼、仲裁或者可能引起诉讼、仲裁的案件：

（一）涉案金额超过 5000 万元人民币的；

（二）中央企业作为诉讼当事人且一审由高级人民法院受理的；

（三）可能引发群体性诉讼或者系列诉讼的；

（四）其他涉及出资人和中央企业重大权益或者具有国内外重大影响的。

第四条 国务院国资委负责指导中央企业做好重大法律纠纷案件的处理、备案和协调工作。

第五条 中央企业应当依法独立处理法律纠纷案件，加强对重大法律纠纷案件的管理，建立健全有关规章制度和有效防范法律风险的机制。

第六条 中央企业之间发生法律纠纷案件，鼓励双方充分协商，妥善解决。

第七条 企业法律顾问应当依法履行职责，对企业经营管理相关的法律风险提出防范意见，避免或者减少重大法律纠纷案件的发生。中央企业负责人应当重视企业法律顾问提出的有关防范法律风险的意见，及时采取措施防范和消除法律风险。

第二章 处 理

第八条 中央企业重大法律纠纷案件的处理，应当由企业法定代表人统一负责，企业总法律顾问或者分管有关业务的企业负责人分工组织，企业法律事务机构具体实施，有关业务机构予以配合。

第九条 中央企业发生重大法律纠纷案件聘请律师事务所、专利商标事务所等中介机构（以下简称法律中介机构）进行代理的，应当建立健全选聘法律中介机构的管理制度，加强对法律中介机构选聘工作的管理，履行必要的内部审核程序。

第十条 中央企业法律事务机构具体负责选聘法律中介机构，并对其工作进行监督和评价。

第十一条 根据企业选聘的法律中介机构的工作业绩，统一建立中央企业选聘法律中介机构的数据库，并对其信用、业绩进行评价，实行动态管理。

第三章 备 案

第十二条 国务院国资委和中央企业对重大法律纠纷案件实行备案管理制度。

第十三条 中央企业发生重大法律纠纷案件，应当及时报国务院国资委备案。涉及诉讼或者仲裁的，应当自立案之日起1个月内报国务院国资委备案。

第十四条 中央企业报国务院国资委备案的文件应当由企业法定代表人或者主要负责人签发。

第十五条 中央企业报国务院国资委备案的文件应当包括以下内容：

（一）基本案情，包括案由、当事人各方、涉案金额、主要事实陈述、争议焦点等；

（二）处理措施和效果；

（三）案件结果分析预测；

（四）企业法律事务机构出具的法律意见书。

第十六条 中央企业应当定期对本系统内发生的重大法律纠纷案件的情况进行统计，并对其发案原因、发案趋势、处理结果进行综合分析和评估，完善防范措施。

第四章 协　　调

第十七条 中央企业发生重大法律纠纷案件应当由中央企业依法自主处理。

（一）法律未规定或者规定不明确的；

（二）有关政策未规定或者规定不明确的；

（三）受到不正当干预，严重影响中央企业和出资人合法权益的；

（四）国务院国资委认为需要协调的其他情形。

第十八条 国务院国资委协调中央企业重大法律纠纷案件应当坚持以下原则：

（一）依法履行出资人代表职责；

（二）依法维护出资人和中央企业合法权益，保障国有资产安全；

（三）保守中央企业商业秘密；

（四）依法办事，公平、公正。

第十九条 中央企业报送国资委协调的重大法律纠纷案件，事前应当经过企业主要负责人亲自组织协调。

第二十条　中央企业报请国务院国资委协调重大法律纠纷案件的文件，除包括本办法第十五条规定的内容外，还应当包括以下内容：

（一）案件发生后企业的处理、备案情况；

（二）案件对企业的影响分析；

（三）案件代理人的工作情况；

（四）案件涉及的主要证据和法律文书；

（五）需要国务院国资委协调处理的重点问题。

第二十一条　中央企业子企业发生的重大法律纠纷案件需要协调的，应当由中央企业负责协调；协调确有困难且符合本办法第十七条规定的，由中央企业报请国务院国资委协调。

第五章　奖　　惩

第二十二条　国务院国资委和中央企业应当加强对重大法律纠纷案件处理、备案情况的监督和检查。

第二十三条　中央企业应当对作出重大贡献的企业法律事务机构及企业法律顾问、有关业务机构及工作人员给予表彰和奖励。

第二十四条　中央企业未按照规定建立健全法律风险防范机制和企业法律顾问制度，对重大法律纠纷案件处理不当或者未按照本办法备案的，由国务院国资委予以通报批评；情节严重或者造成企业国有资产重大损失的，由国务院国资委、中央企业按照人事管理的分工和权限，对直接负责的主管人员和其他直接责任人员依法给予纪律处分，同时追究其相关法律责任。有犯罪嫌疑的，依法移送司法机关处理。

第二十五条　企业法律顾问和有关工作人员在处理重大法律纠纷案件中玩忽职守、滥用职权、谋取私利，给企业造成较大损失的，应当依法追究其相关法律责任。有犯罪嫌疑的，依法移送司法机关处理。

第二十六条　国务院国资委有关工作人员违反本办法第十八条规定的，依照有关规定给予行政处分；情节严重或者造成企业国有资产重大损失的，依法追究其相关法律责任。有犯罪嫌疑的，依法移送司法机关处理。

第六章　附　　则

第二十七条　地方国有资产监督管理机构可以参照本办法，并根据本地实际情况制定具体规定。

第二十八条　本办法自 2005 年 3 月 1 日起施行。

关于全面推进法治
央企建设的意见

国资发法规〔2015〕166号

  党的十八届三中、四中全会作出全面深化改革和全面推进依法治国的重大战略部署。习近平总书记强调，要把全面依法治国放在"四个全面"战略布局中来把握。中央企业是我国国民经济的重要支柱，是落实全面依法治国战略的重要主体，应当在建设社会主义法治国家中发挥重要作用。近年来，中央企业深入推进法治建设，依法经营管理水平不断提升，依法治企能力明显增强，为改革发展提供了重要的支撑保障。但与此同时，中央企业法治工作与全面依法治国的要求相比还有不小差距。新形势下，全面建设法治央企，是贯彻落实全面依法治国战略的重要内容，是进一步深化国企改革的必然要求，也是提升企业核心竞争力，做强做优做大中央企业的迫切需要。为此，现就全面推进法治央企建设提出以下意见：

一、总体要求

  （一）指导思想。认真贯彻落实党的十八届三中、四中、五中全会精神和习近平总书记系列重要讲话精神，按照全面依法治国战略部署，围绕中央企业改革发展总体目标，适应市场化、现代化、国际化发展需要，坚持依法治理、依法经营、依法管理共同推进，坚持法治体系、法治能力、法治文化一体建设，加强制度创新，以健全公司法人治理结构为基础，以促进依法经营管理为重点，以提升企业法律管理能力为手段，切实加强对企业法治建设的组织领导，大力推动企业治理体系和治理能力现代化，促进中央企业健康可持续发展。

（二）基本原则。

——坚持围绕中心，服务发展大局。紧紧围绕中央企业改革发展中心任务，充分发挥法治在推进分类改革、完善现代企业制度、发展混合所有制经济、强化监督防止国有资产流失等重点改革任务中的重要作用，支撑企业实施自主创新、转型升级等重大发展战略，为中央企业改革发展提供坚实的法治保障。

——坚持全面覆盖，突出工作重点。把依法治企要求全面融入企业决策运营各个环节，贯穿各业务领域、各管理层级、各工作岗位，努力实现法治工作全流程、全覆盖，同时突出依法治理、依法合规经营、依法规范管理等重点领域法治建设。

——坚持权责明确，强化协同配合。切实加强对法治央企建设的组织领导，明确企业主要负责人、总法律顾问、法律事务机构、其他部门在推进法治建设中的责任，有效整合资源，增强工作合力，形成上下联动、部门协同的法治建设大格局。

——坚持领导带头，确保全员参与。牢牢抓住领导干部这个"关键少数"，大力提升领导干部的法治思维和依法办事能力，充分发挥领导干部尊法学法守法用法的示范作用，进一步强化普法宣传教育，提高全员法治素养，充分调动职工的积极性和主动性，努力形成全员守法的良好氛围。

（三）总体目标。到2020年，中央企业依法治理能力进一步增强，依法合规经营水平显著提升，依法规范管理能力不断强化，全员法治素质明显提高，企业法治文化更加浓厚，依法治企能力达到国际同行业先进水平，努力成为治理完善、经营合规、管理规范、守法诚信的法治央企。

二、切实增强依法治理能力

（四）充分发挥章程在公司治理中的统领作用。根据企业行业特点、管理架构等实际，依法完善公司章程，合理配置股东权利义务，明确议事规则和决策机制。突出章程在规范各治理主体权责关系中的基础性作用，依法厘清股东（大）会、董事会、监事会、经理层的职责边界，明确履职程序。依据章程建立健全企业各项基本制度、管理机制和工作体系，细化董事会、经理层工作规则等配套办法。把加强党的领导和完善公司治理统一起来，明确党组织在公司治理结构中的法定地位，将党建工作总体要求纳入公司章程。加强对章程落实情况的监督，坚决纠正与章程不符的规定和行为。高度重视子企业章程制定工作，依法依章程对子企业规范行使股东权，处理好维护出资人权益与尊重子企业经营自主权的关系。充分发挥总法律顾问和法律事务机构在章程制定、执行和监督中的重要作用，确保章程依法制定、依法实施。

（五）完善各治理主体依法履职保障机制。按照《公司法》、《企业国有资产法》等法律法规，进一步完善公司法人治理结构，提升治理主体依法履职能力。优化董事会知识结构，通过加强法律培训、选拔法律专业人员担任董事等方式，提升董事会依法决策水平。明确负责推进企业法治建设的专门委员会，对经理层依法治企情况进行监督，并将企业法治建设情况作为董事会年度工作报告的重要内容。董事会审议事项涉及法律问题的，总法律顾问应列席会议并提出法律意见。加大监事会对依法治企情况和董事、高级管理人员依法履职情况的监督力度，配备具有法律专业背景的专职监事，将企业合规经营、依法管理作为当期监督的重要内容。总法律顾问应当全面参与经理层的经营管理活动，充分发挥法律审核把关作用。健全党组织参与重大决策机制，强化党组织对企业领导人员依法行权履职的监督，确保企业决策部署及其执行过程符合党和国家方针政策、法律法规。

三、着力强化依法合规经营

（六）健全依法决策机制。进一步完善"三重一大"等决策制度，细化各层级决策范围、事项和权限。健全依法决策程序，严格落实职工参与、专家论证、风险评估、法律审核、集体决策等程序要求。完善重大决策合法性审查机制，未经合法性审查或者经审查不合法的，不得提交决策会议讨论。高度重视对重大改革事项的法律论证，切实防范法律风险，确保各项改革措施于法有据。中央企业报请国资委审批事项涉及法律问题的，应当出具总法律顾问签字的法律意见书。依法健全以职工代表大会为基本形式的企业民主管理制度，规范职工董事、职工监事产生的程序，切实发挥其在参与决策和公司治理中的作用。

（七）依法参与市场竞争。严格执行有关反垄断、安全生产、环境保护、节能减排、产品质量、知识产权、劳动用工等国家法律法规和市场规则，坚决杜绝违法违规行为。崇尚契约精神，重合同、守信用，公平参与市场竞争，自觉维护市场秩序。认真履行社会责任，切实维护消费者和其他利益相关方的合法权益。明确法律事务机构的合同管理职责，严格落实合同法律审核制度，充分发挥法律审核在规范市场竞争、防止违法违规行为中的重要作用。提升依法维权能力，加大对侵权行为的追责力度，妥善解决法律纠纷案件，切实维护自身合法权益。

（八）依法开展国际化经营。在实施走出去战略、参与"一带一路"建设、推进国际产能和装备制造合作过程中，严格按照国际规则、所在国法律和我国相关法律法规开展境外业务，有效防范法律风险。建立境外重大项目法律顾问提前介入工作机制，将法律论证与市场论证、技术论证、财务论证有机结合，实现从可行性论证到立项决策、从谈判签约到项目实施全程参与，确保法律风险防范全覆盖。突出境外法律风险防范重点，高度重视国家安全审查、反垄断审查、反倾销反补贴调查和知识产权等领域的法律风险，深入做好尽职调查，组织拟定防范预案。建立健全涉外重大法律纠纷案件预警和应对机制。完善境外法治工作组织体系，推动境外重要子企业或业务相对集中的区域设立法律事务机构或配备专职法律顾问。

四、进一步加强依法规范管理

（九）完善企业规章制度体系。根据国家法律法规和国有资产监管制度，结合企业实际，进一步完善财务管理、劳动用工、物资采购等各项规章制度。完善规章制度制定工作机制，广泛吸纳业务骨干、专家学者等共同参与规章制度的研究制定，加强对规章制度的法律审核，确保各项制度依法合规。健全规章制度实施机制，提高制度执行力，通过加强宣贯培训、纳入业务流程、明确岗位守则等方式，确保各项制度得到有效落实。探索建立规章制度评估机制，定期开展规章制度梳理工作，对规章制度执行情况进行评价，及时堵塞制度漏洞，形成制度体系完整闭环。强化规章制度落实监督机制，法律、审计、纪检和相关业务部门定期对制度落实情况进行监督检查，对违规行为严格督促整改、开展责任追究。

（十）依法规范重点领域和关键环节管理。加强对企业投资融资、改制重组、对外担保、产权流转、物资采购、招标投标等重点领域的管理，通过信息化手段，确保流程规范、公开透明，坚决杜绝暗箱操作。在推进混合所有制、员工持股、股权激励等改革过程中，坚持依法规范操作，确保法律事务机构全程参与，严控法律风险，防止国有资产流失。高度重视对企业内部审批、执行等关键环节的管理，强化对权力集中、资金密集、资源富集、资产聚集的部门和岗位的监督，实行分事行权、分岗设权、分级授权，定期轮岗，强化内部流程控制，防止权力滥用。严格执行信息披露制度，依法加大信息公开力度，积极打造阳光央企。完善企业内部监督体系，形成法律与审计、纪检监察、巡视、财务等部门的监督合力。

（十一）大力提升法律管理水平。进一步深化法律风险防范机制，加快促进法律管理与经营管理的深度融合，将法律审核嵌入管理流程，使法律审核成为经营管理的必经环节，在确保规章制度、经济合同、重要决策法律审核率 100% 的同时，通过开展后评估等方式，不断提高审核质量。加快提升合规管理能力，建立由总法律顾问领导，法律事务机构作为牵头部门，相关部门共同参与、齐抓共管的合规管理工作体系，研究制定统一有效、全面覆盖、内容明确的合规制度准则，加强合规教育培训，努力形成全员合规的良性机制。探索建立法律、合规、风险、内控一体化管理平台。加强知识产权管理，强化知识产权保护，为企业自主创新、转型升级、品牌建设提供有力支撑。健全完善法律风险防范、纠纷案件处理等各项法律管理制度，探索创新法律管理方式方法，大力推进信息化建设，提高管理效能。

五、加强组织领导

（十二）强化领导责任。企业主要负责人充分发挥"关键少数"作用，认真履行推进本企业法治建设第一责任人职责，把法治建设作为谋划部署全局工作的重要内容，对工作中的重点难点问题，亲自研究、亲自部署、亲自协调、亲自督办。明确法治建设领导机构，加快形成企业主要负责人负总责、总法律顾问牵头推进、法律事务机构具体实施、各部门共同参与的工作机制。研究制定本企业法治央企建设实施方案，将中央企业法制工作新五年规划各项要求作为重要内容，与企业"十三五"规划相衔接，同步实施、同步推进。积极为企业法治建设提供必要的制度、人员、机构和经费等保障。

（十三）完善激励约束机制。将合规经营等依法治企情况纳入对中央企业领导人员的考核体系。完善企业领导班子知识结构，在相同条件下，优先提拔使用法治素养好、依法办事能力强的干部。建立法治工作激励机制，对于在法治建设中作出突出贡献，有效防范重大法律风险、避免或挽回重大损失的集体或个人，应当予以表彰和奖励。落实问责制度，企业重大经营活动因未经法律审核，或者虽经审核但未采纳正确法律意见而造成重大损失的，追究企业相关领导人员责任；经过法律审核，但因重大失职未发现严重法律风险造成重大损失的，追究相关法律工作人员责任。对因违法违规发生重大法律纠纷案件造成企业重大损失的，或者违反规定、未履行或未正确履行职责造成企业资产损失的，在业绩考核中扣减分值，并按照有关规定追究相关人员责任。实行重大法律风险事项报告制度，中央企业对可能引发重大法律纠纷案件、造成重大资产损失的法律风险事项，应当及时向国资委报告。

（十四）加强法治工作队伍建设。在中央企业及其重要子企业全面推行总法律顾问制度，并在公司章程中予以明确。总法律顾问应当具有法学专业背景或者法律相关职业资格。设立董事会的中央企业，总法律顾问可以由董事会聘任。总法律顾问作为企业高级管理人员，全面领导企业法律管理工作，统一协调处理经营管理中的法律事务，全面参与重大经营决策，领导企业法律事务机构开展相关工作。建立健全总法律顾问述职制度。对标同行业世界一流企业，加快健全企业法治工作体系，中央企业及其重要子企业设立独立的法律事务机构，配备与经营管理需求相适应的企业法律顾问。建立健全企业法律顾问职业发展规划，将企业法律顾问纳入人才培养体系，提升企业法律顾问队伍专职化、专业化水平。建立健全企业法律顾问专业人员评价体系，完善职业岗位等级评审制度，实行与职级和专业技术等级相匹配的差异化薪酬分配办法。

（十五）打造企业法治文化。大力推进法治文化建设，弘扬法治精神，增强法治理念，努力使全体员工成为法治的忠实崇尚者、自觉践行者、坚定捍卫者。全面开展普法宣传教育，加强法律、宣传与各业务部门的协同联动，推进法治宣传教育制度化、常态化。完善学法用法制度，将法治学习作为企业党委（党组）中心组学习、管理培训、员工教育的必修课，形成全员尊法学法守法用法的良好氛围。积极树立推进法治央企建设中涌现出的优秀企业、集体和个人典型，充分发挥引领带动作用。

地方国有资产监督管理机构参照本意见，积极推进所出资企业法治建设。

国务院国资委关于在国资委系统开展法治宣传教育的第七个五年规划（2016～2020年）

国资发法规〔2016〕99号

在党中央、国务院的正确领导下，我国第六个五年法制宣传教育规划（2011～2015年）顺利实施完成。在"六五"普法期间，国资委系统法制宣传教育工作深入开展，各地国资委依法履行出资人职责的能力不断增强，国有企业依法经营管理水平进一步提高，为国企国资改革发展提供了有力支撑保障。

党的十八大以来，以习近平同志为总书记的党中央对全面依法治国作出了重要部署，对法治宣传教育提出了新的更高要求，明确了法治宣传教育的基本定位、重大任务和重要措施。为深入贯彻落实全面依法治国战略部署，适应"十三五"时期国企国资改革发展新任务对国资委系统法治宣传教育提出的新要求，进一步提升依法监管、依法治企能力和水平，根据《中共中央 国务院转发〈中央宣传部、司法部关于在公民中开展法治宣传教育的第七个五年规划（2016～2020年）〉的通知》（中发〔2016〕11号），结合国资委系统实际，制定本规划。

一、指导思想、主要目标和工作原则

指导思想：全面贯彻党的十八大和十八届三中、四中、五中全会精神，深入贯彻习近平总书记系列重要讲话精神，坚持"四个全面"战略布局，坚持创新、协调、绿色、开放、共享的发展理念，按照全面依法治国新要求，深入开展法治宣传教育，全面推进国资监管法治机构和法治国企建设，为国企国资改革发展营造良好法治环境。

主要目标：普法宣传教育机制进一步健全，法治宣传教育实效性进一步增强；国资委依法决策、依法行权履职水平显著提高，国有企业依法治理、依法经营管理能力不断增强；全员法治意识和全体党员党章党规意识明显增强，厉行法治的积极性和主动性明显提高，法治氛围更加浓厚。

基本原则：坚持围绕中心、服务大局，围绕党和国家中心工作和国企国资改革发展中心任务开展法治宣传教育；坚持学用结合、普治并举，把法治宣传教育融入国企国资改革发展各项工作中，引导全体干部职工在法治实践中自觉学习、运用国家法律和党内法规；坚持分类实施、突出重点，根据不同地区、行业及企业实际分类开展，突出抓好重点对象，带动和促进全员普法；坚持创新发展、注重实效，推动法治宣传教育工作理念、机制、载体和方式方法创新，不断提高法治宣传教育的针对性和实效性。

二、主要任务

（一）深入学习宣传习近平总书记关于全面依法治国的重要论述。深入学习宣传习近平总书记关于全面依法治国的新思想、新观点、新论断、新要求，增强厉行法治的积极性和主动性。深入学习宣传以习近平同志为总书记的党中央关于全面依法治国的重要部署，宣传科学立法、严格执法、公正司法、全民守法和党内法规建设的生动实践，使全体干部职工了解和掌握全面依法治国的重大意义和总体要求，更好地发挥法治的引领和规范作用。

（二）突出学习宣传宪法。普遍开展宪法教育，认真组织好"12·4"国家宪法日活动，宣传依宪治国、依宪执政等理念，进一步提高全体干部职工的宪法意识，增强宪法观念，维护宪法尊严。突出抓好宪法关于基本经济制度规定的学习宣传，使全体干部职工深刻理解搞好国有企业对于坚持和巩固公有制主体地位、发挥国有经济主导作用的重要意义。

（三）深入宣传中国特色社会主义法律体系。把宣传以宪法为核心的中国特色社会主义法律体系作为法治宣传教育的基本任务，大力宣传宪法相关法、民法商法、行政法、经济法、社会法、刑法、诉讼与非诉讼程序法等法律法规。在传播法律知识的同时，注重弘扬法治精神、培育法治理念、树立法治意识，大力宣传宪法法律至上、法律面前人人平等、权由法定、权依法使等基本法治理念，引导全体干部职工自觉守法、遇事找法、解决问题靠法。

（四）深入学习宣传党内法规。适应全面从严治党、依规治党新形势新要求，切实加大党内法规宣传力度。突出宣传党章，教育引导广大党员尊崇党章，以党章为根本遵循，坚决维护党章权威。大力宣传《中国共产党廉洁自律准则》《中国共产党纪律处分条例》等各项党内法规。注重党内法规宣传与国家法律宣传的衔接和协调，教育引导广大党员做党章党规党纪和国家法律的自觉尊崇者、模范遵守者、坚定捍卫者。

（五）深入学习宣传与国有资产监管和企业经营管理密切相关的政策法规。深入宣传《企业国有资产法》《企业国有资产监督管理暂行条例》，宣传以《中共中央　国务院关于深化国有企业改革的指导意见》为核心的国企国资改革"1＋N"系列文件，以及国资监管规章规范性文件。大力宣传与企业经营管理密切相关的公司法、证券法、合同法、物权法、劳动法、反垄断法和财税、金融、投资等方面的法律法规，以及知识产权、节能减排、环境保护、安全生产等法律法规和国际投资贸易规则，引导全体干部职工树立诚信守法、爱国敬业意识，提高依法经营、依法办事能力。

三、对象和要求

法治宣传教育的对象是国资委系统全体干部职工，重点是领导干部和基层职工。

坚持把领导干部带头学法、模范守法作为法治宣传教育的关键。完善领导干部学法用法制度，把宪法法律和党内法规列入党委（党组）中心组学习内容，列入领导干部学习培训必修课，切实提高领导干部运用法治思维和法治方式深化改革、推动发展、化解矛盾、维护稳定的能力。加强党章和党内法规学习教育，引导党员领导干部严守政治纪律和政治规矩，在廉洁自律上追求高标准。把尊法学法守法用法情况作为考核领导班子和领导干部的重要内容。

坚持从基层职工抓起。把法治教育纳入职工教育培训总体规划，作为入职培训、岗位培训的必训内容，保证法治培训课时数量和培训质量。健全日常学法制度，拓宽学法渠道，提高职工参与法治宣传教育的积极性和遵纪守法的自觉性。注重加强对农民工等群体的法治宣传教育，帮助、引导他们依法维权，自觉运用法律手段解决矛盾纠纷。

四、工作措施

各中央企业和各地国资委要根据本规划，认真制定本企业本地区法治宣传教育规划，深入宣传发动，全面组织实施，确保第七个五年法治宣传教育规划各项目标任务落到实处。

（一）健全普法宣传教育机制。健全普法宣传教育协调协作机制，发挥好法律、宣传等部门的作用，加强与组织人事、纪委、工会等相关部门的协调，形成各部门齐抓共管、共同参与、统筹协调、分工协作的工作机制。健全培训制度和学法保障机制，采取有效措施保障领导干部和基层职工的学法时间。健全法治宣传教育工作考核评价机制，完善考评指导标准和指标体系，认真开展"七五"普法中期检查和总结验收，加强法治宣传教育先进集体、先进个人表彰工作。

（二）健全普法责任制。落实"谁主管谁负责"的普法责任，各工作机构和部门负责本业务领域的法律法规的学习宣传，做到法治宣传教育与业务工作同步研究、同步安排、同步推进。各级法治宣传教育领导小组要加强对法治宣传教育工作开展情况的检查，发现问题，及时解决，表扬先进，督促落后。各级党组织要切实履行学习宣传党内法规的职责，把党内法规作为学习型党组织建设的重要内容。

（三）推进法治宣传教育工作创新。坚持集中性与经常性法治宣传教育相结合，法律风险防范机制建设与法治宣传教育机制完善相统筹，法律顾问队伍作用发挥与法治宣传教育活动开展相衔接。深入挖掘传统宣传载体的内在潜力，通过开设专栏、创办法治刊物、利用广播电视、举办展览等形式广泛开展法治宣传教育活动。充分运用互联网传播平台，加强新媒体新技术在法治宣传教育中的运用，推进"互联网＋法治宣传"行动，更好地运用微信、微博、微电影、客户端开展法治宣传教育活动。

五、组织领导

（一）切实加强领导。各中央企业和各地国资委要高度重视法治宣传教育工作，定期召开会议、听取法治宣传教育工作情况汇报，及时研究解决工作中的重大问题，把法治宣传教育纳入综合绩效考核、综治考核和文明创建考核内容。进一步健全普法领导机构和工作机构，加强法治宣传队伍建设，强化日常监督和专项检查，确保法治宣传教育工作各项任务取得实效。

（二）加强工作指导。各级法治宣传教育领导小组每年要将法治宣传教育工作情况向党委（党组）报告，并报上级法治宣传教育工作领导小组。坚持问题导向，深入基层、深入群众调查研究，加强分类指导，努力推进工作。认真总结推广开展法治宣传教育的好经验、好做法，充分发挥先进典型的示范和带动作用，推进法治宣传教育不断深入。

（三）加强经费保障。要把法治宣传教育相关工作经费纳入财务预算，切实予以保障，并建立动态调整机制，保证法治宣传教育工作有效开展。

中央企业主要负责人履行推进法治建设第一责任人职责规定

国资党发法规〔2017〕8 号

第一条 为贯彻落实党中央关于全面依法治国的战略部署，增强中央企业主要负责人的法治意识，进一步推动法治央企建设，保障中央企业深化改革、健康发展，根据《党政主要负责人履行推进法治建设第一责任人职责规定》，结合中央企业实际，制定本规定。

第二条 本规定所称的中央企业主要负责人是指国务院国资委履行出资人职责的企业党委（党组）书记、董事长、总经理（总裁、院长、局长、主任）。

第三条 中央企业主要负责人履行推进法治建设第一责任人职责，必须坚持党的领导，充分发挥党委（党组）的领导核心和政治核心作用；坚持统筹协调，做到依法治理、依法经营、依法管理共同推进，法治体系、法治能力、法治文化一体建设；坚持权责一致，确保有权必有责、有责要担当、失责必追究；坚持以身作则、以上率下，带头遵法学法守法用法。

第四条 中央企业主要负责人作为推进法治建设的第一责任人，应当切实履行依法治企重要组织者、推动者和实践者的职责，贯彻党中央关于法治建设的重大决策部署，认真落实国务院国资委关于法治建设的各项要求，自觉运用法治思维和法治方式深化改革、推动发展、化解矛盾、维护稳定，把法治建设纳入全局工作统筹谋划，对重要工作亲自部署、重大问题亲自过问、重点环节亲自协调、重要任务亲自督办，把各项工作纳入法治化轨道。

第五条 党委（党组）书记在推进法治建设中应当履行以下主要职责：

（一）促进党委（党组）充分发挥把方向、管大局、保落实的重要作用，成立法治建设领导机构，及时研究解决有关重大问题，督促企业领导班子其他成员和下级企业主要负责人依法履职，确保全面依法治国战略在本企业得到贯彻落实；

（二）落实全面从严治党、依规治党要求，加强制度建设，提高党内法规制度执行力；

（三）严格依法依规决策，落实党委（党组）议事规则和决策机制，认真执行"三重一大"等重大决策制度，党委（党组）研究讨论事项涉及法律问题的，应当要求总法律顾问列席会议，加强对党委（党组）文件、重大决策的合法合规性审查；

（四）坚持重视法治素养和法治能力的用人导向，完善企业领导班子知识结构，相同条件下，优先提拔使用法治素养好、依法办事能力强的干部；

（五）落实企业法律顾问制度，加强企业法律顾问队伍建设和人才培养，推动完善法律管理组织体系，支持总法律顾问和法律事务机构依法依规履行职能、开展工作；

（六）深入推进法治宣传教育，定期组织党委（党组）中心组开展法治学习，推动企业形成浓厚的法治氛围。

第六条 董事长在推进法治建设中应当履行以下主要职责：

（一）推动依法完善公司章程，合理配置权利义务，完善议事规则和决策机制，在董事会有关专门委员会中明确推进法治建设职责，并将依法治企要求写入公司章程；

（二）促进将法治建设纳入企业发展规划和年度工作计划，与改革发展重点任务同部署、同推进、同督促、同考核、同奖惩；

（三）组织研究部署法治建设总体规划，加强指导督促，为推进法治建设提供保障、创造条件；

（四）定期听取法治建设进展情况报告，并将其纳入董事会年度工作报告；

（五）带头依法依规决策，董事会审议事项涉及法律问题的，应当要求总法律顾问列席会议并听取法律意见；

（六）推动建立健全企业法律顾问制度，落实总法律顾问可由董事会聘任的相关规定，设立与经营规模和业务需要相适应的法律事务机构，促进企业法律顾问队伍建设。

未设立董事会的中央企业，董事长推进法治建设第一责任人的相关职责由总经理履行。

第七条　总经理在推进法治建设中应当履行以下主要职责：

（一）加强对法治建设的组织推动，根据董事会审议通过的法治建设总体规划，研究制定年度工作计划，切实抓好组织落实；

（二）依法建立健全经营管理制度，确保企业各项活动有章可循；

（三）督促经理层其他成员和各职能部门负责人依法经营管理，加强内部监督检查，纠正违法违规经营管理行为；

（四）推动法律管理与企业经营管理深度融合，充分发挥总法律顾问和法律事务机构作用，不断健全法律风险防范机制和内部控制体系，严格落实规章制度、重大决策、经济合同法律审核制度，加强合规管理和法律监督；

（五）完善法律顾问日常管理、业务培训、考评奖惩等工作机制，拓宽职业发展通道，并为其履职提供必要条件；

（六）组织实施普法规划，强化法治宣传教育，大力提升全员法治意识，努力打造法治文化。

第八条　中央企业主要负责人应当将履行推进法治建设第一责任人职责情况列入年终述职内容，对本单位及子企业推进法治建设情况开展定期检查和专项督查，并可以将其纳入经营业绩考核。

第九条　中央企业党委（党组）应当将子企业主要负责人履行推进法治建设第一责任人职责情况纳入领导人员综合考核评价指标体系，作为考察使用干部、推进干部能上能下的重要依据。

第十条　中央企业主要负责人不履行或者不正确履行推进法治建设

第一责任人职责的，应当依照有关党内法规、国家法律法规和相关规定予以问责。

第十一条　中央企业应当根据本规定，结合企业实际，研究制定具体实施办法。

第十二条　本规定由国务院国资委负责解释。

第十三条　本规定自印发之日起施行。